超越知识的学习

学科项目化学习的上海实践

上海市教师教育学院（上海市教育委员会教学研究室） 编

上海科技教育出版社

图书在版编目(CIP)数据

超越知识的学习:学科项目化学习的上海实践 / 上海市教师教育学院(上海市教育委员会教学研究室)编. -- 上海 : 上海科技教育出版社, 2025. 1. -- ISBN 978-7-5428-8328-5

Ⅰ. G632.3

中国国家版本馆CIP数据核字第2024CQ7910号

责任编辑 韩 静
封面设计 杨 静

超越知识的学习
——学科项目化学习的上海实践
上海市教师教育学院(上海市教育委员会教学研究室) 编

出版发行 上海科技教育出版社有限公司
(上海市闵行区号景路159弄A座8楼 邮政编码201101)
网　　址 www.sste.com www.ewen.co
经　　销 各地新华书店
印　　刷 上海华顿书刊印刷有限公司
开　　本 787×1092 1/16
印　　张 17
版　　次 2025年1月第1版
印　　次 2025年1月第1次印刷
书　　号 ISBN 978-7-5428-8328-5/G·5025
定　　价 68.00元

指　导

王　洋　谭轶斌

主　编

张玉华　陈群波

序

义务教育新一轮课程改革强化课程的综合性与实践性，提出了坚持素养导向、强化学科实践、推进综合学习、落实因材施教等深化教学改革的要求，倡导主题化、项目式学习等综合性教学活动。项目化学习作为上海高质量落实义务教育“双新”（新课程新教材）、推动育人方式改革的重要举措，目前已在上海各区义务教育学校全面推行，并把探索与突破重心从特色课程与活动中的项目化学习转向学科项目化学习，促进项目化学习在各类课程中的全面实施。为何要强调项目化学习？为何要强化学科项目化学习？如何实施好学科项目化学习？其中，第一个问题可分解为两个子问题：一是“要培养什么样的人”，二是“这样的人如何培养”。

要培养什么样的人？

“培养什么人”，是教育的首要问题。习近平总书记要求“在加快推进教育现代化的新征程中培养担当民族复兴大任的时代新人”，强调“促进学生德智体美劳全面发展，培养学生爱国情怀、社会责任感、创新精神、实践能力”。新征程上，培养德智体美劳全面发展的社会主义建设者和接班人，对于服务国家战略需要、加快建设人才强国、实现中华民族伟大复兴至关重要。“三有”（有理想、有本领、有担当）时代新人培养，爱国情怀、社会责任感、创新精神、实践能力等素养培育，是教育政治属性、人民属性、战略属性的重要体现，是为党育人、为国育才的有力践行。

要培养什么样的人，也跟这个时代密不可分，跟未来发展趋势密不可分。这是一个信息技术快速发展、人工智能全方位渗透的时代，技术正在深刻影响和改变着我们的工作、学习和生活。世界银行发布的《2019年世界发展报告：工作性质的变革》报告指出，机器人正在接手成千上万的重复性工作，同时消除发达经济体与发展中国家中的许多低技能工作；在未来20年内，美国有将近一半的传统岗位有被人工智能取代的风险。2024年诺贝尔物理学奖、化学奖都授予了人工智能领域的科学家，物理学奖的获得者之一杰弗里·欣顿是计算机学家，这体现了诺奖委员会对科学范式变革的预见。

未来不再是工业化时代，而是智能时代。智能时代需要的不再是标准化人才，而是各种各样的创新型人才。当重复性常规工作被计算机取代后，人类就必须从事计算机、人工智能不能代劳和胜任的复杂工作。这就为我们的学校教育提出了一个新的命题，我们到底要培养什么样的人，才能更好地适应充满未知和挑战、具有不确定性的世界和未来。应该说，创新精神、实践能力等素养要求对未来人才需求的预判，是教育战略属性的集中体现。

这样的人如何培养？

在明晰培养什么样的人之后，我们需要思考如何立足学校课程教学主阵地培养出这样的人，或者说创新人才的早期培养。创新精神等核心素养往往具有整合性、情境性和养成性等特征，很难像显性知识那样通过讲授获得，它需要在情境中生成、显现与发展，需要回到个人生活和社会生活中的具体情境中的探究和实践。素养是学习者在真实情境中的表现，既与特定情境相联系，又能在多样化的情境中具有广泛的迁移作用。

素养实质上是一种高度综合的、复杂的解决问题的能力，因此，素养培育往往与真实情境中的真实问题解决紧密关联。素养立意、创新导向的问题解决能力培养，突出三个要点：一是指向具有一定复杂性的真实问题，二是这个相对复杂的问题需要综合应用知识去解决，三是学生要通过合作探究亲历问题探索解决的全过程。基于问题解决的学习，过程与结果选择性强，关注生成，包容多种结果。这使得它与社会生活和科学研究高度相似，充满不确定性，从而也拥有多种可能性。学生的问题发现、综合分析、沟通合作、创造应变等能力在这样的学习历程中得到更好的锻炼。问题驱动综合性学习、实践性学习，与课程教学改革方向高度契合。

那么如何组织推进这样的学习呢？《义务教育课程方案（2022年版）》强调，要积极开展主题化、项目式学习等综合性教学活动，促进学生举一反三、融会贯通。《上海市义务教育课程实施办法》重申，要开展主题式、项目化、探究性学习等综合性教学活动。其中，项目化学习强调通过真实而富有挑战性的问题情境，引导和支持学生持续探究，尝试创造性地解决问题，通过个性化方式展现学习成果。由此可见，项目化学习是强化学科实践、推进综合学习、提升问题解决能力的重要方式之一。值得注意的是，项目化学习只是其中一种学习方式，我们需要支持学生选择和综合应用多种学习方式。

为何要强化学科项目化学习?

在上海全面推行项目化学习之前,已经有多门学科,比如数学、自然、科学、道德与法治、艺术等,在自发实践探索学科项目化学习,形成了一些实践案例和设计实施经验。但不可否认,项目化学习更多存在于校本特色课程和活动中,学校往往会引导学生探索、解决人生经历、科学前沿、社会问题、世界动态、人类命运等突破学科界限的真实问题(如全球气候变暖问题),在一个不确定的学科界域系统中综合学习和创造性应用各学科知识。在校本课程和特色活动中,限制较少,学习时空更有保障。随着上海市项目化学习相关文件的出台和执行,学科项目化学习成为"公共必修课"。为什么要在学科内强化项目化学习? 主要有三点考虑。

第一,体悟学科学习的价值。从当前课程类型和科目设置看,分科的学科课程仍占主体地位,立足学科让学生掌握系统而扎实的学科知识与方法有其合理性。但是,部分学生可能会怀疑现在学习的知识在将来未必有用武之地。如果产生这样的想法,学习可能会变成枯燥无味的事,甚至变成沉重的负担。我们要避免这种情况出现,通过项目关联学科知识学习和应用场景,用学生感兴趣的问题驱动知识学习和应用,在应用知识解决问题的过程中感悟知识的力量和学科学习的价值,由小见大、由此及彼,发现更多的知识应用空间。

第二,转变学科学习的方式。调研显示,当前基础教育课程教学方式仍旧比较传统,课堂教学内容以知识为主,方式以接受式学习为主,学生自主、合作、探究等学习空间比较有限。为此,需要进一步强化实践性学习,引导学生做中学、用中学、创中学,强化学思结合、知行合一。在学科教学中引入和推行项目化学习,有助于提升以问题解决为特征的课型占比,有助于强化实践性学习,撬动课堂教与学方式的转变。

第三,超越学科知识的学习。习近平总书记指出:"青年是社会中最有生气、最有闯劲、最少保守思想的群体……要用欣赏和赞许的眼光看待青年的创新创造"。在学科项目化学习中,要关注学科思想和方法的学习,更要关注创新精神等的培育,鼓励和支持学生面对问题时解放思想、开阔思路、突破常规,形成多元可行的问题解决方案。在实践案例中,我们看到了教师对学科核心素养以及跨学科共通素养培育的重视,把知识学习作为问题解决、提升素养的手段。

如何实施好学科项目化学习?

第一,做有意义的项目。有别于特色课程与活动中的项目化学习,学科项目化学习首先要有学科立场,立足本学科素养培育要求,结合学科学习内容生成项目,助力学科课程标准有效落实,促进学科知识的深度理解和灵活运用。此为项目有意义的一种体现。同时,要关注学科学习内容与学生生活世界的联系,任务驱动学生应用学科知识解决真实情境中的真实问题。此为项目有意义的另一种体现。我们要从学科学习价值与问题解决价值等角度综合考量项目的意义。从项目实施和学生学习角度,可以直接从情境问题或任务切入,但从项目产生和教师设计角度,首先要从学科出发。关于真实情境与真实问题创设,需要站在学生立场,从教师视角转向学生视角,成人眼中的真实问题未必就是学生角度的真实问题;A地学生面对的真实问题未必就是B地学生面对的真实问题。

第二,项目是做出来的。在实践中存在“坐而论道”现象,有些项目限于观念构想与方案设计,缺乏真实的、富有改变意义的实践行动。面对“下水道堵塞了怎么办”这一问题,学生可能会学习物理、化学的知识和方法,形成问题解决思路和方案,但能否真正解决问题,最终需要在真实行动中检验与改进。同样,在过滤净化装置或自动浇灌系统设计制作等项目中,最好不要用绘制设计图等代替实物制作。为更好地发挥项目化学习对学生素养培育的作用,项目要引导和支持学生通过实践、体验、探究等活动主动建构知识,并亲历应用知识解决问题的全过程。在项目化学习过程中,尽量不要用教师的演示代替学生的自主探究、合作探究。

第三,将评价融入项目过程。在实践中,经常会出现为将评价融入教学过程而打断正常的教学节奏的现象。这种评价过于刻意,走向了形式化。个人认为,要强化学科项目化学习中教学评一体化设计与实施,以学生的学习活动为核心展开教学指导,将展示性评价、反思性评价融入项目推进过程,并基于学生项目化学习的过程与成果进行表现性评价、描述性评价。比如,项目作品展示交流活动,既是学生学的活动,也是教师教的活动,还是学习评价的活动,体现教学评一体化实施。

第四,多做课堂中可做的微项目。现在强调学科项目化学习,强调项目化学习常态实施,但是课程教学调研听课时很少见到项目化学习的开展,这可能跟项目化学习对学习时空要求较高、低结构设计较难把控进程有关。因此,我们既要根据单元学习主题设计适切的长周期探究性的大项目、大任务,还要关注在单课时内可操作、能完成的微项目设计与实施,以此转变日常课堂教学样态,让课堂真正活起来。微项目学习能够规避项目化学习中探究的问题难度大、周期长等缺陷。

上海市教师教育学院(上海市教育委员会教学研究室)院长　王洋
2024年11月

目录

第一部分

指向素养培育

学科项目化学习不以学科知识的学习作为主要目标、直接目标，而是更加关注学生应用知识解决真实问题过程中呈现出的综合分析、沟通合作、创造应变等能力发展，更加关注爱国情怀、社会责任感、创新精神、实践能力等担当民族复兴大任时代新人应具备的核心素养培育。同时，学科项目化学习不排斥知识学习，倡导将知识建构作为问题解决的条件和手段，自然融入项目推进过程中。

指向学科核心素养的小学英语项目化学习研究[1]

◎上海市浦东教育发展研究院　车建琴

[摘要] 为落实"立德树人"的根本任务，培育学生英语学科核心素养，以指向英语学科核心素养的英语学习活动观为指导，对英语学科项目化学习的基本理念和在项目化学习过程中培养核心素养进行了界定，提出了实施过程中要单元教学目标和驱动性问题自然融合、学习支架有效搭建、小组合作分工明确、多维评价有据可依等具体实施路径，从而实现小学英语课堂教与学的变革。

[关键词] 项目化学习　学科核心素养　小学英语

2020年10月，上海市教育委员会出台《义务教育项目化学习三年行动计划(2020—2022年)》，提出"以项目化学习的实践和研究为着力点，以活动项目、学科项目、跨学科项目为载体，促进义务教育学校教与学的变革"。英语学科项目化学习的目的是促进英语课堂教与学的变革，落实英语学科核心素养。笔者和团队教师[2]开展了依托《英语》(牛津上海版)教材的小学英语学科项目化学习，以期项目化学习真正走进日常课堂教学。

一、基本理念

(一) 英语学科项目化学习的内涵

《普通高中英语课程标准(2017年版)》明确指出：普通高中英语课程具有重要的育人功能，旨在发展学生的语言能力、文化意识、思维品质和学习能力等英语学科核心素养，落实立德树人根本任务。四个要素紧密联系，相互促进，体现整合性的英语课程目标。

1 本文发表于《上海课程教学研究》2021年第11期，收录时略有改动。

2 团队教师包括上海市浦东新区竹园小学胡文洁、鲍蓓蕾和杨莉蓓。

巴克教育研究所认为,项目化学习是学生在一段时间内通过研究并应对一个真实的、有吸引力的和复杂的问题、课题或挑战,从而掌握知识和技能。项目化学习的特征是"素养目标、驱动性问题、持续研究和全程评估"。我们发现项目化学习特征和课标提出的"落实英语学科核心素养要以学科大概念为核心,使课程内容结构化,以主题为引领,使课程内容情境化,促进学科核心素养的落实"本质上高度一致。

英语学科项目化学习是指通过"项目"形式学习语言,以学科大概念为引领,根据单元话题、学习目标和学生兴趣确定驱动性问题,通过任务阐述、支架搭建、交流改进与成果展示四大步骤,学习语言知识,搜索获取信息,寻找问题答案,在此过程中调用听说读写合作等多种学习技能,从而提升学科能力,培育学科核心素养,落实立德树人任务。

(二)在项目化学习过程中培养核心素养

项目化学习活动是综合性的语言运用和输出活动,在完成项目的过程中,学生主动调用听说读写多种语言技能。如制作一份博物馆简介,介绍自己的学校,为朋友制作一份旅游计划等。这些活动在计划、准备和实施过程中,都涉及听说读写几项技能,有助于提高学生的综合语言运用能力。

在文化意识方面,项目融入大量中外文化元素,如中外节日、世界知名博物馆等,拓宽学生的视野,培养学生文化意识。在思维品质方面,为了解决驱动性问题,学生寻找资源、分析信息和寻找路径,在这一过程中,学生运用预测、分析、比较、归纳、总结等多种思维方法,促进了学生学习的自主性和分析问题、解决问题的能力。在学习能力方面,由于项目化学习过程中需要合作、探索、展示等综合活动,如在展示时要关注和思考如何才能让听众理解并接受自己的观点,表演时关注声音、语调、语气等呈现方式,设计海报时需要思考怎样的呈现方式能让听众接受,如何进行版面设计与配色等。学习不再局限于听说读写能力,学生的发现问题、制订计划、搜索资料、团队合作等能力得到提升。

在项目化学习过程中帮助学生形成正确的价值观。相对于日常以语言知识和语言技能训练为主的练习,项目化学习具有主题意义和内容导向,因此,在解决驱动性问题的过程中,能体现学生或小组对某一问题的看法或价值观。在此过程中,学生将已学知识和探究获得的信息建立联系,处于布鲁姆认知理论的理解和运用阶段,是一种深度学习。

二、实施路径

如同上课备课一样,开展项目化学习之前,教师要根据教材要求和学生基础开展头脑风暴确定驱动性问题、设计项目,形成项目方案,然后实施项目。

（一）单元教学目标和驱动性问题的自然融合

1. 基于主题单元，梳理教学目标

《英语》（牛津上海版）是以主题单元的方式编写教材内容，采用任务型教学（task-based）的方式组织教学内容，和项目化学习中的任务有相似之处。不同的是，英语教材编写并没有以显性的问题来引出，而驱动性问题更能从单元角度出发，使学生在回答问题和完成任务的活动中不断提升综合素养。因此，了解学生的知识背景和兴趣是确定驱动性问题的关键。《英语》（牛津上海版）每个年级每个学期都由四大模块、12个话题构成。例如，话题How do you feel? In our school 和 Weather分别对应人与自我、人与社会、人与自然三大板块，根据人与自我、人与社会、人与自然三大板块选择大概念或驱动性问题。如在教学5BM4U1 Museums时，单元教学目标为：①能在语境中知晓并理解science museum, art museum, history museum, insect museum, car museum, railway museum等，能进行询问、应答、描述并正确书写；②能用情态动词can的句子、一般过去式以及特殊疑问句进行介绍。掌握情态动词can的用法以及特殊疑问句的基本结构，并尝试在语境中进行交流和表达；③通过了解各种博物馆的信息，向伙伴们介绍自己喜欢的博物馆，感受人类悠久的历史和文化。

话题Museums决定了驱动性问题属于人与社会大概念，核心词汇science museum, art museum以及情态动词can一般过去式以及特殊疑问句是本单元核心语言知识，项目化学习的目的是在真实地完成任务的情境中有机会运用这些核心知识。

2. 话题引领，确定驱动性问题

英语学科驱动性问题是要求学生用所学的英语知识来解决问题，与跨学科项目化学习不同的是，学生有限的英语语言知识储备限制了他们无限的探索。因此，问题确定首先考虑实施项目过程中融合单元教学目标。驱动性问题融合单元教学目标，即在驱动性问题的引领下，商定一个能运用所学核心知识的任务，通过学习、阅读、倾听等方式搜集信息、讨论信息、解决问题和呈现结果。

和学生对话是了解学生兴趣点的一个途径，除此之外，开展问卷调查更能精准了解每位学生的兴趣点。结合每年5月18日国际博物馆日，确定“How to make a museum tour guideline for foreign kids?”为驱动性问题。为完成这一问题需要认识和了解不同的博物馆，如science museum, art museum（教学目标1），了解不同博物馆内的藏品、设施，在介绍不同的博物馆时需要用到情态动词can 的一般过去式以及特殊疑问句（教学目标2）。这样，驱

动性问题融合了教学目标，保证了学生在完成项目的过程中能学习新知识、运用新知识。单元教学目标和项目融合表设计见表1-1。

表1-1　项目概况

主题语境：人与自我（　）　人与社会（　）　人与自然（　）	
项目名称：	项目时长：
项目简述：	
学情分析：	
单元教学目标：	
驱动性问题：	

3. 聚焦驱动问题，思考可能的“成果”

成果的重点在于学生运用所学知识、技能通过团队合作做事情。小学英语学习中话题主要围绕人与自我、人与社会和人与自然三大方面。在活动形式方面，主要分为设计创造、表演、体验、调研等大类。设计创造项目成果能引导学生形成正确的世界观和价值观。如Have Fun（Vocation / Tour / Festival Project）讨论制定旅游计划、过节等项目。不同的人在旅游、节日中有不同活动，但都能带来乐趣。类似主题涉及交通工具、行程安排、活动安排、节日活动等综合元素。

改编短剧项目（Short-story Project）能创设更多真实情境，学生将故事转换成剧本，通过对话、动作表达场景中人物的思想、感觉。如5BM2U1故事Jim and Mat借助“读者剧场”，四人一组根据上下文情境改编剧本，培养学生的逻辑思维能力，提高小组协作能力。

学习理解中外节日文化有助于培养学生的文化自信。如Children's Day项目，Y老师设计了子问题What do children do on Children's Day? 要求学生学习之后，尝试用图文并茂的方式小组合作表达自己的想法。

成果展示是激发学生后续努力的途径之一。大到学校的走廊，小到教室的墙面，都是学生成果展示的重要场所，学校的主题活动、微信公众号也是交流项目成果的好平台。

（二）学习支架有效搭建

1. 建立子问题与课时之间的链接

驱动性问题引领整个单元的学习，通过子问题和课时之间的链接、项目实施过程中学习支架的搭建来形成成果。如果不能将子问题与课时自然链接，那么项目还是未能真正走进日常课堂。

子问题与单元教学目标自然链接，实现在项目实施过程中落实单元教学目标。如5BM4U1 Museums子问题1What is a museum? 对应教学目标1能在语境中知晓并理解science museum, art museum, history museum, insect museum, car museum, railway museum 等进行询问、应答、描述并正确书写。

2. 为学生提供学习支架

根据问题的推进和学生的学习情况，不同课时搭建不同的学习支架。项目化学习的目的之一是希望用自主学习、合作学习、探究学习来改变单一教师教、学生学的学习方式，从而激发学生的学习欲望，学会在合作中学习，在学习中探索。因此，英语学科项目化学习并非全盘否认原来的学习方式，只是改变或丰富学习方式。

例如，5BM4U1 Museums回答子问题1 What is a museum?的基础是对词汇museum的理解，教学目标中的science museum, art museum, history museum 是关于museum种类的理解，如果学生不理解和掌握这些词汇的话，也就无法回答How to make a museum tour guideline for foreign kids?这一驱动性问题，而这些是项目化学习过程中必须学习的内容。这一课时的学习支架就是教材中的Look and learn 和Ask and answer栏目，为帮助学生理解，本课时提供了相关的语篇。

随着内容的推进，不同课时的学习支架有所不同。在后续课时中为学生提供相关的网站如故宫、卢浮宫博物馆网站，通过问题指导学生关注博物馆的藏品介绍及其历史价值和艺术价值，指导学生分析Tour guide的基本内容，逐渐由教师的教转向学生的自主学习、合作学习和探究学习。子问题与课时融合的项目规划见表1-2。

表1-2 项目实施进程规划

子问题	课时目标	学习活动	学习支架	阶段成果	过程评价
公开成果：					
结果评价：					
所需资源：					

（三）小组合作分工明确

1. 明确小组成员分工，制订小组计划

依据项目化学习方案，在课堂中明确项目任务、活动要求以及完成周期。

项目化学习常用小组团队方式开展学习，因此，小组人数的确定、人员的安排、活动分工等都需要学生在项目开始时就一起商量和明确。

小组成员讨论确定小组公约，如需要在规定时间完成布置的任务，任务平均分配，每人都要提出自己的想法等，小组分工时学生考虑了网络资料提供、如何美化成果等。制订小组计划，小组成员在组长的带领下开始搜集信息，小组成员之间合作、讨论和处理信息。根据问题寻找解决的办法。

2. 依托任务单，完成各自任务

开展小组交流分享获取资源。课堂上学习完成项目所需的基本核心词汇或句型，构建解决驱动性问题所需的知识，分享交流一些围绕主题的阅读资源、视频资源、有用的网站等，教师的资源是有限的，充分发挥学生的学习主动性与积极性，选择学生发现的一些好资源。

（四）多维评价有据可依

1. 根据项目实施不同阶段，设计指向不同内容的表现性评价表。评价表是指导学生明确"成果"要求和改进自己"成果"的工具。评价指向成果内容。如在完成博物馆导览图项目实施中期，团队设计导览图的基本要素表现性评价表（见表1–3），帮助学生明确导览图内容的组成。

表1–3　博物馆导览基本要素自评表

	Contents	
1	introduction	
2	Address	
3	Public transportation	
4	Opening time	
5	Floor Guide	
6	Special Exhibition	

评价指向呈现效果。如最终成果评价在关注项目内容外,还关注学生的语言表达、流利程度和小组成员合作等多项指标,通过多维度的指标导向,逐步提高学生的语言综合运用、合作等多种能力(见表1-4)。

表1-4 成果展示评价表

内容	评分标准	
项目内容	紧扣主题 富有创意	
语言表达	语言规范 表达准确	
流畅程度	脱稿演讲 表达流畅	
时间把握	准确把握时间,在规定时间内完成小组展示	
其他	小组成员配合默契	

2. 学生参与评审,向同伴提供反馈,获得奖励分数,引导学生发现成果的不足之处,明确改进方向。其中要点包括肢体语言、陈述组织、可理解性、语言使用、小组合作等。

3. 教师在评价过程中发挥指导和引领作用。在项目实施过程中,教师帮助学生理解评价指标,通过将学生表达的内容与指标对照发现不足,在此过程中培养学生自信,学会欣赏他人,发现自己的不足。

三、项目实施过程中应该处理好的几个关系

(一)单元教学目标和驱动性问题之间的关系

不同的课程都有其自身的学习目标,英语学科项目化学习与跨学科项目化学习有所区别,其重点是通过驱动性任务激发学生的学习兴趣,并使学习的知识能够及时运用于完成任务过程之中,其实质是运用语言知识的过程。因此,找到语言学习目标和驱动性任务之间的平衡点,对在完成项目的过程中落实单元教学目标非常重要。

(二)语言学习和语言运用之间的关系

英语学科项目化学习和跨学科项目化学习的区别是,英语学科项目化学习有语言学习目标,即课标中规定的语言知识和语言技能。如在5BM4U1 Museums单元中有学习有关博物馆类的词汇和句型,这些知识需要在语境中遵循语言学习的规律学习,如果一蹴而就的话,学生不能真正理解词汇、句子,语言运用也就无从谈起。语言运用、资源拓展增加了学

生的体验，拓宽了学生的视野，但对于基础知识薄弱的学生则会因加大难度而失去学习信心。知识是运用的基础，关注语言学习和项目活动时间之间的关系，建立子问题和课时之间的联系，确保完成教学基本要求。

（三）个别学习和同伴合作之间的关系

项目化学习需要团队合作与学生自主学习相结合，学生们以小组为单位共同学习和展示，每个学生都参与到项目化学习中。在完成项目的过程中，不仅要让学生进行团队合作，也要让学生有自己的学习时间，学习过程包括设计成果展示要素及呈现方式，选择、收集、处理和展示收集的信息。在整个学习过程中，学生要对自己的任务负责。这样，在团队合作中每位学生都能充分发表自己的观点，在小组合作讨论中能迸发出新的想法。

四、结语

在小学英语项目化学习实践过程中，教师们的教学理念发生了变化，课堂中多了自主学习、合作学习和成果展示；学生的学习方式有了变化，由碎片化的被动完成作业转向主动思考解决问题。英语学科项目化学习的理解、操作路径也越来越清晰。同时也发现有更多问题需要思考，例如是否教材中每个单元都适合用项目化学习、如何根据核心素养活动观设计不同的成果等。希望英语学科项目化学习成为英语学习的重要途径之一。

参考文献

[1]夏雪梅.项目化学习设计：学习素养视角下的国际与本土实践[M].北京：教育科学出版社，2021.

[2]夏雪梅.项目化学习的实施：学习素养视角下的中国建构[M].北京：教育科学出版社，2020.

[3]王蔷，周密，蒋京丽，等.基于大观念的英语学科教学设计探析[J].课程·教材·教法，2020(11).

[4]中华人民共和国教育部.普通高中英语课程标准(2017年版2020年修订)[S].北京：人民教育出版社，2020.

[5]上海市教育委员会教学研究室.上海市小学英语学科教学基本要求(实验本)[M].上海：上海教育出版社，2017.

科学学科项目化学习中的核心素养培育[1]

◎上海市教师教育学院(上海市教育委员会教学研究室) 沈慧丽

[摘要] 为了进一步落实学生科学核心素养的培育,通过项目化学习,引导学生在真实情境下围绕科学核心概念和主题,对一系列驱动性的问题或任务进行探索,自主合作地解决问题。科学学科项目化学习旨在引导学生在“做中学”的过程中,发展其科学核心素养。教师可以设置贴近学生生活的真实问题,提供助力学生探究实践的资源和支持,强化学生科学思维在问题解决中的运用,重视学生科学态度和社会责任感的培养,以激发学生的学习兴趣,培养学生的综合素养和实践能力。

[关键词] 科学学科　项目化学习　核心素养

科学学科教学的设计与实施要充分发挥科学课程的育人功能,面向全体学生,立足核心素养的发展,包括科学观念、科学思维、探究实践、态度责任等方面。《义务教育科学课程标准(2022年版)》指出:“探究和实践是科学学习的主要方式,要加强对探究和实践活动的研究与指导,整合启发式、探究式、互动式、体验式和项目式等各种教与学方式的基本要求,设计并实施能够促进学生深度学习的思维型探究和实践。”[1]基于此,本文将从科学学科项目化学习对学生核心素养培育的意义出发,探讨在科学学科项目化学习中发展学生科学核心素养的有效策略。

一、科学学科项目化学习概述

项目化学习是基于项目的学习,是学生在真实情境下围绕学科或跨学科的核心概念和主题,对一系列驱动性的问题或任务进行探索,在自主合作解决问题的过程中进行的学习。[2]项目化学习中的项目包括活动项目、学科项目、跨学科项目等。

本文提到的科学学科项目化学习中的项目主要是学科项目和以科学为主的跨学科

---

1 本文发表于《上海课程教学研究》2024年第5期,收录时略有改动。

项目。以科学为主的跨学科项目，指的是以科学学科的相关知识、技能与方法为主，结合数学、艺术、工程、技术等其他学科的知识、技能和方法，进行综合性的探究和实践，以解决真实问题的项目。

科学学科项目化学习是立足科学学科，将以科学为主的知识、技能与方法等，通过项目实施的方式进行的教学。科学学科项目化学习鼓励学生通过探索、实践和反思来学习科学，旨在引导学生在“做中学”的过程中，发展学科核心素养。

科学学科项目化学习在形式上可以分为探究型、设计型、服务型和综合型。

（1）探究型科学学科项目化学习指学生基于真实情境，围绕一个科学问题进行深入探究，通过设计实验、收集和分析数据来寻找问题答案的科学项目化学习。

（2）设计型科学学科项目化学习指基于真实情境，学生设计实验或模型来检验一个科学原理或者解决一个实际问题的科学项目化学习，这类项目强调创新和应用，同时往往会对应有一个产品产生。

（3）服务型科学学科项目化学习指通过解决学校、社区等身边与科学相关的问题，将科学学习与社区服务等相结合，增强学生社会责任感的科学项目化学习。

（4）综合型科学学科项目化学习是结合了上述两种或三种特征开展的科学项目化学习。

不同类型的科学学科项目化学习各有侧重，都能够有效地促进学生对科学知识与技能的主动学习，以及自身批判性思维和问题解决能力的发展。在实际教学中，教师可以根据教学目标和学生需求，灵活选择或结合使用。

二、科学学科项目化学习对学生核心素养培育的意义

科学学科实施项目化学习，能使学生在解决实际问题的过程中获得知识和技能，发展探究实践、科学思维、合作学习和创新等能力，树立科学态度和社会责任。

首先，通过将科学知识与科学学科项目化学习相结合，学生可以在实际项目中应用所学的科学知识，从而加深对科学概念的理解。这种解决实际问题的学习是在具有意义的情境中进行的，与学生的实际经验紧密相关，能促进学生对科学知识的深入理解，有利于内化。

其次，在项目执行过程中，学生需要运用模型建构、批判性思维、逻辑思维和创新思维等来解决问题，有助于促进科学思维的发展。

再次，项目化学习还能强化科学探究过程。科学探究涉及提出问题、作出假设、制

订计划、搜集证据、处理信息、得出结论、表达交流和反思评价等要素；技术与工程涉及明确问题、设计方案、实施计划、检验作品、改进完善、发布成果等要素。[1]在科学学科项目化学习中，学生通常需要依据这些要素按照一定的步骤来进行，从而培养了他们的科学探究和工程实践能力，对个体的综合素质和实际操作能力的提高具有积极作用，使学生在实践中学习和成长，从而更好地适应社会的需求。

最后，在项目执行过程中，学生需要保持对科学的热爱和好奇心，同时还需要与他人合作，对自己的工作负责，体会科学家、工程师在实践中的不易，学习他们的客观严谨、坚持不懈，有助于科学态度与责任感的培养。

因此，在科学学科教育实践中，我们应该充分利用项目化学习的方法，将其与科学核心素养的培养紧密结合，从而为学生提供更加丰富、有意义的学习体验。

三、科学学科项目化学习中的核心素养培育策略

（一）设置贴近学生生活的真实问题

选择贴近学生生活的现实问题来引导学生开展科学学科项目化学习，有助于提高学生的学习兴趣、参与度和实践能力。例如，针对学校附近的环境污染问题，让学生探究如何改善空气质量，这样的项目既贴近学生生活，又有助于他们认识到科学对于改善社会问题的重要性。

1. 问题来源

（1）结合课程标准和教材内容。根据教材的内容以及科学学科核心概念，选择与课程学习要求紧密相关的现实问题，也可选择能够涉及多个学科领域的主题，如环境保护、健康饮食等，这样可以帮助学生建立跨学科的知识联系。

（2）了解学生兴趣和生活环境。教师可以通过问卷调查或在课堂上组织讨论的方式，了解学生的兴趣点、日常活动、遇到的问题或好奇的现象。也可以在日常教学和交流中，注意观察学生对某些话题的反应和兴趣，收集他们在日常生活中遇到的实际问题，鼓励他们提出自己感兴趣的问题。对于这样得来的问题，学生的好奇心和探究欲更强烈，参与时会更享受其中，而且等到解决问题之后他们也更容易获得满足和自信。

（3）利用社区和社会资源。选择与学生所在社区相关的问题，如水资源保护、垃圾分类等，这样的项目不仅能够提升学生的学习兴趣，还能增强他们的社会责任感。学校

教研组可寻找社区组织、科学博物馆、大学等作为合作对象，为学生提供更多实践机会和资源支持。

2. 问题设计

（1）问题具有适宜性。无论问题来源于哪里，都要确保项目既能激发学生的学习兴趣，又能达到预期的学习目标。因此，所设计的问题应当符合学生的年龄特征和能力水平，易于理解问题的背景，虽然带有一定的挑战性，但他们有能力参与解决问题的全过程，同时还应确保所需的资源、材料和技术是可实现的。

（2）问题具有实践性。科学学科项目化学习应当突出围绕与科学有关的问题开展动手实践和探究学习，其中问题应当具有明确的目标和研究意义。这些问题不仅能够引起学生的兴趣和好奇心，而且是他们能够通过实际操作、实验或研究来探索和解决的。问题的实践性特征使学生能够将科学学科的理论知识应用于实际情境中，通过动手实践培养解决问题的能力。

（二）提供助力学生探究实践的资源和支持

科学学科项目化学习有助于学生形成科学探究的意识，理解科学探究是探索和了解自然、获得科学知识、解决科学问题的主要途径。在中小学生的科学学科项目化学习中，强化学生的主体地位，鼓励学生主动探究，重视探究实践的过程，对于培养学生的核心素养至关重要。教师应扮演引导者和协助者的角色，提供必要的资源和支持。

1. 引导学生主动寻找解决方案

教师可以引导学生经历问题识别、方案设计到执行和评估的整个过程，尽可能使他们沉浸在主动寻找解决方案、执行方案、调整方案、再次执行方案并最终解决问题的过程中。

在探究型科学学科项目化学习中，教师应鼓励学生通过实际操作来探索科学问题。教师可以设计开放性的实验任务，让学生自己提出疑问、设计实验方案、收集和分析数据，最后得出结论。例如，在一个关于植物生长的项目中，学生可以探究不同光照条件对植物生长的影响。学生首先提出自己的假设，比如“植物在日照时间较长的条件下生长得更快”。然后，他们设计实验，设置不同的光照条件，测量并记录植物的生长速度，最后分析数据，验证自己的假设并公布结果，和其他小组交流。通过这样的学习，学生能理解科学探究涉及的要素包括提出问题、作出假设、制订计划、实施计划、得出结论、表达与交流等，使他们具有初步的科学探究能力。

在设计型科学学科项目化学习中，教师应鼓励学生通过技术与工程实践来解决实际问题。例如，在一个综合型(探究+设计)科学学科项目“自制简易净水器”中，学生通过设计和构建简易净水器，探索不同的自然材料以及同种材料不同颗粒度对水质的净化效果。学生通过开展实验，理解水处理技术的科学原理，并探讨如何在日常生活中应用这些技术以改善水质。通过这样的学习，除了探究不同材料的结构与功能，学生还理解了技术与工程涉及的要素有明确问题、设计方案、实施计划、检验作品、改进完善、发布成果等，具备了初步的技术与工程实践能力。

2. 要求学生做好过程记录和反思

教师要重视探究实践过程的规范化、标准化，这比探究结果或最终的产品本身更重要。在科学学科项目化学习中，我们往往要求学生在探究实践的过程中进行详细的记录，包括实验设计、数据收集、观察结果、设计图纸、测试情况等，并在项目结束时进行反思和评价，思考如何改进。科学学科项目化学习活动设计中，教师应考虑设计活动单和评价单来作为学生活动的支架。

如在上文提到的“植物在日照时间较长的条件下生长得更快”研究项目中，学生需要记录实验设计的每一步，包括光照时间的设置、植物生长的测量方法等。实验结束后，学生通过比较实验数据与初始假设，反思实验设计的合理性和自己的观察是否准确，以及未来如何改进实验。教师设计的活动单引导着学生记录实验过程，这也是将他们解决问题的过程显性化。做好记录和反思能为学生今后解决类似问题打好基础。

有一些项目，教师还可以考虑将评价标准前置，在项目开始之前，明确学习目标和评价标准，确保学生了解他们的学习目的和预期成果。比如在项目活动中，在分析任务时就将评价展示出来，对于产品的评价甚至可以由学生参与，共同商定对产品的评价标准。有了评价标准，在项目实施的整个过程中，学生就可以参照评价标准，从而更清晰地认识目标，还可以在项目进行的过程中自我监控。比如在进行一个“宣传保护水资源”的服务型项目中，教师就可以在“分析任务”环节中，引导学生自主讨论“最终以什么形式宣传，怎样才算宣传效果好”。待大家对评价标准达成共识后，首先明确任务，接下来将为达到要求开展他们的学习活动。

3. 鼓励学生利用现代科技工具

应用工具的能力对于解决问题有很大的辅助作用。教师在科学学科项目化学习中应当鼓励学生充分利用工具，尤其是现代科技工具，如计算机软件、互联网资源、数字传感器、教学系统等，进行数据收集、分析、展示等，使科学探究和实践更加高效和精准。

例如，在“身边的小河流”研究项目中，学生可以利用无人机采集离河岸不同距离的水样进行研究；在“探究城市热岛效应”项目中，学生可以使用遥感图片和地图软件来分析城市不同区域的温度分布，也可以选用便携式温度传感器测量，实地采集数据进行分析比较，还可以利用在线数据库收集多年的城市气温变化数据，并利用数据分析软件来分析，找出可能的趋势和模式。

教师还可以用教学平台开展备课、教学和作业指导，将探究与实践的整个过程设计并发布到平台，引导学生进行学习活动。平台可以随时显示或汇总每组活动的情况，这样便于学生实验数据的采集和交流，而且内置在平台的学习单互动性更强，能起到更好的学习支架的作用，教与学的档案积累也随之完成。

（三）强化学生科学思维在问题解决中的运用

科学思维是指从科学的视角认识客观事物的本质属性、内在规律及相互关系的方式，是中小学生科学核心素养的关键组成部分，包括模型建构、推理论证、创新思维等。科学学科项目化学习为学生提供了实际操作的平台，让他们在实践中发展这些能力。而教师在设计和实施科学学科项目化学习活动的过程中，除了引导学生主动寻找解决方案外，应当多考虑以下四个方面。

1. 提出引导性问题

教师可以在科学学科项目化学习中提出一系列引导性的问题，引导学生自主发现身边的情境，激发学生的好奇心，引导他们思考并提出自己的假设或预测，自行设计和执行实验来验证他们的假设。这时再用问题来促进学生的观察、分类、比较和对比等基本科学思维技能的运用。学生为了解决问题，将学习如何控制变量、如何收集和分析数据等，这些都是科学思维和方法的核心。例如，学生提出对“不同类型的土壤对植物生长的影响”研究感兴趣，他们可以设计一个实验，在不同类型的土壤中种植相同的植物，并记录植物生长的速度和健康状况。由此学生将意识到实验设计的重要性，以及学习如何科学地开展实验、分析数据。

2. 引导批判性地分析问题

在科学学科项目化学习活动过程中，教师应当鼓励学生批判性地思考和分析问题。

这包括评估信息的来源和可靠性，分析数据的有效性，以及从多角度思考问题并提出解决方案。例如，在“探究河水污染与治理”项目中，学生需要收集各种关于水质的数据和信息。教师可以指导学生评估这些信息的来源，如政府工作报告、新闻报道、科学期刊等，鼓励学生批判性地分析这些信息，比较不同来源的数据，并讨论为什么会有差异。另外，项目完成后教师引导学生进行反思和评价也是促进学生批判性思维发展的好机会。

3. 激励创新地解决问题

科学学科项目化学习的问题可以根据学生的情况，设计得具有一定的开放性，这样问题解决可以有多种不同的方法和路径，能够鼓励学生进行深入探索，并从多个角度思考问题，通过探索和发现来促进学习。例如，在进行“桥梁设计”挑战时，学生团队需要设计并建造具有一定承重能力的小型桥梁模型。这不仅需要学生应用科学原理，还需要他们进行创新设计和团队合作。通过这一过程，学生的问题解决能力、创新思维和工程技能得到了发展。

教师还要创建一个开放、包容、鼓励创新的学习环境，提供丰富的学习资源，满足学生的学习需求。一个创新友好的学习空间，如设置有各种科学仪器和材料的实验室、提供创意思考角落的图书馆区域，以及围绕学习主题设计的走廊环境等，对学生创新思维的发展有帮助。具有挑战性和支持性的环境可以促进学生进入状态，在这种状态下，他们将完全沉浸在任务之中，创新性和发散性思维容易自然涌现。另外，提供的多样化学习资源，如实验视频、互动模拟软件和科学论文等，能满足不同需求的学生，从而激发他们的兴趣和创新思维。

4. 提升活动中的合作互动

在科学学科项目化学习中，学生往往需要在小组内合作，共同完成项目任务。这种学习模式强调了集体智慧的重要性，帮助学生认识到在科学探究过程中团队合作能够产生更多的创意和解决方案，促进了创新思维的碰撞和融合。教师作为引导者和协助者，应当尽力提供机会，如组织一个头脑风暴会议，让学生思考如何使用非传统材料解决常见问题。例如，使用回收材料制作水过滤器等。这种方法鼓励创新，旨在通过自由和开放的讨论产生新想法。

（四）重视学生科学态度和社会责任感的培养

参与科学学科项目化学习时，学生也在不知不觉中树立科学态度和社会责任感，这不仅对学生个人的发展有重要意义，也对社会的可持续发展具有积极影响。为了培养学生的科学态度和社会责任感，教师在科学学科项目化学习设计与实施中可以尝试如下措施。

(1) 挖掘项目本身的内涵。科学学科项目化学习引入现实世界问题，通过将课堂学习与现实世界中的问题相结合，如环境保护、可持续发展和健康问题，可以提高学生对科学学习的兴趣，让他们认识到学习的社会价值。例如，组织学生进行社区公共健身场所设计或种植园地项目，以培养他们的社会责任感和环保意识。通过设计跨学科的项目，如结合科学、社会学和艺术，来探索科学技术如何影响社会和文化，助力学生看到科学在社会中的应用和影响，增强他们的社会责任感。

(2) 鼓励实事求是地发表自己的见解。科学学科项目化学习鼓励学生进行批判性思考，实事求是地发表观点，鼓励他们提出问题、依据证据分析数据和评估结果。这样有助于学生形成科学态度，明白科学知识是如何通过证据支持来建构的。

(3) 促进道德和伦理讨论。在科学学科项目化学习中加入科学伦理的讨论，比如探讨生物伦理、数据隐私等问题。这可以通过角色扮演、辩论或小组讨论的形式进行，帮助学生理解科学实践中的道德考量，树立负责任的科学态度。活动中还可以渗透科学家和工程师如何通过他们的工作解决社会问题的案例，通过研究这些人物的贡献和他们如何应对道德挑战，学生可以了解到科学探索和技术创新背后的社会责任。

(4) 设计服务型项目。通过与当地社区进行项目合作，让学生参与到真实的社会问题解决过程中。例如，学生可以参与垃圾分类、水质监测、气象站建设，或为社区老年人提供科技教育等项目。这种服务学习的体验有助于学生将科学知识与社会服务结合起来，培养他们的公民意识和责任感。

(5) 鼓励反思和评估。鼓励学生在项目结束时进行反思，评估他们的学习过程、成果对社会的潜在影响，以及他们在项目中所扮演的角色。这种反思过程有助于学生深化对科学学习和社会责任的理解。

科学学科项目化学习以其独特的教学理念和方法，能够更好地激发学生的学习兴趣，培养学生的综合素养和实践能力，为学生的全面发展和终身学习奠定坚实的基础。教师可以尝试将学生学科核心素养发展与科学学科项目化学习中的行为表征相联系，从而设计出更多精彩的科学学科项目化学习案例，为科学课程的“做中学”提供更多资源。

参考文献

[1]中华人民共和国教育部. 义务教育科学课程标准(2022年版)[S]. 北京:北京师范大学出版社,2022.
[2]夏雪梅. 项目化学习设计:学习素养视角下的国际与本土实践[M]. 北京:教育科学出版社,2018.

指向创新素养培育的科学与技术学科项目化学习的区域实践[1]

◎上海市杨浦区教育学院　杨　俊

[摘要] 在上海市教育委员会发布的《关于实施项目化学习推动义务教育育人方式改革的指导意见》引领下，上海市杨浦区小学科学与技术教研团队从学科教师实施项目化学习的现状和需求出发，以“指向学生创新素养培育的创智教学实践研究”项目为切入点，探索科学与技术学科项目化学习的区域实践。通过梳理科学与技术学科项目化学习的内涵，建构学生创新素养培育的理论框架，形成指向创新素养培育的科学与技术学科项目化学习设计路径和教学建议，凸显了区域推进项目化学习的实践特色。

[关键词] 项目化学习　创新素养　区域实践　小学科学与技术

科学与技术课程[2]具有综合性和实践性，对应教材中的部分内容，尝试从单元主题的视角切入，引导学生基于真实任务，整合科学和技术等领域的相关内容，将不同领域的知识、技能运用到问题解决中去。这些内容不仅为上海市杨浦区各小学开展科学与技术学科项目化学习提供了必备基础，也为推进学科项目化学习提供了保障。

一、区域科学与技术学科项目化学习实施现状

（一）对学生思维能力的培养关注略显不足

教师虽然能对教材中已有的项目化学习内容开展教学实践，也能够按照教材中的活动安排和相关要求指导学生完成简单的项目任务，但仍然存在“过分注重成果，忽视

---

1 本文发表于《上海课程教学研究》2024年第5期，收录时略有改动。

2 科学与技术课程是上海市“二期课改”设置的一门综合课程，在小学一至五年级实施，替代分科的自然、劳动技术，在上海市杨浦、虹口两区及其他区部分学校试验。自然，即科学学科。上海市在小学阶段沿用“自然”学科的名称。

学习过程”的现象。教师虽能引导学生经历较为完整的项目化学习流程，但对于学习过程中学生思维和能力的发展关注不足，也缺少相关的教学策略。

（二）设计学科项目化学习的意识和能力还需进一步提升

沪教版科学与技术教材中仍然存在一些隐性的项目化学习内容，这些内容需要通过梳理教材，深入挖掘，在内容重构的基础上进行整体设计，形成任务复杂、具有挑战性的项目化学习，以此提升学生解决实际问题的能力。从目前来看，区域学科教师对于隐性的项目化学习内容挖掘的意识还比较单薄，设计项目化学习的能力还需进一步提升。

二、区域科学与技术学科项目化学习的推进举措

2022年，区域科学与技术学科教研团队（以下简称学科教研团队）参与了“指向学生创新素养培育的创智教学实践研究”这一项目。通过理论研究、课堂实践，明确了学生创新素养的指标及其表现，积累了培养学生创新素养的丰富经验。2023年，上海市教育委员会发布的《关于实施项目化学习推动义务教育育人方式改革的指导意见》中提出了“以培养学生创造性解决问题的能力为导向”的相关要求，可见“创新”是本次实施项目化学习的重要育人目标。因此，学科教研团队依据课程教学改革的最新要求，结合区域学科研究的已有基础，将“学生创新素养培育”作为区域科学与技术学科项目化学习的推进方向。

三、指向创新素养培育的科学与技术学科项目化学习实践

（一）科学与技术学科项目化学习的内涵梳理

1. 科学与技术学科项目化学习的核心理念

科学与技术学科项目化学习隶属于学科项目化学习，与活动项目、跨学科项目相比，学科项目化学习更加注重学科主体地位，更加注重本学科素养的培育。科学与技术学科项目化学习是依据《义务教育科学课程标准（2022年版）》（以下简称《2022版课标》）等文本，针对教材中的内容，结合学生的年龄特点，通过单元规划的方式整合科学和技术等领域的相关内容，设计的一个综合性、实践性活动，以引导学生基于真实情境，

聚焦问题，调用不同领域的知识和技能运用到复杂的问题解决中去，并最终形成一定的物化成果应用于实际生活。

2. 科学与技术学科项目化学习的基本类型

按内容领域来分，科学与技术学科项目化学习可分为工程实践类、探究·实践类和综合类。工程实践类是指以工程设计与物化为主的项目化学习；探究·实践类是指在工程设计与物化过程中伴有实验探究的项目化学习，突出科学与技术的结合；综合类是指在工程设计与物化过程中运用多种学科知识和技能的项目化学习，体现多学科融合。

案例1　在三年级第一学期的"桥"单元中，教师以"举办一场主题为'桥见历史'的我国桥梁发展史的微展览"为项目任务，通过"回顾中国桥梁发展史""探秘杨浦大桥的结构功能""策划桥梁博览会"三个子任务进行项目推进。"'桥见历史'微展览"项目中，学生不仅完成了"桥的承重""引桥（斜面）的功能""设计、制作桥梁"等"桥"单元中的学习内容，同时也经历了"整理桥梁发展史""编写桥梁介绍词""绘制桥梁参展小报"等其他领域、学科的相关学习。（本案例由上海市杨浦区平凉路第三小学提供。）

按内容跨度来分，科学与技术学科项目化学习可分为微项目化学习、单元项目化学习和跨单元项目化学习。第一个是指针对教材单元中的一个内容进行的项目化学习设计；第二个是指围绕教材整个单元设计的项目化学习；第三个是指将不同单元的内容进行梳理、分解、重组来设计的项目化学习。

案例2　在四年级第一学期的"保温箱"项目化学习中，教师以"自制保温箱为餐食保温"为项目任务，整合同一册教材中的"加热与保温""材料的发展""设计与表达"三个单元相关内容，设计了一个跨单元项目化学习。"加热与保温"单元中"热传递""保温"等内容为制作保温箱提供理论基础；"材料的发展"单元中"比较不同材料的特点"为保温的选材提供参考依据；"设计与表达"单元中"绘制展开图"为成果物化提供了技能储备。（本案例由上海市民办阳浦小学提供。）

（二）学生创新素养培育的理论框架建构

1. 区域学生创新素养的内涵

创新素养本质上指向的是个体基于一定目的，能够利用相关信息和资源，基于创新性实践，产生某种新颖、独特、有社会意义或个人价值的观点、方案、产品等创新性成果。杨浦区对创新素养的理解既强化内隐的思维过程与人格特征，又强化外显的实践环节，同时还纳入对创造性实践的个人意义与社会价值的关照，是“创新人格”“创新思维”“创新实践”三个维度16个指标的综合表现（见表3-1）。

表3-1 区域对创新素养的理解

维度	指标
创新人格	好奇心、想象力、独立自信、分享协作、反思进取、坚持
创新思维	流畅性、灵活性、独创性、精致性、隐喻性
创新实践	问题分析、资源利用、观念践行、方案评价、问题解决

2. 科学与技术学科学生创新素养行为表征

科学与技术学科学生创新素养行为表征是根据区域学生创新素养内涵，结合《2022版课标》以及科学与技术学科特点，参考其他有关创新素养培育的文献资料，针对学生的年龄特点和认知规律梳理出的具有学科特征的创新素养行为表征，具体见表3-2。

（三）指向创新素养培育的科学与技术学科项目化学习设计路径

在指向创新素养培育的科学与技术学科项目化学习设计路径（见图3-1）中，明确了项目化学习设计的基本要素，厘清了各要素之间的关系和设计步骤，重点关注如何根

表3-2 科学与技术学科学生创新素养行为表征

维度	指标	行为表征
创新人格	好奇心	能保持长期的科学学习的好奇心和热情，始终参与学习活动的全过程，具有浓厚的学习兴趣；乐于提出有一定价值的问题，提出有创新性的解决方案
	想象力	能在探究实践过程中与已有经验建立联系，进行有效组合，呈现多种猜想，设计多样方案，形成多元成果
	独立自信	严谨求实，有基于证据和逻辑发表自己见解的意识；坚持自己的观点，并用实证加以证明；不迷信权威，敢于大胆质疑，追求创新
	分享协作	乐于分享成果，能够向他人提供合理的建议，愿意倾听、合理采纳别人的观点；善于合作学习，在团队中发挥作用，愿意帮助他人、尊重他人的情感和态度
	反思进取	能不断反思自己的探究实践过程，分析成败原因，不断调节实践过程；能客观评价自己的学习成果，提出改进设想并付诸行动
	坚持	乐于接受较高难度科学学习的挑战，即便在探究实践过程中遇到障碍时，也能够积极面对，及时调整心态，适时调整方案，坚持完成既定的任务，具有高度的专注力

（续表）

维度	指标	行为表征
创新思维	流畅性	在探究实践中能提出多种可能性的假设，能从多个角度对对象进行分析，能产生不同的解决问题的创意想法和计划方案
	灵活性	能在学习进程中，坦然面对自己原有的认知、行为等方面的偏差，能及时纠正，作出改变，也能根据实际需要接受他人的帮助和建议，坚定但不固执
	独创性	不受标准的束缚，敢于突破常规的想法和做法；能有创意地开展研究，完成独创性的产品；对一些问题、现象有独到的见解，不人云亦云
	精致性	在学习过程中思考问题全面、细致，也能有意识地关注一些细微的不足和仍可改进之处，并尝试解决问题，不断完善，精益求精
	隐喻性	能将过往所学迁移应用于新问题的解决，也能在解决新问题的过程中与过往所学建立联系，趋于完善，形成整体认知
创新实践	问题分析	能提出或识别可以通过科学探究和技术加工解决的问题和需求，并进行合理的猜测、假设和初步规划
	资源利用	能围绕所要解决的问题，搜集相关的信息并进行整理和呈现；能灵活选择合适的资源以服务于问题解决
	观念践行	能围绕问题和需求形成探究实践的初步想法，并通过分析、评价、改进形成最优方案；能使用科学的方法和手段有效实施既定方案
	方案评价	能在探究实践过程中关注实施与计划的偏差，及时调整、改进方案；能从多个角度对方案进行评价，提出改进建议
	问题解决	能基于证据得出合理的科学结论；能通过修改迭代完成工程技术产品；能用多种方式表达学习成果

据项目载体细化创新素养指标及其行为表现，体现“教、学、评一体化”的操作过程。

1. 确定项目任务

教师在确定项目任务时，须根据课标、学科教学基本要求等相关文件要求，结合科学与技术教材中的内容，针对学校的实际情况和学生的年龄特点，创设贴近学生生活的情境，形成驱动性问题，明确项目最终成果。

2. 梳理创新素养指标

教师在梳理创新素养指标时，需根据项目任务的基本特点和流程，梳理本项目中需

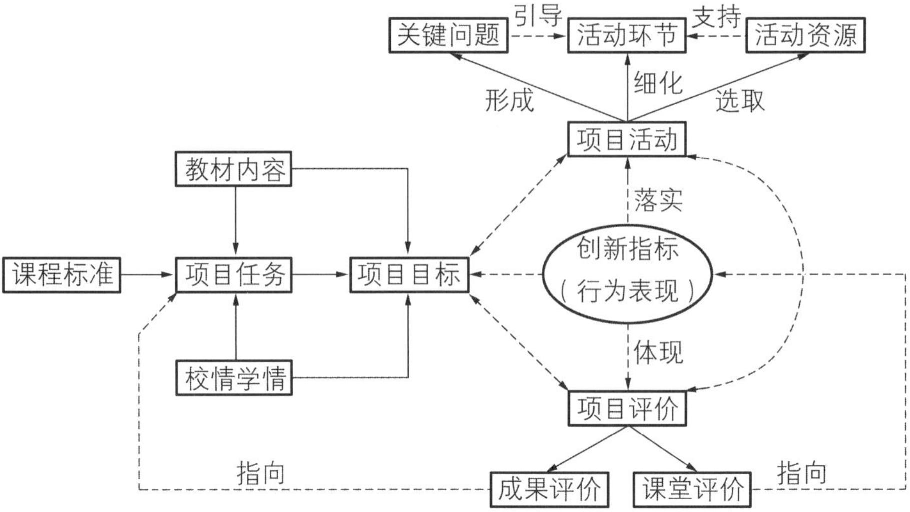

图3-1 指向创新素养培育的科学与技术学科项目化学习设计路径

要重点关注的创新素养指标，并根据指标的行为表征，结合项目任务的具体内容和学生的认知特点对不同指标作具体的描述，形成本项目中学生创新素养的行为表现。

3. 设计项目目标、活动和评价

教师在设计项目目标时，需结合项目任务、核心概念、学情，并将创新素养指标的行为表现一并融入，形成指向创新素养培育的项目目标；设计项目活动时，需细化活动环节，同时形成关键问题链以引导项目推进，并选取适切的活动资源以助推项目实施，落实创新素养的培育；设计项目评价时，需同步设计成果评价和课堂评价，其中成果评价指向项目任务成果，课堂评价则指向创新素养指标及其行为表现，并与项目目标和项目活动保持一致，相互映照。

（四）指向创新素养培育的科学与技术学科项目化学习教学建议

1. 基于真实情境设计挑战性任务

教师需创设与学生的日常学习生活相关联的真实情境，引发学生的学习兴趣，明确具有一定应用价值的项目成果，激发学生的好奇心，设计具有一定挑战性的项目任务，引领学生在一定的时间段内运用多种学习方式进行探索、实践，不断激发、维持学生学习的内在动机。

案例3 在四年级第一学期“加热与保温”单元的“保温技术”学习内容中，教师创设了“冬天热水容易变凉”的情境，明确了“自制一个保温杯”的项目任务，引领学生经历“探究保温的方法”“分析保温杯的原理”“设计制作保温杯”“试用改进保温杯”等学习过程。学生开展了实验探究、调查分析、规划设计、实践操作等多种学习方式，始终保持着好奇心和求知欲。（本案例由上海市杨浦区建设小学提供。）

2. 具有迭代创新的项目过程

基本的项目成果完成后，教师需进一步指导学生进行作品展示，鼓励学生对自己的作品进行评价和反思，引导学生之间进行互评并提出改进建议，提醒学生根据自己的需求，合理采纳建议并对作品进行改进，不断迭代优化项目成果。

案例4　在一年级第一学期“小纸扇”项目化学习中，教师指导学生完成最基本的纸扇制作后，引导学生从纸扇的美观、牢固和演出效果等方面进行评价、建议和改进。有的学生通过增大扇面增强演出效果，通过贴玻璃胶带增加牢固度和防水性，通过打孔、绘画、加装饰品增强美观度。有的学生通过对比生活中的折扇，从中获得改进纸扇的启发，将扇面的形状从正方形改为扇形，增加纸扇的美观度，扇柄则利用几根硬卡纸制作成扇骨，进一步增强纸扇的牢固度。（本案例由上海市杨浦区齐齐哈尔路第一小学提供。）

3. 允许个性化的选择

对于一些问题和任务，教师不一定要给出统一标准，应给予学生辩证思考和充分表达的时间和空间，鼓励学生提出多种方案与设想，引导其进行综合分析，呈现具有一定逻辑的个性化观点，权衡利弊做出个性化选择。

案例5　在四年级第一学期“茶叶香袋”项目化学习中，教师提供学生手工纸和卡纸两种材料用于折“三角包”。在折“折痕”时，学生意识到手工纸易折，似乎更适合做“三角包”，卡纸不易折，折痕效果也不如手工纸。但在包的过程中，选择手工纸的学生发现手工纸具有“不挺括”的缺点，而坚持使用卡纸的学生发现卡纸在包的过程中凸显出优势。通过对比，学生不仅体会到不同纸在制作过程中的优缺点，也明确了自己的优劣势，并在之后的制作中根据自己的实际情况做出个性化选择。（本案例由上海市杨浦区长白二村小学分校提供。）

4. 创设合作学习的机会

教师需构建有利于学生进行合作交流的环境和机遇，尽可能创设多种需要合作才能完成的学习任务,引导学生感知“小组合作”的重要性。同时,引导学生在小组合作中学会依据任务需求和自身特点进行合理分工,各司其职、相互协作完成任务。

案例6　在五年级第二学期“儿童乐园模型”项目化学习中,教师引导学生以小组为单位组建“工程队”,明确建造“儿童乐园”工程项目的主要任务,如“整体规划”“器材选备”“设施建造”“后期宣传”等。学生根据自身优势进行了分工,确定不同任务的主要负责人。整个项目既有分工,也有合作,在“设施建造”任务中,虽然每位学生各自承担1—2项设施设计、建造的任务,但过程中学生仍然会互相帮助,相互借鉴;项目其他任务虽有专人负责,但仍然需要小组讨论达成共识后再由负责人具体操作。(本案例由上海市杨浦区二联小学提供。)

四、结语

“指向创新素养培育的科学与技术学科项目化学习实践”是杨浦区科学与技术学科教研团队回应课程教学改革的一次重要尝试。通过本项目的研究,学科教研团队的项目化学习设计能力得到了一定的提升,也能有意识地在项目化学习中关注学生创新素养的培育。近年来,区域科学与技术学科项目化学习的品质也在不断提升,凸显了区域推进项目化学习的实践特色。本项目研究所形成的理论框架和实践案例也能在科学与技术学科其他类型的学习活动中进行应用,进一步提升本学科的育人成效。团队将在此基础上不断深入研究和实践,进一步改进和完善,让创新素养的培育在课堂中落地生根。

微项目化学习

——科学思维的催化剂[1]

◎上海市青浦区东方中学　毛金华

[摘要] 基于项目化学习实施的局限性,探索微项目化学习与日常教学的结合,并结合具体案例诠释利用微项目化学习提升科学思维的策略:注重模型建构,重视科学推理,加强科学论证和启发质疑创新,达到微项目化学习有效催化学生科学思维的目的。

[关键词] 微项目化学习　科学思维　教学策略

项目化学习是基于真实情境和问题促进学生持续、深度探究的学习方式,是培育学生核心素养和关键能力的重要途径,运用项目化学习的方式在提高学生科学思维能力方面也取得了一定的效果。但是,项目化学习中探究的问题难度大、周期长,与常规教学任务紧、时间短的现状相矛盾,加上项目化学习牵涉人员广、核心概念难以提取等因素制约了教师参与的积极性,平时的课堂上学生也无法及时完成项目化的探究学习。由此,笔者提出将便于操作的微项目化学习与物理教学深度融合,以激发学生学习物理的兴趣,提高科学思维水平和解决问题的能力,落实物理学科核心素养的培养。

一、什么是微项目化学习

1. 概念

微项目化学习是指在课堂中为学生提供一到两课时的探索性项目任务,或者在课外用类似实践性作业的形式对某个内容或主题进行的微探索。微项目化学习与物理学

---

1 上海市青浦区教育系统第七届名优教师培养工程"拔尖计划"团队(毛金华特级教师工作室)项目"面向核心素养　提升科学思维:初中物理新课堂的实践研究";2024年度上海市教育科学研究项目"科学教育中运用微项目化学习提高初中生创新能力的实践研究",课题编号:C2024152。本文发表于《中学物理教学参考》2024年第6期,收录时略有改动。

科、跨学科项目化学习的核心价值取向及设计思路是一致的，也是从真实问题出发，让学生借助信息技术及多种资源开展探究活动，在一定的时间内解决一系列相互关联的问题，并将研究结果以一定形式发布，只是不能通过一节课完整体现，所以，通常只取驱动性问题、探究性实践、社会性实践等几个关键要素，是一种以学习为中心的课堂变革。

2. 分类

基于微项目化学习的形式和物理学科的特征，可以将微项目化学习划分为以下几类。

（1）调查分析类

基于调查分析，得出事物最真实的面貌，加深学生对物理学科本质的理解，着重培养学生调查分析能力、问题解决能力和科学思维能力。例如，在学习“声”一节时，可以设计“某区生活噪声污染与防治”的微项目。

（2）科学探究类

基于真实问题情境，学生经历科学探究全过程，加深学生对物理概念和物理规律的理解，培养学生科学探究能力，感受科学探究精神。例如，在学习“摩擦力”一节时，可以设计“探究鞋底防滑性能”的微项目，帮助学生理解摩擦力在生产生活中的应用，认识科学技术对生活的影响。

（3）动手制作类

动手制作类是指设计微项目制作，让学生在“做”中“学”，以加深对物理知识本质的理解，激发学生制作的兴趣，提高动手实践能力，提高模型建构能力。例如，在“温度温标”一节中，可以设计“如何制作简易温度计”作为驱动问题的微项目。

（4）角色扮演类

通过角色扮演的形式，让学生体验物理学发展的历程，了解科学家探索的足迹，感受物理学发展中不屈不挠、批判质疑的科学精神，形成正确的科学态度和责任。例如，在学习“牛顿第一定律”章节时，可以设计角色扮演的微项目，让学生体验物理规律的发展历程，体会科学家研究问题的思维方式和科学方法。

3. 特点

与项目化学习相比较，微项目化学习的特点主要体现在以下几个方面。

（1）时间短，易安排

微项目化学习时间一般控制在2课时内，容易与常规教学融合，便于安排实施，突出了微项目化学习在教学中的可行性、灵活性。

(2) 内容少,易操作

微项目化学习的内容以学生生活中真实、富有挑战性的驱动性问题为背景,指向微任务,涉及的活动内容少、学科知识点不多,在兼顾教学时长的同时保证了教学内容可顺利完成,增加了微项目化学习的可操作性。

(3) 流程简,易参与

微项目化学习流程通常简洁明了,比较吻合常规教学时间的安排,方便多数教师参与研究与实施,有利于全体学生积极参与探究。

4. 操作流程

进行微项目化学习时,教师一定要为学生提供情境性的项目任务,结合情境提出驱动性问题,在协作中进行实践活动,在过程中给予客观评价,最后要指向创造性的成果,目标是培育学生物理学科核心素养。笔者基于实践,提炼出微项目化学习的操作流程(见图4-1)。

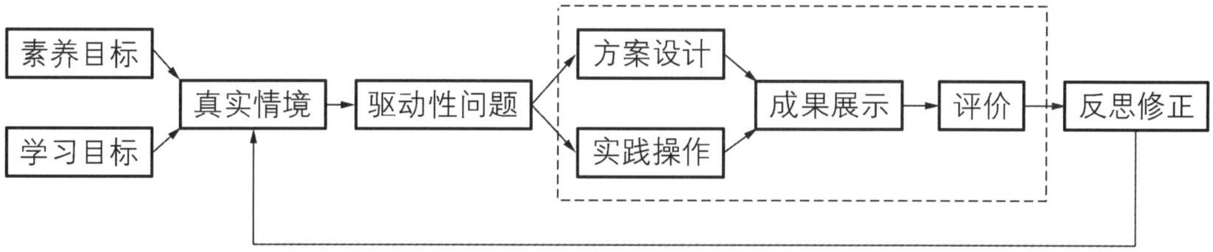

图4-1　微项目化学习的操作流程

二、为什么说微项目化学习是科学思维的催化剂

微项目化学习具有五个特征,其与思维特点对应关系见图4-2。

1. 以驱动性问题发展思维的深刻性

驱动性问题是微项目化学习的核心要素。微项目化学习中,教师应维持学生对驱动性问题的注意力,把学生探究的各个观点联系起来,其有利于在分析、比较中发展学生思维的深刻性。

2. 以情境性探究发展思维的灵活性

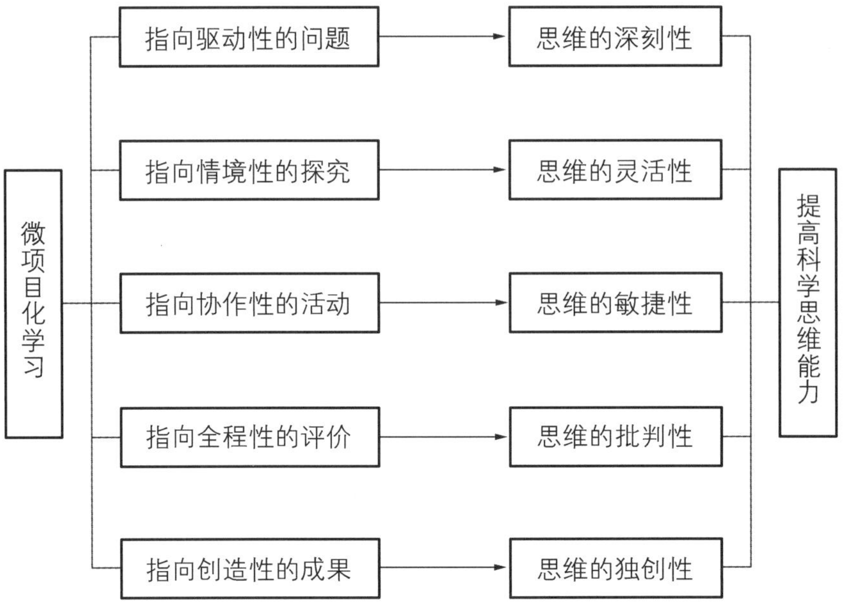

图4-2　微项目化学习的五个特征

在整个物理教育史中,著名物理学家无不认为物理教育应该效法真实的科学研究过程。在微项目化学习中,学生效法真实的科学探究过程,尝试用不同方法、从不同角度解决驱动性问题,其有利于发展学生思维的灵活性。

3. 以协作性活动发展思维的敏捷性

微项目化学习为师生彼此协作、交流提供了机会。生生之间、师生之间都可以协作,在提出问题、作出解释、形成结论、交流与展示等系列活动中,提高了微项目完成的速度和正确率,有利于发展学生思维的敏捷性。

4. 以全程性评价发展思维的批判性

评价可以促使微项目化学习的质量和核心素养目标的达成。全程性评价既包含对微项目化学习最后的成果进行评价,也包含对微项目化学习过程中展现出来的探究、实践等进行评价,其有利于发展学生思维的批判性。

5. 以创造性成果发展思维的独创性

研究表明,学生在完成创造性的成果时,学习效果更好。学生经历获得新颖性、独特性、发散性的成果的过程,有利于帮助他们建构、重构物理核心知识的理解,发展他们思维的独创性。

综上所述,微项目化学习有利于提高学生的科学思维能力。那么如何进行微项目化学习才能提升学生的科学思维呢?

三、微项目化学习的教学策略探讨

科学思维主要包括物理模型建构与应用能力、科学推理能力、物理科学论证能力和质疑创新能力。下面,笔者结合微项目化学习教学实例,浅析提升学生科学思维的教学策略。

1. 注重模型建构,提升科学思维

培养学生对物理模型的建构、理解与应用能力是培养学生科学思维的重要举措。下面以"卫国大将军守城"为微项目,通过建构模型助力学生科学思维的提升。

微情境　见图4-3,中国古代人民为了抵御入侵,常在城池周围建造护城河,通过释放吊桥控制人员进出。图4-4是吊桥的简易图。

图4-3　护城河

微问题　如果你是卫国大将军,将如何释放吊桥呢?

微任务1　吊桥刚被拉动时的情形见图4-4,请在图4-4中画出动力、阻力及其对应的力臂。

微任务2　已知吊桥自身重力为2400牛,一个士兵能施加的最大拉力为600牛,请用刻度尺测出图4-5中的力臂,计算出吊桥刚好被拉起时,至少有几个士兵在拉吊桥。

微任务3　在不增加士兵数量的情况下,能否减小拉起吊桥的拉力呢?如果可以请在图4-4中画出你设计的方案。

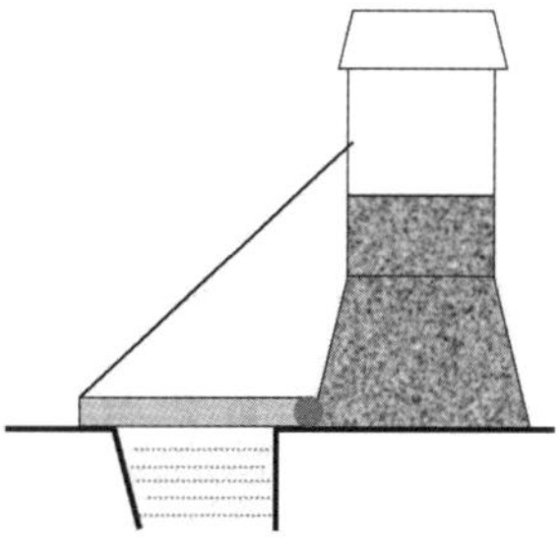
图4-4　吊桥简易图

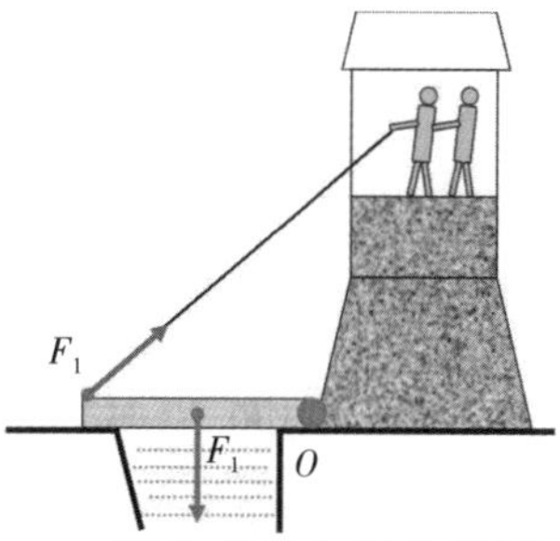

图4-5　士兵拉吊桥

微任务4 能否在桥下实现拉起吊桥呢？如果可以，请在图4-4中画出你设计的方案。

微任务5 你能否实现既减小拉力，又在桥下拉起吊桥呢？如果可以，请在图4-4中画出你设计的方案，并配适当的文字说明。

微评析 微项目中的吊桥情境，有利于促使学生感受我国古代人民的智慧，激发学习兴趣，建构物理模型——杠杆；利用杠杆平衡条件解决实际问题，有利于加深对物理规律的理解；学生基于定滑轮和动滑轮特点，解决用力方向和省力的发散性问题（见图4-6），有利于提高学生模型建构与应用模型解决问题的能力。

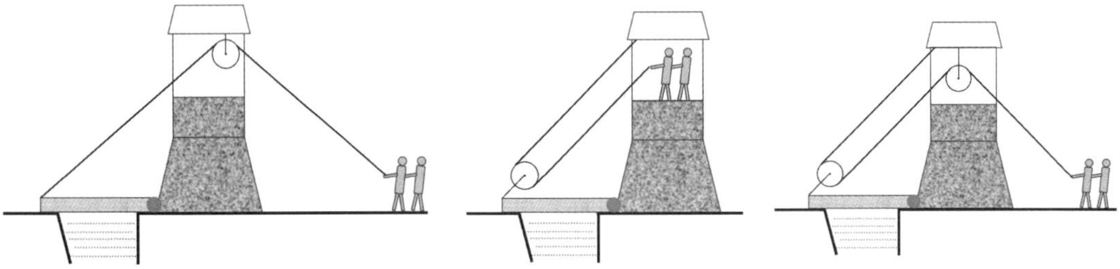

图4-6 示意图

2. 重视科学推理，提升科学思维

科学推理是依据科学事实，运用逻辑思维进行推理，进而做出解释或得到结论。下面以“探究鞋底防滑性能”为微项目，通过科学推理助力学生科学思维的提升。

微情境 据统计，在我国每年因地面湿滑摔伤的案件高达506万起，因地面湿滑产生纠纷案件约7.65万起，案件有关赔偿达两亿八千万元以上。人们在湿滑的路面行走时，为什么很容易摔倒呢？

微问题 影响鞋底防滑性能的因素有哪些？

微任务1 课前分组，明确成员任务，做好前期准备；通过查找文献，了解鞋底防滑性能的重要性、研究鞋底防滑性能的科学方法，引发学生对“好鞋”的深度思考。

微任务2 设计、发放问卷，并统计分析结果（见表4-1、表4-2），加深学生对鞋底防滑性能的认识。

表4-1　平时买鞋子时对鞋子防滑性有要求吗

选项	小计	比例
特别在意	9	29.03%
还行吧	21	67.74%
完全不考虑防滑性	1	3.23%
本题有效填写人次	31	

表4-2　你认为自己的鞋子防滑性能好吗

选项	小计	比例
非常好	8	25.81%
一般	23	74.19%
很差	0	0
本题有效填写人次	31	

微任务3　在教师的指导下，开展“影响鞋底防滑性能因素”的实验探究（见图4-7）。

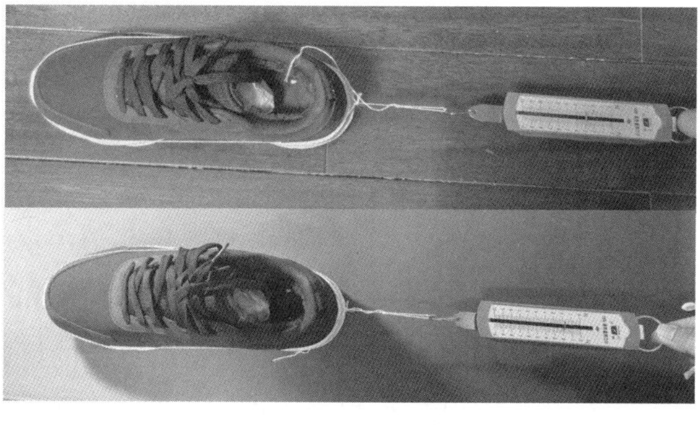

图4-7　“影响鞋底防滑性能因素”实验

微任务4　各组上台展示微项目化学习成果，分享问题解决的思路、实验方案、原理，并操作展示，给出实验结论。

微评析　学生在“探究鞋底防滑性能”微项目中，经历查阅文献、问卷统计分析、提出假设、设计探究实验、评估证据和解释推断等过程，最终探究得出影响鞋底防滑性能的因素：鞋底材料、路面状况和鞋底花纹，加深了对摩擦力的理解，感悟到科学技术对生产生活的影响，提升了学生的科学推理能力。

3. 加强科学论证，提升科学思维

科学论证是运用证据对所研究的科学问题进行描述、判断、预测和解释，以及建立证据与观点之间的关系，或反驳他人观点的实践活动。下面以“测电阻”为微项目，通过加强科学论证助力学生科学思维的提升。

微情境 在“用电流表、电压表测电阻”实验中都要用到电压表和电流表，有学生提出在缺少其中一个电表的情况下，也可以测出一个未知电阻的阻值。

微问题 缺少电流表或电压表可以测出未知电阻阻值吗？

微任务1 提供电源（电压未知）、电压表、开关、待测电阻Rx、定值电阻R_0、导线若干，测出未知电阻阻值。

微任务2 提供电源（电压未知）、电流表、开关、待测电阻Rx、定值电阻R_0、导线若干，测出未知电阻阻值。

微评析 在微问题的驱动下，学生发表观点、制定方案、动手实践，设计了一系列电路图，在自评、互评中，促进了学生上台对论点与论据的阐述，提高了学生的科学论证能力。同时，对系列解决问题的方法进行分类，并说明其理由（见表4-3），让学生清晰地认识到虽然测电阻方法很多，但都离不开实验原理$R=\frac{U}{I}$。基于方法的指导，提高了学生分析、归纳和总结能力。

4. 启发质疑创新，提升科学思维

质疑创新是指基于事实证据和科学推理，对不同观点和结论提出疑问、批判、检验和修正，进而提出创造性见解，它是由质疑、思维、困惑、创新而形成的一种能力和品格。下面以“透镜”为微项目，通过启发质疑创新助力学生科学思维的提升。

微情境 《淮南·万毕术》中记载：“削冰令圆，举以向日，以艾承其影，则生火。”“为什么冰可以生火呢？”设计情境性实验：利用追光灯模拟日光，射出一束平行光，用结构相似的水晶球模拟冰球并放在光路上，将黑纸置于水晶球的焦点上，观察到黑纸被烧焦。

微问题 冰到底能不能生火？是不是所有的冰都能生火？冰球为什么能生火？光进入冰球后，到底发生了什么？

微任务1 利用手电筒垂直照射不同的镜片，观察照射前后光斑大小的变化（见图4-8）。然后，触摸（戴手套）对手电筒光有相同作用的镜片中间和边缘的厚薄关系并进

表4-3　缺电压表测电阻方法分类

类别	设计方案图	分类理由
第一类	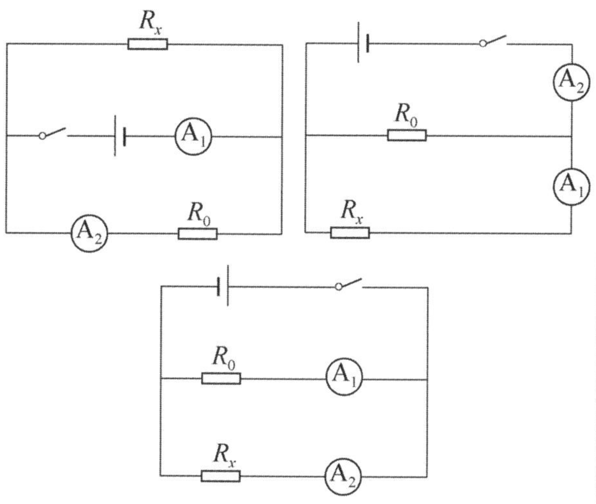	设计成并联电路，直接用电流表测量，并基于定值电阻 R_0，求出未知电阻的阻值
第二类	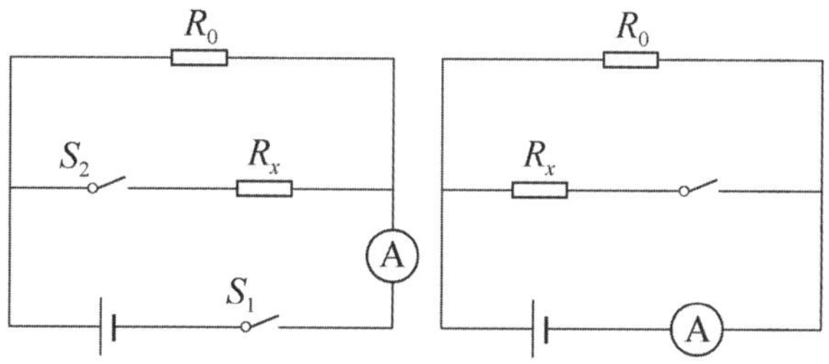	设计成并联电路，运用开关控制电路状态，结合定值电阻 R_0，求出未知电阻
第三类	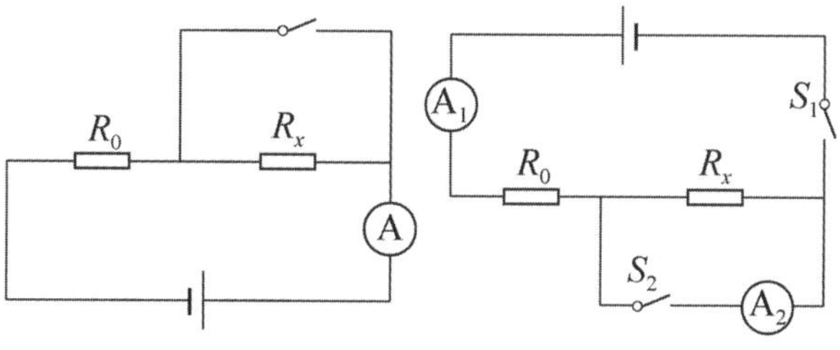	设计成串联电路，运用开关形成局部短路，并结合定值电阻 R_0，求出未知电阻

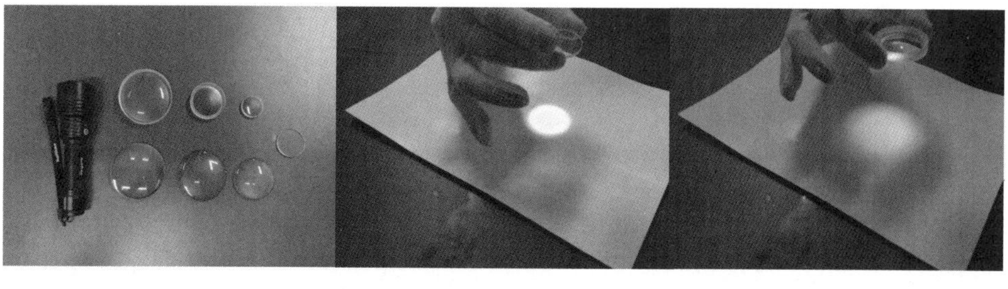

图4-8　手电筒垂直照射不同镜片

行分类。

微任务2 通过自制立体激光束照射定制大号凸透镜，探究凸透镜对光线的会聚作用（见图4–9）。

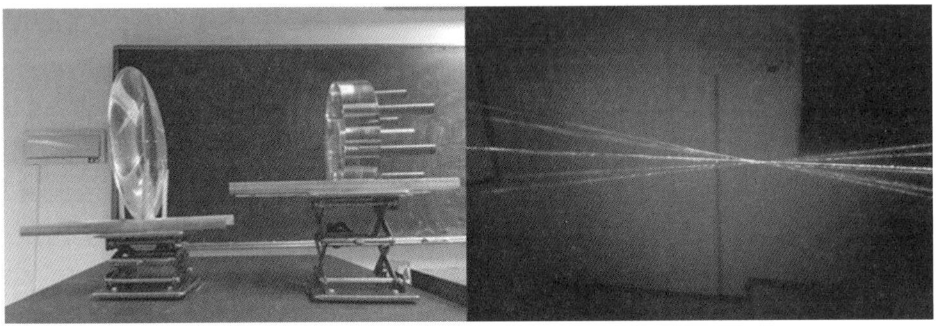

图4–9 探究凸透镜对光线的会聚作用

微任务3 借鉴凸透镜的研究过程，探究凹透镜对光线的发散作用。

微任务4 利用课堂所学知识解释古人“借冰生火”的真正原因。

微任务5 观察发光物发出的光经过凸透镜在另一侧的光屏上汇集成一个图像（见图4–10），并尝试画出从发光点发出经过凸透镜的三条特殊光线。并思考：光屏上为什么会出现一个发光物体的像呢？

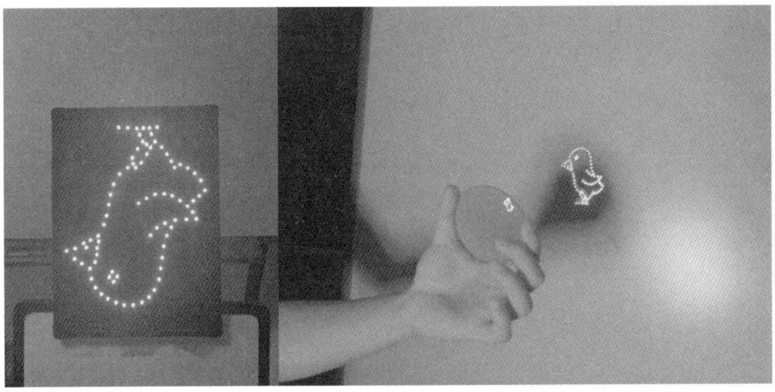

图4–10 发光物发出的光汇集成一个图像

微评析 基于“用冰生火”的典故，引起学生认知冲突，引发学生质疑，并创设“冰球生火”实验，激发学生学习兴趣，培养质疑创新能力。进阶式活动探究凸透镜对光线的会聚作用，培养学生模型建构能力，实现从浅层学习到深层学习。基于研究方法的迁移探究凹透镜对光线发散作用的方案设计及探究过程，培养学生科学推理能力。通过利用所学知识对问题、现象进行反馈，培养学生科学论证能力。学生通过观察发光物经凸透镜后能在光屏上汇集形成一个像的过程，引发思考，助力质疑创新能力的培养。

四、结语

微项目化学习具有灵活、精巧、短小等特点，将其融合在常规的物理教学中，设置不同类型的微项目，创设微情境，产生驱动性问题，让学生在协作中实践，并给予客观评价，指向创造性的成果。实践后发现，微项目化学习确实有助于发展思维的深刻性、灵活性、敏捷性、批判性和独创性，催化学生科学思维的提升。虽然微项目化学习是物理教学的一种重要形式，但它不能完全取代项目化学习，也不能取代常规的物理教学，建议教师从单元视角，基于学情在每个单元精心设计1~2个微项目与常规物理教学有机融合，催化学生科学思维的提升。

参考文献

[1]R.基思·索耶.剑桥学习科学手册[M].徐晓东，译.北京：教育科学出版社，2010：370.
[2]夏雪梅.项目化学习设计：学习素养视角下的国际与本土实践[M].北京：教育科学出版社，2021：18.
[3]曹宝龙.物理模型的建构与教学建议[J].物理教学探讨，2016，34(5)：15.
[4]仝甜雨，韩旭，高守宝.我国青少年科学推理能力测评研究进展及启示[J].中小学教师培训，2018(7)：70-73.
[5]陈颖，郭玉英.高中物理科学论证能力表现评价框架的构建[J].中学物理教学参考(上半月)，2017(11)：13-15.
[6]毛金华.探物究理 点亮思维[M].上海：上海教育出版社，2021：39.

项目化学习对发展初中生核心素养的作用
——基于“自然界的水循环”的实证研究

◎上海市周浦实验学校　武李茜

[摘要] 本文以六年级第一学期《科学》的“自然界的水循环”单元为例，以双线并进的设计思路为基础进行项目化学习单元设计，并结合设计经验对该设计思路进行了完善。通过对比传统学习和项目化学习两种学习方式的学习效果发现，项目化学习能更有效地落实学生的学科核心素养和学习素养。

[关键词] 核心素养　单元设计　项目化学习　水循环

随着教育改革的深入，《义务教育课程方案(2022版)》明确要求探索大单元教学，积极开展主题化、项目式学习等综合性教学活动。

大单元教学设计强调在教学过程中整合多个相关的知识点、技能和能力，形成一个相对独立且完整的综合性教学单元。项目化学习是一种教学方法，既是探究真实复杂问题的过程，也是精心设计项目成果和规划实施项目任务的过程。大单元教学设计与项目化学习可以互为补充，共同促进学生的深度学习和核心素养的培养。夏雪梅教授提出，学科课程中的项目化学习要在指向学科核心素养目标的基础上进行双线并进的设计。下面以“自然界的水循环”单元为例，探索如何运用双线并进的设计思路进行项目化设计，并探究实施效果。

一、项目化教学设计

1. 双线并进的设计思路

本单元项目化设计以夏雪梅教授提出的双线并进的设计思路为基础(见图5-1)。

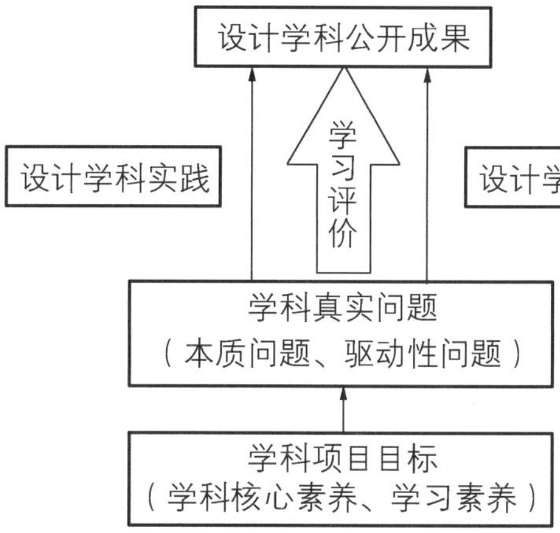

图5-1　学科项目化学习双线设计流程简图

2. 分析教材内容，梳理本质问题

“自然界的水循环”属于六年级第一学期《科学》（上海远东版）第6章“水与人类”部分的内容，该章节共包含水与生命、水的净化、水的循环及保护水资源四个版块。通过分析教材内容之间的联系，将“水与生命”及“水的循环”部分内容纳入该单元的学习范畴。通过分析教材，发现本单元要解决的本质问题是“自然界的水是如何循环的？”。

3. 结合学情特点，设计真实情境任务

通过小学自然课的学习，学生知道水有三态及三态之间的部分变化过程，但对于自然界中水的主要分布情况、水的三态之间相互转化的完整过程及物态转化的原因还不曾探究。六年级学生的逻辑思维能力和抽象思考能力处于迅速发展时期，好奇心和探究欲望比较强烈，且更加重视与同伴的关系。

结合学生相关的学习经验，提出“地球上的水为什么不会像石油一样被用完？”的驱动性问题。为了引导学生进一步认识自然界的水循环，发布制作“自然界的水循环”科普手册并参加相关比赛的单元学习任务，具体如下。

（1）明确制作科普手册的目的、要求、方法及制作前需要做的准备工作。

（2）通过学习了解自然界中水循环的对象、路径、动力来源及水循环的意义，补充水循环相关的知识。

（3）将水循环知识呈现在科普手册上，并结合相关评价标准不断修改完善。

（4）将制作出的科普手册在一定范围内进行展示交流。

4. 融合教学要求与项目任务，确定学科项目目标

本单元涉及“物质的结构与性质”“物质的变化”两个科学核心概念，结合教材相关学习内容和课标相关要求，制作“自然界的水循环”科普手册项目目标设置如下：

（1）学科核心素养目标

态度责任：意识到水在生物的生命活动及人类的生产生活过程中发挥着重要作用，树立节约水资源的观念。

探究实践：能通过设计并实施探究影响水蒸发快慢因素的实验，理解影响水蒸发快慢的因素，初步掌握控制变量的实验方法。

科学观念：能描述水在循环过程中物态及能量的变化情况，并认识到能量的变化会引起物态变化。

科学思维：能从微观粒子角度解释自然界水循环现象及生活中常见的天气现象，知道自然界水循环动力来源于太阳。

信息意识、创意实践：能运用工具、材料以及习得的美术和信息科技知识、技能和思维方式，按照相关要求，描述自然界中水的基本分类和分布情况，并将水循环的相关知识以科普手册的形式呈现出来。

（2）学习素养目标

通过小组合作完成科普手册，提升主动解决问题的意识和解决分歧的能力；提升主动表达的意识和选择恰当方式准确传达信息的能力；提升自我管理的意识。

5. 学科与学习双线并进，设计实践活动

学科项目要支持学生像学科专家一样解决问题。在制作“自然界的水循环”科普手册的过程中，学生缺乏自然界水循环的相关知识，同时选择恰当的方式在科普手册中呈现相关内容也是学生要解决的一道难题。因此在学科实践过程中要引导学生像科学家那样，采用观察、实验、数据分析、建构模型等方式补充水循环的相关知识，同时在教学过程中有意识地使学生认识到除了文字，还可以借助图片、图表、实验、生活实例等来呈现相关的内容。具体的课时安排、制作流程及学科和学习活动设计见表5-1。

表 5-1　制作“自然界的水循环”科普手册项目实施规划表

课时	制作流程	学习实践	学科实践
课时 1	课上：发布项目任务，明确制作要求 课后：完成风格设计	入项：水为什么不会像石油那样被用完？	明确项目任务，了解制作要求和评价标准，明确实施流程，完成小组分工，订立合作契约
课时 2	课上：补充水循环知识 课后：设计制作科普手册	水循环的对象：自然界中哪些水参与了循环？	学生活动：了解种子发芽 学生活动：记录我们每天的用水量 学生活动：调查工农业生产的耗水量
课时 3		水循环的路径：自然界中的水是怎样循环的？	学生活动：探究影响水蒸发快慢的因素 学生活动：了解植物的蒸腾作用
课时 4		水循环的动力：自然界中的水为什么能循环？	学生活动：了解认识水的性质 学生活动：了解模拟自然界中雨的形成
课时 5	课上：学习如何完善科普手册 课后：完善本组科普手册	科普手册的修改与完善：如何完善科普手册？	学生活动：了解水的循环 学生活动：了解评价与完善科普手册
课时 6	完成交流评比	出项：小组展示交流	小组成果展示

6. 评价工具及评价方式

本项目主要借助成果评价表、项目评价表及教师描述性评价来评估学生的相关表现。由于项目任务的完成程度和项目实施过程中的相关表现很难定量描述，因此本项目的成果评价表、项目评价表均采用定性评价。

（1）成果评价表

在发布项目任务环节，借助成果评价表引导学生明确相关的制作标准，学生在制作完善作品的过程中可以使用该评价表进行自评，在成果展示环节用来评价他人作品。通过评价表的使用能有效引导学生设计制作出符合要求的作品。

（2）项目评价表

项目评价表用来评价学生完成项目任务过程中的相关表现，主要包括项目管理和成果展示两部分内容。通过评价小组合作契约、项目日志等文本的填写情况来评价项目管理情况；在成果展示环节，通过制作过程的讲述及制作过程中生成性问题的解决情况来评价团队合作情况、沟通能力及创新思维的发展；通过对小组作品的展示介绍，评价相关科学知识的掌握情况，最后通过反思与总结环节提升学生的社会责任感。

（3）教师描述性评价

在整个项目完成后，教师可以从成果质量、学习态度、责任担当、自我挑战、小组氛围、反思意识等多个方面对学生的表现进行描述性的反馈和评价，充分发挥评价对学生学习的激励作用。对于能力强的小组，对其表现的亮眼之处给予足够的认可，并引导其他学生关注学习，从而使他们获得更多成就感。对于能力一般的小组，引导其客观评价自己，正确认识自己的优点和不足，并向优秀的小组学习，不断反思和提高。对于能力较弱的小组，给予更多的欣赏和鼓励，提升其学习的自信心。

二、项目化实施成效

制作“自然界的水循环”科普手册的项目化设计完成之后，笔者在上海市周浦实验学校（以下称本校）利用六年级科学课进行了实践。接下来将通过学生作品分析、前后测数据分析及学习方式调研结果分析三个方面来评估项目实施成效。

1. 学生作品分析

本校六年级1—4班平均学生数为44人，学生以小组为单位完成一份作品（每小组4—5人）。1—4班共组建了43个学习小组，完成作品42份。根据其内容和形式是否符合相关要求，将作品分为优秀、良好、合格、需努力四类。其中优秀作品约占50%，良好作品约占30%，合格和需努力作品各约占10%。

从作品完成的数量和质量上来看，本次项目实践完成度较高，大部分学生能够按照要求完成科普手册的制作和展示。

2. 前后测数据分析

为了更好地对比项目化学习和传统学习方式的实施效果，教学实施前后分别在本校六年级的六个班做了前测和后测，其中1—4班在“自然界的水循环”单元进行了项目化学习，5、6班采用传统学习方式。

（1）问卷设计

考虑到六年级学生的书写习惯，本问卷主要以选择题的形式呈现。本问卷共设计了10道选择题，第1—6题分别从自然现象与水循环之间的联系、水循环的路径、水循环的动力、水循环过程中的物态变化、水循环的对象及水循环的持续性六个方面评价学生的学科核心素养。第7—10题引导学生在项目实施前后对主动解决问题的意识、处理分歧能力、沟通能力及规范表达能力四种与完成项目任务关系密切的学习素养进行自我评估。项目实施的整个过程大约需要一个月时间，前测和后测选择同样的题目进行测试。

（2）学科核心素养问卷结果分析

对第1—6题的正确率进行统计，并利用SPSS软件对统计的数据进行可靠性统计，其克隆巴赫系数为0.869，说明数据的可靠性较好。两种学习方式的前测数据对比见图5-2。

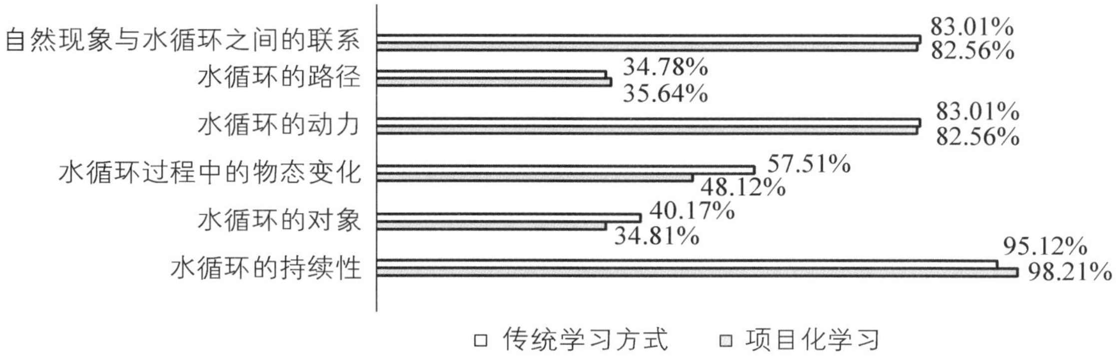

图5-2　项目化学习及传统学习方式前测数据对比图

从图5-2两组数据的对比中可以发现，在学习活动开始前，采用不同学习方式的两组同学对“自然界的水循环”的认识无明显差异。从图5-2可以看出，两组学生对水循环的持续性已经有了较为充分的认识，对自然界中的一些水循环现象及水循环的动力也有了一定了解，但对水循环的对象、水循环过程中的物态变化及水循环的路径认识还不够。

在采取两种不同方式开展学习活动之后，对两组同学再次进行测试，其数据对比情况见图5-3、图5-4。

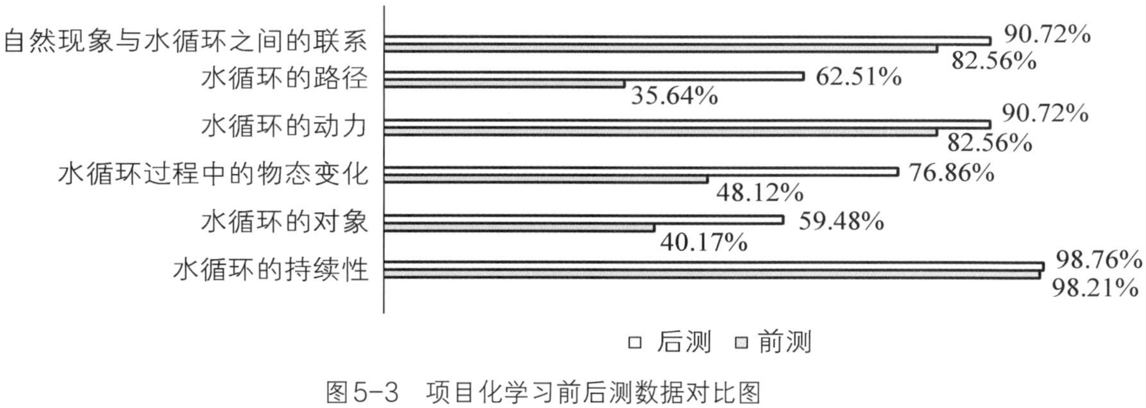

图5-3　项目化学习前后测数据对比图

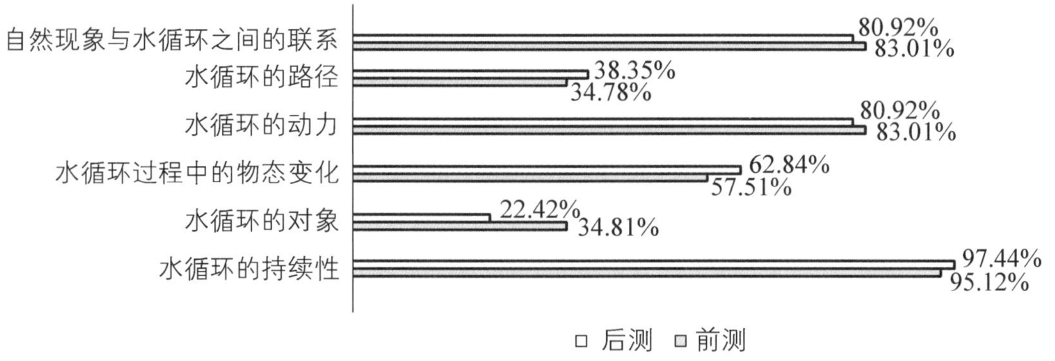

图5-4 传统学习方式前后测数据对比图

对比图5-3和图5-4可以发现，经历项目化学习之后，学生在水循环的动力、自然现象与水循环之间的联系这两类题目上的正确率都提升到了90%以上，水循环的对象、水循环的路径、水循环过程中的物态变化这三类题目的正确率也有了较大幅度的提升。而经历传统学习方式的学生进行后测的数据与前测数据相比改变不大，可能是因为学生在学习相关知识的过程中思维深度过浅，不能将所学到的知识与自然界的水循环联系起来。水循环的对象这一问题的正确率有了较明显的下降，主要是因为学生在学习了蒸腾作用相关的知识之后，能够认识到植物体内的水属于自然界中水的一部分，但没能将该认识迁移到动物体内的水上，甚至干扰了自己原有的正确认识。因此在回答“自然界中的水包括哪些水”这一问题时，很多同学漏选了“植物和动物体内的水”。

(3) 学习素养相关问卷结果分析

问卷的第7—10题，学生用来对自己的学习素养进行评估。不同能力水平的学生占比情况见表5-2：

表5-2 学习素养自我评估数据

评估项目	测试类型	弱	一般	较强	强
主动解决问题意识	前测	3.01%	3.68%	57.67%	35.58%
	后测	4.43% ↑	1.90% ↓	60.12% ↑	33.54% ↓
处理分歧能力	前测	6.59%	6.59%	28.13%	58.68%
	后测	2.52% ↓	9.43% ↑	40.88% ↑	47.17% ↓
沟通能力	前测	5.59%	18.63%	45.96%	29.81%
	后测	3.13% ↓	17.50% ↓	53.13% ↑	26.25% ↓
规范表达能力	前测	13.66%	32.30%	23.60%	30.43%
	后测	15% ↑	38.13% ↑	24.36% ↑	22.50% ↓

通过分析表5-2的数据可以看出，在项目实施前后不同能力水平的学生占比情况略有变化。由此可见，学习素养的培育是一个长期的过程，仅仅通过一个项目活动能够产生的促进作用比较有限。在四个评估维度上认为自己处于“强”水平的学生占比都有了不同程度的下降，而处于“较强”水平的学生占比都有了不同程度的上升。特别是处理分歧方面有了明显的变化，处于“强”水平的学生占比下降了11.51%，处于“较强”水平的学生占比上升了12.75%，说明项目化学习有助于学生修正对自我能力的评价。

3. 学习方式调研结果分析

在项目结束后，采用问卷的形式对1—4班的学生进行了学习方式的调研。问卷结果显示有86.27%的学生更喜欢项目化学习方式，其余13.73%的学生更倾向于传统学习方式，该数据表明相较于传统学习方式，绝大多数学生更喜欢项目化学习。根据调研结果对其作出相应选择的原因进行进一步统计分析，具体见图5-5、图5-6。

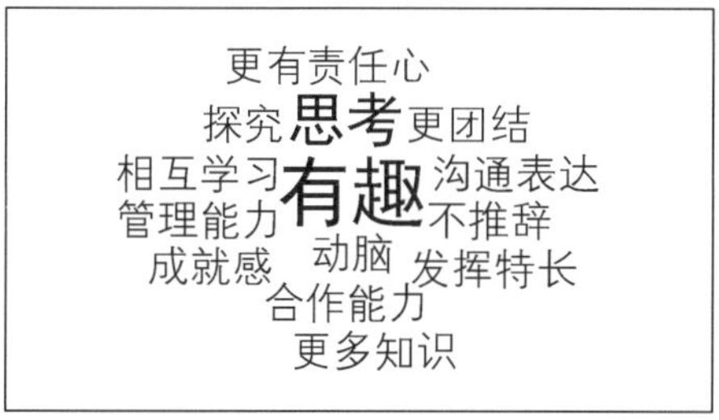

图5-5 选择项目化学习原因分析

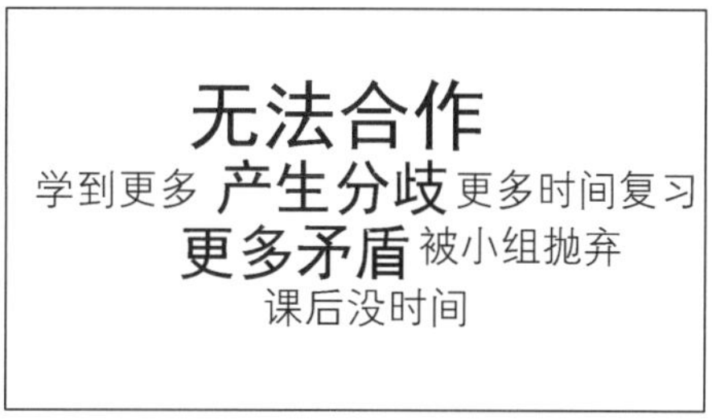

图5-6 选择传统学习方式原因分析

分析图5-5可以发现，许多学生都从项目化学习的过程中体验到了学习的乐趣，另外他们还认为该学习方式还能让他们学到更多的知识，有助于锻炼各方面能力。学习过程中需要学生进一步探究和思考，能让学生发挥自己的特长，相互学习，提升小组凝聚力，也能体验到更多的学习成就感。

从图5-6可以看出，在项目化学习过程中，小组内无法有效合作，且会产生更多分歧和矛盾，是他们选择传统学习方式的主要原因。与此同时，他们还认为传统学习方式可以学到更多的知识，有更多的时间复习。分析这些原因可以看出，这些学生的合作能力较为薄弱，不太适应新的学习方式，在项目化学习过程中需要教师给予更多的引导和支持。

三、总结与反思

1. 完善设计思路

依据夏雪梅教授双线并进的设计思路，可将落实教材的教学内容与项目活动有机融合，采用“做中学”及“用中学”的基本理念，在有限的教学课时内完成项目任务，同时也完成了相应的教学任务。但在项目任务、教学内容及课标要求还没有分析透彻之前，确定学科项目目标和提炼学科真实问题对于一线教师来说存在一定的困难。因此在实际设计过程中还是要从分析课标教材出发，梳理教学内容，了解各知识点之间的联系，明确学科本质问题，然后结合学生实际情况，设计驱动性问题并创设真实情境任务。同时对标课标要求，明确核心概念、学习水平及学业质量要求，从而确定学科项目目标。完善后的设计流程简图见图5-7。

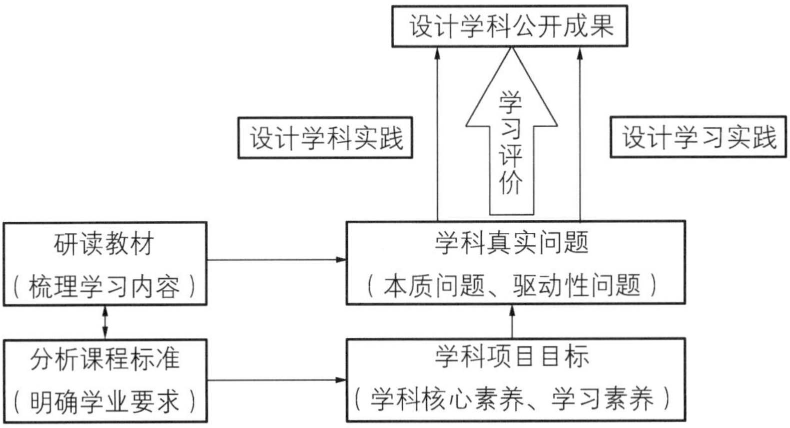

图5-7　学科项目化学习双线设计流程简图完善后

2. 反思实施成效

(1) 创设真实情境任务，激发探究兴趣

在学习“水与人类”章节之前，学生通过学习了解到地球上的石油是会耗尽的，结合学生的已有经验设计驱动性问题“地球上的水为什么不会像石油一样耗尽？”，激发学生的学习兴趣。当学生了解到地球上的水会循环以后，再设置科普手册制作比赛，引导学生进一步探究“地球上的水是怎样循环的？”这一问题。在这个真实情境任务下，学生的探究兴趣被点燃，学习心态也从“要我学”转变为“我要学”。

(2) 整合教学内容,促进深度学习

教材中“水的循环”板块主要包括了水的三态变化、蒸发与蒸腾、自然界里的水循环这三部分。学生要搞清楚自然界中的水是怎样循环的,还需要了解自然界中的水、生物体中的水,以及水对人类生产生活的重要性。因此将教材中“水的循环”和“水与生命”两个主题的教学内容整合起来,也就是用“自然界的水循环”这根线将各个零散的知识点串起来,学生在解决相关问题和完成相关任务的过程中感受各个知识点之间的联系,加深对相关知识的理解、应用与迁移。

(3) 整体主题设计,助力责任感形成

逐渐形成节约用水和保护水资源意识是学生在学习“水与生命”章节后需要达成的学习目标之一。尽管在学习“自然界的水循环”单元过程中,并没有将节约用水和保护水资源的教学内容纳入该单元,但大多数小组在科普手册中都添加了节约用水或保护水资源的内容,达到了“不教而教”的效果。

参考文献

[1]中华人民共和国教育部.义务教育课程方案(2022年版)[S].北京:北京师范大学出版社,2022.
[2]夏雪梅,等.项目化学习工具:66个工具的实践手册[M].北京:教育科学出版社,2022:97.
[3]刘晋曦,韦冬余.项目化学习视域下初中语文古典诗歌大单元教学探究[J].汉字文化,2024(11):139-141.
[4]夏雪梅.国家课程的项目化学习:高质量的分类探索[J].上海教育科研,2023(3):31-36.
[5]周建秋.基于项目化学习的科学探究主题资源的开发路径[J].中学物理,2024,42(12):32-35.

素养导向下项目化学习的关键特征及其设计要点

◎上海市进才中学东校　薛濛濛

[摘要] 情境、过程、成果、迁移是项目化学习的关键要素。情境设定了学习的背景，过程保障了学习的深度与广度，成果展现了学习的实际效果，而迁移则体现了知识的运用与创新。围绕这四个关键要素，本文对上海市项目化学习优秀案例库中的几则典型案例进行了分析，探究了素养导向下项目化学习的关键特征及其设计要点，期望为项目化学习的深入实践和广泛普及提供一定的参考，助力教育教学的改革与发展。

[关键词] 项目化学习　教学改革　素养导向

项目化学习是以素养为导向的一种新型教学方式，是落实核心素养培育的重要载体。2019年，中共中央、国务院印发了《关于深化教育教学改革全面提高义务教育质量的意见》，首次将项目化学习纳入国家教育政策文件，为教育领域的创新改革指明了方向；2023年，上海市教育委员会积极响应国家政策的号召，发布了《关于实施项目化学习推动义务教育育人方式改革的指导意见》（以下简称《意见》），《意见》指出要以项目化学习为载体，深化义务教育学校教与学方式变革，这预示着项目化学习的新时代正式拉开帷幕。

在这一时代背景下，夏雪梅博士从学习素养的视角出发，将项目化学习界定为：学生在一段时间内对与学科或跨学科有关的驱动性问题进行深入持续的探索，在调动所有知识、能力、品质等创造性解决问题、形成公开成果中，形成对核心知识和学习历程的深刻理解，能够在新情境中进行迁移。这一界定为我们理解项目化学习提供了宝贵的视角和思路。笔者基于夏雪梅博士的界定，提取了情境、过程（学习历程）、成果、迁移这四个关键要素，并结合上海市项目化学习优秀案例库中的几则典型案例[1]，尝试阐述素养导向下项目化学习的关键特征及其设计要点，期望为项目化学习的深入实践和广泛普及提供一定的参考，助力教育教学的改革与发展。

1 案例引自上海学习素养课程研究所“上海市项目化学习优秀案例库”，已获授权。

一、情境求“真”

情境求“真”是素养导向下打造项目化学习的基石。驱动性问题是将比较抽象的、深奥的本质问题，转化为特定年龄段的学生感兴趣的、有意义的、情境化的问题。通过不断的实践探索，逐渐形成了一个深刻的理念：好的驱动性问题必然是源于现实世界，而又指向现实世界的真实问题。这类问题的构建并不随意，而是需要真实的情境作为背景、具体的任务作为导向、明确的角色定位来使学生更好地融入其中（见表6-1）。在这里，真实情境就如同一块肥沃的土壤，不仅为驱动性问题的产生和发展提供了丰富的背景和坚实的支撑，更使得学习过程与实际生活紧密相连。这种紧密的联系无疑让学习变得更加生动有趣，从而极大地提升了学习的吸引力和实际应用价值。

表6-1　驱动性问题的重要组成

情境	情境是驱动性问题的重要组成部分，它为问题和任务提供了背景和约束条件。真实情境可以帮助学生更好地理解问题的现实性和复杂性
人物	人物可以指问题中涉及的角色，也可以指学生本人。一个好的驱动性问题应该让学生能够身临其境，感受到自己是问题的一部分
任务	任务指需要完成的具体工作或目标。在驱动性问题中，任务应该是明确且具有挑战性的，能够激发学生的求知欲和探索欲

基于此，我们可以借鉴刘徽教授在《大概念教学》中所阐述的“目标契合性”“学情适应性”与“实践可行性”三大评价维度（见表6-2），以此来精准地评估真实性问题情境设计的有效性。事实上，建构真实性情境已经在一些前沿的教育实践中得到了生动的体现。例如，上海市实验学校东校的白云云老师设计的“校门改造计划”，以及上海市卢湾中学的方红艳老师设计的“老旧小区‘上上下下’的幸福”项目，都是依托重建或模拟的真实性问题情境而展开的。这两个项目的驱动性问题（见图6-1）都巧妙地融合了知识与真实生活情境，不仅为学生提供了丰富的学习体验，更赋予了项目以深远的意义，展现了项目化学习的核心价值——培养学生面向真实世界的问题解决能力。

表6-2 真实性问题情境设计质量的衡量指标

维度	指标
目标契合性	是否体现了真实性，反映了目标
学情适应性	是否能引发学生的兴趣
	是否联结了学生的既有经验
	是否符合学生的水平
实践可行性	是否具有可行性

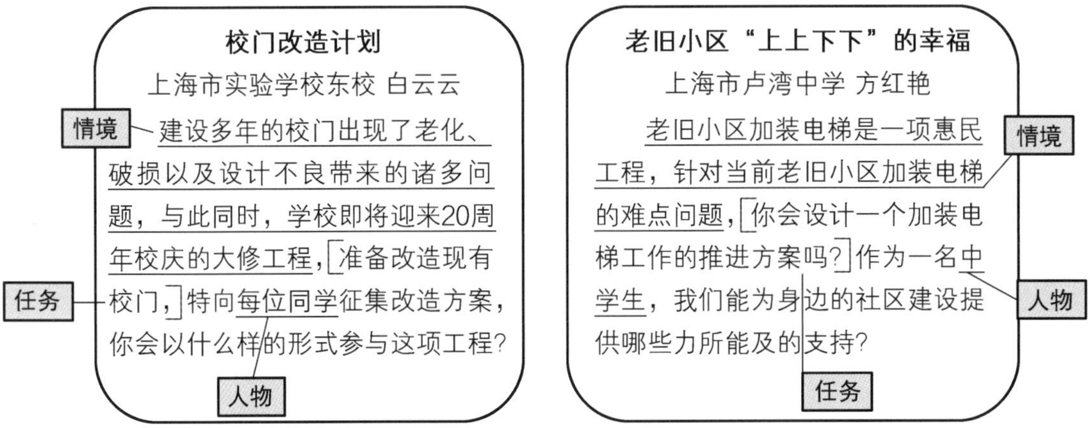

图6-1 “校门改造计划”“老旧小区‘上上下下’的幸福”驱动性问题设计

这两个问题情境都源于真实的社会需求。随着时间的推移，一些学校的基础设施逐渐陈旧，需要进行改造和更新，这是一个很常见的现象；而老旧小区加装电梯的社会需求也是普遍存在的，这与当前社会的老龄化趋势密切相关。无论是影响学校形象的校门改造问题，还是影响社区居民居住质量的电梯改造问题，都具有很强的现实意义。

同时，这两个问题情境均为学生营造了一个充满挑战且让人身临其境的实践场景。在项目推进过程中，学生必须直面各种实际问题和难关，设身处地地思考如何在多元利益诉求中找到平衡点，如何筹集资金并筛选出合适的技术方案等切实问题。这种全方位的考量使学生能更全面地把握实际项目背后的错综复杂性，并深刻体验从项目设计到落地实施的每一个环节。学生由旁观者转变为真正的参与者，这种强烈的沉浸感促使学生更加投入与专注。

此外，这两个问题情境都鼓励学生提出个性化的解决方案。在现实生活中，问题往往没有固定的答案，需要学生发挥主观能动性去探索、解决和创新。通过参与这些项目，学生不仅能够锻炼自己的问题解决能力，还能培养出创新思维和独立思考的能力。这种学习方式无疑会对学生未来的学习和职业生涯产生深远影响，帮助他们更加游刃有余地应对各种挑战，实现学以致用的目标。

需要注意的是，在教育中追求情境的真实性是为了更好地培养学生解决现实问题的素养，但我们也必须认识到，完全复制现实世界的学习环境往往是不切实际的。在现实世界中，一个问题可能涉及众多复杂因素和不可预测的变数，而在教育环境中，为了教学的需要，我们往往需要对这些因素进行简化和抽象。因此，情境求"真"的核心在于模拟和逼近现实世界，而非追求绝对的真实。

二、过程重"评"

教育评价是建设教育体系的重要组成部分，是教育改革发展的"指挥棒"。在项目化学习中，评价不仅是衡量学习成果的准绳，更是激发学生深入探索、全面发展的驱动力。因此，过程重"评"是素养导向下项目化学习不可或缺的一环。它不仅要贯穿整个学习过程，还要能够精准捕捉学生在学习过程中的真实表现，以及知识建构和能力提升的动态过程。为达成这一效果，我们需从评价维度、指标、对象和方式等多个角度入手，构建一个综合、客观的评价框架。

首先，评价维度需多元化。除核心知识技能外，我们还应关注学生的关键素养，如合作能力、问题解决能力等。这种多维度评价能够更全面地反映学生的发展状况。比如，笔者在构思"带上她的眼睛"项目化学习评价体系时，并未停留在对学生知识与技能掌握情况的单层次评估上，而是深度结合了ICAP理论，设计了涵盖合作态度、团队贡献、沟通能力、共情能力及创造能力等多个维度的评价量规（见表6-3），以全面衡量学生在项目化学习中的社会性表现。这种多维度评价方式的优势在于其广度和深度上，它不仅能精确地评估学生在知识与技能方面的掌握情况，更能够深入挖掘并培育学生的综合素养。

表6-3 “带上她的眼睛”项目化学习社会性表现评价量规

评价维度	学习分类			
	被动学习	主动学习	建构学习	交互学习
合作态度	消极被动	主动参与	积极提出新观点	共同激发新认知
团队贡献	无法按时完成团队分配的任务，没有遵守团队协议	能够按时完成团队分配的任务，遵守团队协议	高质量按时完成团队分配的任务，遵守团队协议，能够为他人提供帮助	高质量按时完成团队分配的任务，遵守团队协议，能够主动为他人提供帮助，解决具有挑战性的问题
沟通能力	不沟通交流，不考虑他人意见	能够表达自己的想法	主动表达自己的想法，能够听取他人意见	主动表达自己的想法，能够听取他人意见，并在团队沟通中建构新的想法
共情能力	在他人表达时随意打断或心不在焉	安静、耐心地聆听他人意见，给予眼神、动作等细微的回应	安静、耐心地聆听他人意见，经过他人同意后友善地提出自己的观点	安静、耐心地聆听他人意见，经过他人同意后友善地提出自己的观点，在互相交流后修改自己的想法或成果
创造能力	全盘接收信息，没有创造	能够根据要求或者他人的指点进行一定的创造	能够在情境中利用自己所学进行自我建构和创造	主动与团队成员沟通交流后，进行共同创造

其次，评价标准需有明确性。为了保证评价的客观性和公正性，我们需要设定具体、清晰且可衡量的评价标准。在“共情能力评价表”中（见表6-4），我们在每个维度下分别划分了五个评分等级。多梯度的评分等级不仅准确衡量了学生的表现情况，还能直观地展现学生的进步，让学习进阶“看得见”。诚然，评价也具有指导功能。在明确的评价标准引导下，学生可以充分认识到耐心倾听、积极反馈和情感支持在团队协作中的重要性，从而有助于他们在日常生活中更好地理解和尊重他人，建立更加和谐的人际关系。我们相信，具备强大共情能力的学生，未来无论走向哪个领域，都会更容易获得他人的信任和支持，成为促进社会团结与进步的重要力量。

表6-4　“带上她的眼睛”项目化学习共情能力评价表

评价维度	评价标准	自我评价	伙伴评价	教师评价
倾听他人意见	5 分：总是耐心倾听，不打断他人，给予积极的反馈			
	4 分：大部分时间能够倾听他人，偶尔打断，但迅速道歉并继续倾听			
	3 分：有时打断他人，但之后能够恢复倾听			
	2 分：经常打断他人，对别人的意见不够耐心			
	1 分：几乎不倾听他人，总是急于表达自己的观点			
给予他人反馈	5 分：经常给予他人建设性的反馈，展现出深度的理解和尊重			
	4 分：时常给予反馈，但偶尔缺乏深度或建设性			
	3 分：有时给予反馈，但不够频繁或具体			
	2 分：很少给予他人反馈，对团队成员的观点缺乏关注			
	1 分：几乎不给予他人任何反馈			
提供情感支持	5 分：总是主动提供情感支持和建议，使团队成员感到被理解和支持			
	4 分：大部分时间能够提供情感支持，偶尔缺乏主动性			
	3 分：在被要求时会提供情感支持			
	2 分：很少主动提供情感支持，对团队成员的情感需求不够敏感			
	1 分：几乎不提供任何情感支持			

再次，评价方式需灵活多样。在表6-4中，我们结合了自我评价、同伴互评和教师评价三种评价方式，为的是能够从多个角度全面地反映学生的学习情况。自我评价帮助学生认识自己的学习状态和进步，同伴互评则促进学生间的交流和互相学习，教师评

价则提供专业的指导和建议。但评价方式绝不仅限于此，我们还可以探索家长评价、社区评价等更多形式，或者利用现代技术，如学习分析系统，进行更精细化的数据驱动评价。这种多样化的评价方式能够更全面地揭示学生的学习状况，激发他们的学习动力，同时也为他们提供更丰富的反馈信息和更多的成长契机。

正所谓“一把钥匙开一把锁”。每个学生都是独一无二的，他们的潜能和特质各不相同，而评价体系的逐步完善与深化，正是对“因材施教”这一古老教育理念的现代诠释与实践。因此，致力于构建一个科学、全面的评价体系，其目的远不止于简单地衡量学生的学习成果，更在于深入激发他们的学习潜能，引导他们勇敢地探索更为广阔的知识海洋。通过科学的评价，我们能够更加全面地了解学生，洞察他们的优点与不足，进而为他们量身定制最适合的教育路径，助力他们实现个性化成长与发展，提升核心素养。

三、成果要“展”

在项目化学习的实践中，成果的展示不仅是检验学习质量的关键环节，更是推动深度学习、提升学习素养的重要途径。《项目化学习设计：学习素养视角下的国际与本土实践》一书中提出，项目化学习成果应具备四个显著特征（见表6-5），即1.指向驱动性问题，具有思维的真实性；2.类型多样，包括个人和团体的学习成果；3.指向对核心知识的

表6-5 项目化学习成果特征在项目实践中的具体呈现

特征	描述	“让茭白叶编结活起来”项目成果列举
1. 指向驱动性问题，具有思维的真实性	项目围绕一个核心问题展开，激发学生深入探究和思考	传承与推广茭白叶编结技艺：“茭叶飘香，编结传承”展览活动
2. 类型多样，包括个人和团体的学习成果	成果形式丰富，包括文字、实物、视频等多种类型	调研报告、手工编结作品、演讲视频、展览活动
3. 指向对核心知识的深度理解，解决真实问题	学生通过项目活动对核心知识有深入理解和应用	对茭白叶编结技艺的历史、技术、价值深入了解后制作的手工编结作品、上传至网站的推广视频
4. 应同时包含做出来的和对怎么做出来的说明	学生不仅展示最终成果，还解释成果的创作过程	在电视台演说调研过程及结果

深度理解，解决真实问题；4.应同时包含做出来的和对怎么做出来的说明。青浦清河湾中学的朱天虹与王娅两位老师精心策划的“让茭白叶编结活起来”项目，正是这些特征的生动体现。该项目不仅为学生们提供了一个实践平台，让他们在探究中深化理解，更在过程中展示了项目化学习成果的独特魅力和价值。

第一，指向驱动性问题，具有思维的真实性。项目化学习的成果必然是围绕核心驱动性问题展开的，它能够真实反映学生在解决问题过程中的思维活动。在该项目中，无论是校园文化长廊的展览活动还是电视台的演说活动，都紧密围绕茭白叶编结技艺的探究和传承，体现了学生对真实问题的深度思考。

第二，类型多样，包括个人和团体的学习成果。项目化学习的成果应当展现出多样化的形式，且体现出创新思维。该项目的成果丰富多彩，既包括调查报告这一文字类成果，也涵盖了演讲、答辩等展示类成果。此外，还有制作类成果，如手工编结实物，以及媒体类成果，如推广视频等。这些多样化的成果形式，全方位地展示了项目深度和广度。

当然，学习成果既要有团队合作的集体成果，也要有个人独立完成的成果。在该项目中，不同学生负责不同展览板块的宣讲与引导，以及团队的调研报告和电视台的演说活动，都体现了团队合作水平与个人能力。同时，个人的编结作品与各自制作上传的推广视频也展示了学生个人的学习成果和独立思考。

第三，指向对核心知识的深度理解，解决真实问题。项目化学习的成果不仅仅是对知识的简单应用，更是对核心知识的深度理解和应用。在该项目中，学生通过调研、实践、展示等多个环节，深入了解茭白叶编结的文化内涵和技艺要点，同时也为传承和推广这一技艺作出了一定的贡献。

第四，应同时包含做出来的和对怎么做出来的说明。项目化学习成果不仅展示了学生的实践成果，还包含了他们对成果创作过程的解释和说明。在该项目的电视演说活动中，学生不仅展示了调研的结果，还详细解释了为什么这样做、过程是什么、经过了怎样的思考和调整等，这有助于学生对知识的深刻理解和迁移应用。

学界有个非常恰当的比喻，如果项目化学习是一辆动力十足的汽车，那么核心知识、核心问题（本质问题及驱动性问题）、高阶学习策略与学习成果就是汽车的四轮驱动，这四者可以有层次先后之分，但任何一个环节都不可偏废、不可缺漏，只有相互配合，协同推进，有机融合，才能实现学习效果的最大化和最优化。在项目化学习中，我们应当高度重视成果的构思与设计，确保其能深入、全面地映射出学生的学习轨迹与思考过程。同时，我们还应着眼于成果的多元化与个性化表达，积极鼓励学生依据自身兴趣和专长，自由选择最适合自己的成果形式，从而在成果展示环节充分展露其学习心得、思考过程以及个人素养。

四、迁移促"用"

心理学家M.L.比格曾强调："学校的成功，很大程度上取决于学生能否将所学灵活地应用于其他领域，学习迁移无疑是教育的基石。"这一理念在项目化学习中得到了充分体现。项目化学习不仅注重学生对知识的吸收和理解，更鼓励他们将知识应用到实际生活中，实现知识的有效迁移。上海市实验学校南校李帅帅老师设计的跨学科项目——"植物医生：'疫'起'沪'蔬，生命续航"尤为强调对学生迁移能力的培养，在项目中提供了诸多对于迁移的指导，值得我们借鉴。

在迁移之前，项目团队进行了深入且详尽的准备工作（见图6-2）。这些准备工作具体包括为学生打造全方位的学习支架——认知性反思、非认知性反思、近迁移和远迁移等核心概念及其实际应用技巧。此外，准备工作还包含了协助学生深刻反思并梳理过去的学习经验，设计有利于知识迁移的新真实性情境等。这些举措都是为了确保学生在迁移过程中拥有丰富的知识储备，得到明确的策略引导，从而能够更高效地在新情境中运用所学，实现知识的有效转化和应用。

在迁移情境建立的基础上，我们还可以顺势借助类比来引入新知识、新概念。所谓类比，即由两个或多个对象的某些相同或相似的性质，推断它们在其他性质上也有可能

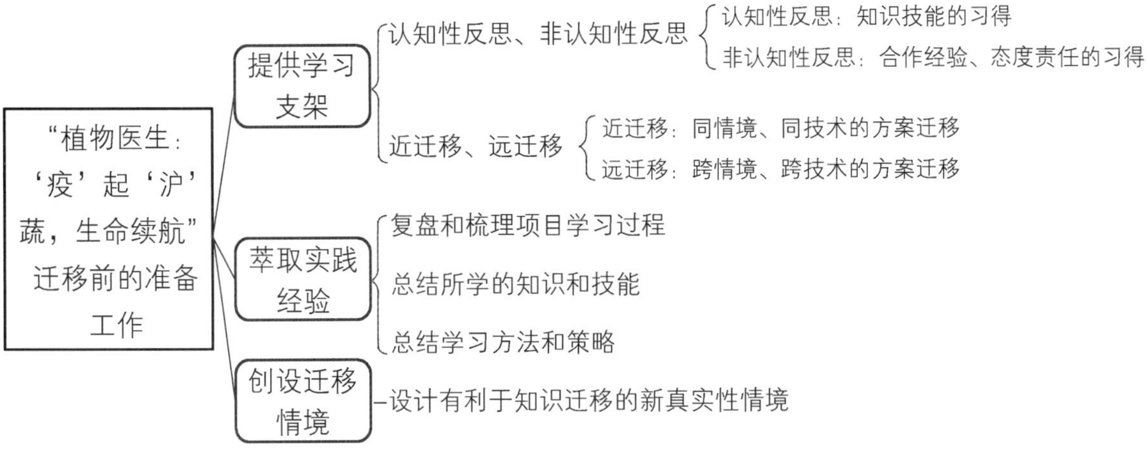

图6-2 "植物医生：'疫'起'沪'蔬，生命续航"项目迁移前的准备

相同或相似的一种推理形式。类比不仅是一种极为重要的思维方法,也是一种极为重要的教学策略,尤其在帮助学生引入新概念时,类比具有显著的优势。

假如在“植物医生”项目中,学生已经学习了如何处理常见的植物叶片病害,如斑点病,而现在他们面临一个新的挑战——诊断和处理一种未知的根部病害。为了帮助学生迁移知识,我们可以采用类比的方法,将已知的叶片病害处理过程与未知的根部病害进行比照。整个过程中,我们可以按照“洞察相似性—分析差异性—迁移应用”的思维路径(见图6-3),引导学生将已有知识成功迁移至新情境,从而提高问题解决能力。

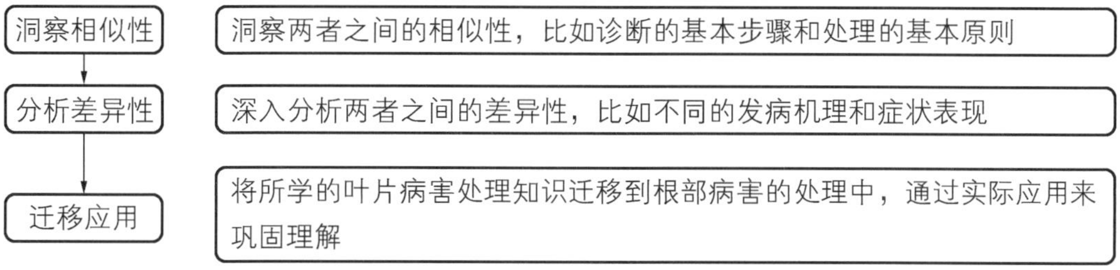

图6-3　斑点病与根部病害类比迁移思维路径

除了类比之外,建模同样是帮助学生将知识应用于实践中的有效方法。建模是一种将抽象概念或过程具体化的教学方法,它能够帮助学生直观地观察到知识之间的内在联系和动态变化,从而加深对新概念的理解。假设学生正在学习植物的光合作用,需要通过提高光合作用的效率来改善植物的健康。这时候,我们就可以构建一个光合作用模型(见图6-4),将抽象过程具体化,以便学生更好地将理论知识迁移到实际植物健康管理中,提升其综合实践能力及个人核心素养。

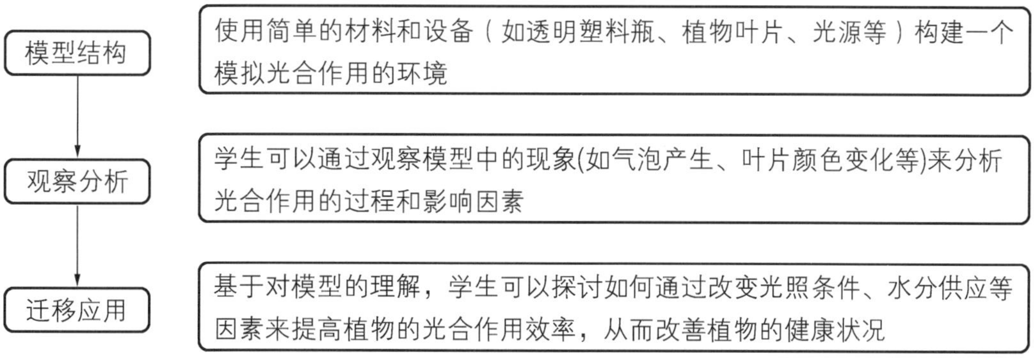

图6-4　光合作用建模迁移思维路径

为了让迁移过程更加高效、流畅，我们还需要细致观察学生在每一个步骤中的表现，及时捕捉他们在迁移时遇到的难点，并给予明确且具体的针对性指导。在反馈时，我们可以给予学生正面的鼓励，以增强他们的自信与勇气；也可以提供建设性的意见，帮助学生认识和改进迁移过程中的不足。高效的反馈可以持续激发学生学习的动力，促使他们不断调整与优化学习方法，进而提升知识迁移的效果。

迁移思维作为一种高阶思维模式，在现代社会中显得愈发重要。教育部印发的《义务教育课程方案和课程标准（2022年版）》中也着重强调了教学要实现综合性与实践性，特别是要让学生在实践中应用知识和方法来解决问题，在此过程中实现迁移应用，完成核心素养的培养与检验。因此，我们要积极引导和发掘学生的迁移思维，帮助他们构建这一思维模式，以便更好地适应复杂多变的社会环境，成为满足现代社会所需的时代新人。

情境求“真”、过程重“评”、成果要“展”、迁移促“用”这四个关键特征共同架构起了项目化学习的核心框架。这一框架不仅确保了学习的真实性和实用性，还强调了过程的重要性、成果的展示价值以及知识的迁移与应用。在这样的框架下，学生能够在真实情境中深入学习，借助过程性评价得到及时反馈，通过成果展示获得成就感和自信，最终将所学知识迁移到实际生活中，进而提升个人素养，实现自身的全面发展。在项目化学习的设计与实践过程中，我们应当始终坚持素养导向，坚定地落实四个关键特征，以确保为学生创造高质量、深入且富有成效的项目化学习体验。

教育决定着人类的今天，也决定着人类的未来[1]。如今，未来已来，项目化学习已然成为教育领域的重要改革方向。我们应该积极拥抱这一趋势，不断探索和实践，为学生创造更优质、更个性化的学习环境，使其成为具有创新精神和实践能力的高素质人才，走向更加广阔的未来。

参考文献

[1]夏雪梅.项目化学习设计:学习素养视角下的国际与本土实践[M].北京:教育科学出版社,2018.

[2]王海,赵东梅.项目式学习:走向知识的新建构[J].教学考试,2022(37):9-13.

[3]薛濛濛.ICAP视域下语文项目化学习评价的逆向设计[J].上海课程教学研究,2023(10):72-80.

[4]迈克尔·马奎特,等.行动学习:原理、技巧与案例[M].郝君帅,刘俊勇,译.北京:中国人民大学出版社,2013.

[5]尤小平.学历案与深度学习[M].上海:华东师范大学出版社,2017.

[6]崔允漷.如何设计学后反思[R].第二届全国项目化学习年会上的演讲,2021.

1 习近平:《致清华大学苏世民学者项目启动仪式的贺信》,《人民日报海外版》2013年4月22日第1版。

第二部分

立足学科本位

有别于校本特色课程和活动中的项目化学习，学科项目化学习首先强调学科立场，要求立足本学科素养培育要求，结合学科学习内容和真实情境中的真实问题生成项目，助力学科课程标准有效落实，促进学科知识的深度理解和灵活运用。学科项目化学习的价值，要关注是否指向真实问题解决，更要关注是否具有学科学习价值。从项目实施和学生学习角度，可以直接从情境问题或任务切入，但从项目产生和教师设计角度，首先要从学科出发。

利用时政热点开展初中道德与法治项目化学习[1]

◎上海市梅园中学　施啸琳

[摘要] 项目化学习有助于学生解决真实性问题，提升核心素养。当前，初中道德与法治学科存在项目化学习推进力度不够、缺乏有效实施路径等问题。本文以“我为‘一带一路’代言”项目化学习为例，利用时政热点将社会实际、生活实际等有机结合。实践证明，开展项目化学习能激发学生探究真实世界的兴趣，提升学生的高阶思维能力，促进学生产生政治认同感。

[关键词] 时政热点新闻　项目化学习　初中道德与法治

2023 年，上海市教育委员会发布《关于实施项目化学习推动义务教育育人方式改革的指导意见》。《意见》指出，项目化学习是培养学生创造性解决问题能力的载体。项目化学习可以让教师转变教学理念、教学方式，让学生转变学习方式，形成教与学的新常态。

初中道德与法治属于思政学科，本质上就是讲道理的学科，因此需要极高的真实性，要让学生在真实的生活中体会道德情感。项目化学习恰恰是一种解决真实性问题的学习方式，它可以增强课堂的真实性，让学生在真实生活中发现问题、解决问题，这样有助于激发学生学习的兴趣，引导学生具身学习。项目化学习聚焦学生核心素养的培育，彰显学生学习的主体地位。学生在项目化学习的过程中，通过搜索资料、处理信息、社会调查等活动，提升自身的学科核心素养。道德与法治学科的思政元素可让学生充分了解中国的发展与成就，树立道路自信、理论自信、制度自信、文化自信，既为我国的高质量发展而自豪，又能客观辩证地看待发展中的问题。

初中道德与法治学科项目化学习的主题基于《道德与法治》（上海版）和当前的时政热点新闻。基于教科书的项目化学习可以通过大单元教学的形式进行。教师可以紧紧

1 本文发表于《中小学班主任》2024 年第 8 期，收录时略有改动。

围绕《义务教育道德与法治课程标准(2022 年版)》、教材的核心知识和学生生活中的真实问题设计项目化学习。基于时政热点新闻的项目化学习,其设计难度相对更大一些,教师可以根据时政热点新闻,选择适合不同学段学生的内容作为切入点,还可以适当融入跨学科学习。一般认为,项目化学习有六个维度:核心知识、驱动性知识、高阶认知、学习实践、公开成果、学习评价。在利用时政热点新闻开展初中道德与法治学科项目化学习的过程中,最核心也最难把握的是驱动性知识、高阶认知、学习实践这三个维度。下面,以“我为‘一带一路’代言”项目为例,探索如何利用时政热点新闻开展初中道德与法治学科项目化学习。

一、明确本质问题与驱动性问题

时政热点新闻具有信息量大、多元复杂、相对不贴近学生生活等特点。而且,这些新闻不仅仅限于教材某一个单元的内容,也不仅仅限于初中道德与法治单一学科。因而,相较基于教材内容开展的项目化学习,基于时政热点新闻开展的项目化学习要从新闻内容的本身出发,找到贴近学生生活的细微切入口,明确项目化学习中的本质问题与驱动性问题。本质问题是学生经常关注的与学科知识有关的问题,或者人类社会和自然界中一些基础的、核心的问题;驱动性问题是能够推动学生自主学习的问题。下面,以“我为‘一带一路’代言”项目化学习为例展开探讨。

2023 年是“一带一路”倡议提出十周年。“一带一路”倡议是中国特色社会主义大国外交思想的重要实践,这些年已经取得了辉煌的成就。学生在搜集资料的过程中,有这样一则新闻映入眼帘:“中国外交部部长助理华春莹在社交媒体上的发文,11 国货币上的标志性基础设施均为‘中国制造’”。学生对此很好奇,为什么这些国家的标志性基础设施是“中国制造”呢?学生的好奇符合真实性、挑战性等驱动性问题的特征。由此,教师可以将“为什么这些国家的标志性基础设施是‘中国制造’”确定为项目化学习的驱动性问题。另外,教师设计了项目化学习的本质问题:这十年来,中国是如何践行“一带一路”倡议,与世界深度合作的。

二、设计项目化学习支架

教师在问卷中发现,90% 以上的学生只能从表面回答这个驱动性问题,想要深入了解“一带一路”,却感觉无从下手。这也给我们一个启示:初中阶段的学生思考问题相对而言不够全面,教师要为学生提供学习支架。学习支架是指学生在完成挑战性的学习任务时,经过努力仍然不能自己解决问题,教师为帮助学生解决问题所提供的支持。换言之,学习支架是针对学生在学习过程中恰当的时机所提供的必不可少的支持。对于初中阶段的学生而言,概念支架、学习实践支架、资源支架是开展时政热点新闻项目化学习过程中非常有效的学习支架,运用这些学习支架也是项目化学习过程中的重要环节。在"我为'一带一路'代言"项目化学习活动中,教师先分解驱动性问题,形成框架,针对目标任务设计具体的要求(见图7-1)。

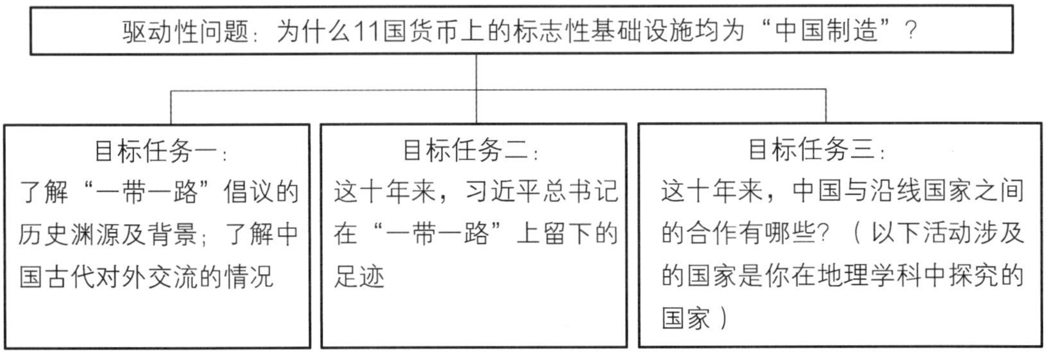

图7-1 "我为'一带一路'代言"项目化学习活动的概念支架

这样的目标任务分解就可以为学生的探究学习提供"脚手架",并且引导学生在思考问题的时候不仅要运用道德与法治学科的知识,还要运用一些历史和地理学科的知识进行探究。同时,针对目标任务,教师可以提出具体的学习要求,这些要求作为评价的内容,能成为学习实践支架(见表7-1)。需要指出的是,绘制地图只是展示的一种形式,学生也可以用其他的形式来呈现学习成果。

表7-1 了解"一带一路"倡议的历史渊源及背景、中国古代对外交流的情况

任务	任务程度描述	评价
绘制地图	能绘制一张古代丝绸之路路线图	☆☆☆☆☆
	能与"一带一路"路线图形成对比，得出结论	☆☆☆☆☆
发展对外交流的意义	能概括出中国历史上不同朝代的对外交流情况	☆☆☆☆☆
	能分析出发展对外交流对不同朝代发展的影响	☆☆☆☆☆

总而言之,初中道德与法治课程具有很强的思想性和政治性,教师要为学生提供必

要的学习支架,在真实的问题解决中培养学生的能力素养。并且,教师要注重发挥学生的个性特长与创造性,在知识习得与生活应用、问题解决与实践创新的持续双向互动中,不断推进项目化学习的进程。

三、关注学生高阶认知培养

关注学生的高阶认知是项目化学习的重要着力点。项目化学习中的认知策略是低阶认知策略与高阶认知策略的有机结合,低阶认知策略包括“信息收集”“组织”“存储”“巩固”等,高阶认知策略包括“问题解决”“创建”“决策”“实验”“调研”“系统分析”等。从低阶认知策略上升到高阶认知策略,正是从陈述性知识转化到程序性知识的过程。因此,教师在设计项目化学习的过程中要充分考虑问题的深度和思维的质量。

“我为‘一带一路’代言”项目化学习活动中,教师紧扣“问题导向”,引导学生结合地理学科中学到的国家自然和人文环境相关知识来分析该国在发展过程中遇到的问题,进而了解“一带一路”项目为该国解决了哪些发展中的问题、对该国与中国都有怎样的意义。学生在问题解决中跨学科调用了地理学科的知识,这有助于学生树立学科融合意识,在今后分析道德与法治综合问题时能够真正跨越学科界限,综合运用各学科中的知识,全面地分析问题,有效地解决问题。如此,可以最大限度地培养学生的高阶认知。

教师要关注学生学习的过程。项目化学习是一种运用高阶思维的学习。虽然学生在开展项目化学习之前,已经拿到了经过师生共同讨论的学习单,但每个学生在学习中表现出的学习能力是不同的,教师需要及时关注学生学习过程中的困难,帮助学生做出必要的调整。这些措施都是为了更好地提高学生在项目化学习中“操作”的质量。一位学生在项目化学习中有更高质量的“操作”,可能代表他的思维能力更强,更强的思维能力往往决定了他对问题的认知会更加深刻,最后产出的情感与价值往往会更高。可以这样认为,“操作”是学科能力,“思维”是学科思维,“情感与价值”是核心素养。也就是说,教师要想通过时政热点新闻的项目化学习提升学生的核心素养,就要培养学生的高阶认知。

以“我为‘一带一路’代言”项目化学习为例,在研究习近平总书记这十年间出访的“一带一路”合作伙伴国家时,有的小组将习近平总书记出访的国家一一细数,还有的小组将搜集到的这些国家的信息进行提炼与归纳,形成结论:“这十年来,‘一带一路’合作网络从亚欧大陆延伸到非洲和拉美,一百五十多个国家、三十多个国际组织和中国签署‘一带一路’合作文件。‘一带一路’开辟了各国交往的新路径,搭建起国际合作的新框架。"这是一个非常直观的表述,顿时让全班学生感受到国家发展的伟大成就。可以说,当学生处理信息,并看到自己统计的成果时,也一定会将学习所得内化为学科素养。

参考文献

[1]夏雪梅,崔春华,刘潇,瞿璐.学习素养视角下的项目化学习:问题、设计与呈现[J].教育视界,2020(10).
[2]夏雪梅.项目化学习的实施:学习素养视角下的中国建构[M].北京:教育科学出版社,2020.
[3]张丰.重新定义学习:项目化学习15例[M].北京:教育科学出版社,2020.

基于单元主题的小学语文项目化学习设计

——以“我的动物朋友”单元为例[1]

◎上海市闵行区教育学院　张贺华

◎上海市嘉定区实验小学北水湾分校　赵永芝

[摘要] 项目化学习是发展学生核心素养的重要方式。通过小学语文单元项目化设计与实施，以课堂与课外、线上与线下相结合的形式展开，以驱动性问题为核心，在教师引领下，学生通过合作探究、自主学习等形式开展项目活动。在项目化学习活动中，学生实践体验，完成项目作业，最终达到发展其自主探究、解决问题的能力目标。

[关键词] 单元主题　项目化学习　设计　小学语文

儿童对自然界的动植物有着浓厚的兴趣，然而现在的孩子多数生活在城市中，近距离接触动植物的机会比较少，即使是对从小耳熟能详的动物，也不一定有比较深入的了解。统编语文教材四年级下册第四单元的主题是“我的动物朋友”，结合本单元的语文教学目标，笔者尝试以“抓住动物的某一特点，用视频的方式介绍你喜爱的动物”这一项目化学习开展实践活动，让学生更深入地了解动物，并激发他们喜爱小动物的情感。

一、项目设计

（一）课文介绍及相关知识梳理

语文四年级下册第四单元围绕“我的动物朋友”这一单元主题，编排了《猫》《母鸡》《白鹅》三篇文章。每篇文章的作者都围绕自己的亲身体会对身边的动物进行了详细描写。三篇文章的板书设计分别见表8-1至表8-3。

通过板书设计可以看出，文章运用了明贬实褒、欲扬先抑的手法，通过列举具体事例对动物的特点进行了生动细致的描写，以此来表达对动物的喜爱之情。这既是本单

1 本文发表于《上海课程教学研究》2023年第6期，收录时略有改动。

元的语文要素所要达到的要求，也是本次项目化学习的最终目标。

表 8–1　第 13 课《猫》板书设计

总	分	举例子
古怪 （1—5）	老实	成天睡大觉、无忧无虑
	贪玩	一天一夜不回来
	尽职	屏息凝视几个钟头、非……不可
	温柔	蹭腿、抓痒、印小梅花、叫声多样
	冷漠	一声不出
	胆小	什么都怕
	勇猛	斗蛇
淘气 （6）	屋子里玩耍	没完没了
	院子里游戏	花草遭殃
------ 可爱 ------ 明贬暗褒，突出喜欢 ------		

表 8–2　第 14 课《母鸡》板书设计

一向讨厌		不敢再讨厌（敬佩）
叫声难听		负责（喂鸡雏吃东西）
	改变心思 可是；孵	慈爱（不厌其烦教本领）
欺软怕硬		勇敢（随时备战；赶出大公鸡）
居功炫耀		辛苦（日夜警戒）
------ 对比；欲扬先抑 ------		

表 8–3　第 15 课《白鹅》板书设计

具体描写	特点
姿态：伸长头颈 左顾右盼	傲慢
叫声：严肃郑重 厉声呵斥 厉声叫嚣 引吭大叫	尽职、尽责
步态：傲慢 从容 大模大样	威风、自信
吃相：三眼一板 一丝不苟 从容不迫 架子十足	有条理、讲原则
------ 明贬暗褒 ------	

（二）核心驱动问题

本次项目化学习的核心驱动问题确定为："你能够抓住动物的某一特点，用视频的方式介绍你喜爱的动物吗？"。

（三）课程目标

通过"我的动物朋友"这一项目化学习设计，本活动期望达到的教学目标如下。

（1）理解课文内容，体会作者是如何把动物的特点写具体，并表达出自己对动物的喜爱之情的。

（2）激发学生课外观察动物的兴趣，学会整理和收集资料，体会分享的乐趣。

（3）通过项目化学习，能够按照一定的顺序，抓住动物的某一特点，把它写具体。

（4）通过朗读这一任务驱动的项目化学习活动，进一步加深学生对动物的喜爱。

（四）项目实施进程规划

围绕驱动性问题，本次项目化学习活动分解见表8-4。

表8-4　项目化学习活动表

项目名称	我的动物朋友			**项目时长**	2周
学科	语文	**教师**	××	**年级**	四年级
驱动问题	你能够抓住动物的某一特点，用视频的方式介绍你喜爱的动物吗？				
项目实施过程	项目活动				
前期准备	学习本单元的几篇课文，并根据单元的主题和语文要素的学习要求，对几篇文章的结构进行梳理，加深学生的印象。根据学生已有的知识储备，为初期的调查问卷做好准备				
入项	活动一：完成问卷调查。通过问卷调查的填写，让学生对所要探究的动物进行有针对性、详细的观察研究，从而激发他们进一步研究动物的兴趣 活动二：以小组为单位，借助问卷调查，以思维导图的形式，选择其中一个或者几个你最感兴趣的特点，把它写一写。组内成员可针对不足之处提供修改意见 活动三：利用思维导图，按照一定的写作顺序，选择其中的一个特点，结合具体事例把它写具体 活动四：组内成员以自愿参与为原则，上传朗诵视频。对组内成员的朗诵进行评价，选出优胜者，为线上朗诵会做准备 活动五：利用钉钉举办班级诗歌线上朗诵会，可以邀请家长前来参与，评分。最后进行评价和颁奖仪式，提升学生对动物的喜爱之情和对朗诵的兴趣				
出项	个人成果：观察记录表、思维导图、小练笔、项目学习评价单 团队成果：朗诵视频、诗歌朗诵会、朗诵评价表				
	成果公开方式：钉钉视频发布、班级成果张贴				

二、项目实施

（一）前期准备

以本单元的学习内容为切入点，完成课文的学习，并针对语文要素的学习要求，梳理三篇文章的结构，从单元整体上把握作者是如何结合具体的事例把动物的特点写清楚的。教师进行梳理后，告知学生本单元要进行一项以“我的动物朋友”为主题的项目化学习活动，请提前想一想自己养过或者喜欢什么动物，通过了解思考“你已经知道了什么？还想知道什么？”，为本次项目化学习的调查问卷打下基础。根据班级人数和学生的意愿，把班级分为四个小组，为初期的调查问卷设计做好准备。

（二）入项

1. 活动一：完成并展示问卷调查

基于前期的学习准备，学生对想要研究的动物有了充分的了解。在充分讨论的基础上可知，很多学生对经常见到的家养动物比较熟悉和感兴趣，比如狗、猫、兔子、仓鼠等，还有一部分学生对动物园的野生动物比较感兴趣。基于学生想要研究的对象不同，可以使用不同的方式对所要研究的动物进行探究。家养动物和学生比较亲密，多数想要观察的学生有喂养的经验，也有和它们之间发生的有趣的事例可以分享。由于野生动物和学生有一定的距离，所以在进行研究的时候，可以观看一些视频或者是去动物园近距离观察，说说发生在它们身上的趣事。通过研究，我们提出了子问题1：你想了解动物的哪些方面？你是如何获得这些知识的？基于学生的讨论和文本的学习，设计动物观察记录表（见表8-5）。

表8-5　动物观察记录表

姓名			记录时间		
动物名称	外形描述	食性	生活习性	发生的趣事	对动物的感受或评价

问卷形成后，教师下发给每一个学生，让学生根据自己喜爱的动物进行细致观察。观察时间是一周，观察得越细致越好，也可以进行不同天数的观察，以了解它们的变化。做调查表时，学生要运用之前学到的收集和整理资料的方法，助力调查表的完成。完成调查表后，大家进行集体交流。

2. 活动二：利用思维导图描绘典型特点

在完成观察记录表的填写后，基于项目化学习的目标和本单元教学要求，学生须进一步提炼所要研究讨论的内容：对动物的典型特点进行更进一步的描述。基于此，我们在进行研究的时候抛出子问题2：你能够利用思维导图，抓住动物的典型特点展开描写吗？

教师围绕子问题2进行教学，对应的教学片段如下。

师：通过文本的学习和调查研究，你认为哪些是动物的典型特点？

生1：我认为动物的外形是它的典型特点。因为通过外形的观察，可以明显地判断不同动物的典型区别。

师：说得很不错，有自己的理解，理由很充分。

生2：根据文本的学习，我知道了生活习性是动物的典型特点。

师：说得不错，看来课文学习得很认真。同学们，典型特点是动物独特的属性，通过对典型特点的描述可以很好地区分动物之间的不同。但有些个别动物，除了生活习性、外形，它们的生活区域，是否为稀有物种，以及食性也是它们区别于其他动物的典型特点。

通过课堂教学，学生更清晰地知道，在绘制思维导图时抓住动物的哪些典型特点进行描写才更加符合要求。学生以小组为单位，选择一到两个典型特征，利用思维导图，进行了详细的描述。

3. 活动三：抓住特点，结合具体事例进行小练笔

小练笔既能把学生近期的观察研究通过描写的方式写出来，又能锻炼学生的语言表达能力，为后面的写作打下很好的基础。但是，在进行小练笔前，很多学生都有这样的疑问——怎样选择内容更有新意？怎样写更有条理？怎样写才能把特点写生动？基于学生在写作上存在的困惑，我们提出了子问题3：如何才能把特点写具体，事例写生动？结合文本学习和项目化所要达到的目标，教师对学生进行了写作指导。

（1）支架一：写法指导

在进行写作时，对学生进行写作方法的指导，能够很好地引导他们规范、按要求完成写作。写法指导具体如下。

①介绍动物朋友的外形时，要按照从整体到局部，或者从上到下的顺序写，这样习作才能表达得清楚、有条理。

②在写特点时，要结合具体的事例来说明。在写作时要加入比喻、拟人、排比等修辞，让作文更生动。关注动作、神态等细节进行具体描写。

另外，要想让描写的内容吸引人，练笔的题目可以抓住动物的特点来设置，比如顽皮的小狗、一刻不停的仓鼠等。这样就能通过特点的描述直奔主题，更引人入胜。

(2)支架二：课文段落分析

除了写法的指导，在进行练笔时使用课文的经典片段进行分析，也能让学生学习时更加有抓手、更加直观。教学内容和对应片段如下。

《母鸡》片段

发现了一点儿可吃的东西，它咕咕地紧叫，啄一啄那个东西，马上便放下，让它的儿女吃。结果，每一只鸡雏的肚子都圆圆地下垂，像刚装了一两个汤圆儿似的，它自己却消瘦了许多。假若有别的大鸡来抢食，它一定出击，把它们赶出老远，连大公鸡也怕它三分。

师：(出示《母鸡》片段)同学们，作者之前是讨厌母鸡的，但是后来又不敢讨厌它了。作者举了具体的事例来证明自己态度的变化。从这一片段中你感受到了什么？

生1：我觉得这只母鸡真的很慈爱。因为母鸡发现了一点儿可吃的东西，它就咕咕地紧叫，让它的孩子们来吃。而且鸡雏们都吃得肚子圆嘟嘟的，它自己却消瘦了很多。

生2：在这一自然段中，我还觉得这只母鸡是非常勇敢的。因为母鸡在喂养孩子们时，如果遇到比自己强的大公鸡来抢，它会毫不畏惧地挺身而出。即使是大公鸡也会怕它三分。

师：是的，同学们说得有理有据，母鸡照顾鸡雏尽心尽职，连它从不反抗的大公鸡也怕它三分，多勇敢呐！你能结合母鸡的特点给这一片段另外起个题目吗？

生3：慈爱的母鸡。

生4：负责或者尽职尽责的母鸡。

师：不错，同学们都抓住了母鸡的特点给它起了个更贴切的名字，看来你们理解得很到位。

通过片段的教学，学生知道了如何通过具体的事例来描写事物的特点，练笔时更加有抓手，写起来会更加得心应手。小练笔完成以后，组内交流，修改病句和写得不够具体、形象的地方。

4. 活动四：线上拍摄朗诵视频进行评比

基于之前的活动铺垫，学生以小组为单位，完成了小练笔。项目化活动至此，我们提出了子问题4：你能用视频的方式介绍你喜爱的动物吗？这也是本次项目化学习的核心驱动问题，所有的学习都是围绕这一问题展开的，因此本次活动的一个重要呈现方式就是拍摄朗诵视频。

拍摄前，教师结合评价标准给学生提出一些具体要求。

（1）要求1：朗诵发音清晰、标准。

（2）要求2：朗诵者声情并茂，声音响亮，姿态从容大方。

（3）要求3：朗诵时能够加上一些动作、道具等丰富朗诵形式。

视频完成后，以小组为单位上传至某平台，运用网上的评价软件，请学生认真观看朗诵视频，给每位参与的学生打分，组内结合项目参与的整体情况，选出两名学生参与最终的线上朗诵会。

5. 活动五：举办朗诵会

朗诵会将邀请全体师生和部分家长参加，每组选出两名学生参与朗诵，另外班级还会推选出两位主持人主持最终的朗诵会，具体步骤如下。

（1）发布朗诵会邀请

朗诵会之前选出两名主持人，写好主持词。邀请两名学生代表和一名家长代表在朗诵会上进行发言。全程由学生自己组织、策划，教师起辅助作用。

（2）线上朗诵评比

朗诵会除了本次评比的朗诵内容，可以穿插一些单元诗歌朗诵的内容，丰富朗诵形式，还可以增加评比和问答环节，让学生说一说对此次朗诵会的感受，班级安排4名学生结合评价表在线上评分，对分数进行汇总。

（3）朗诵颁奖

最后，学生根据诗歌朗诵会评分表，选出“最佳表现奖”“最佳朗读奖”“最佳团队合作奖”等奖项。

（三）出项

出项对学生而言是最终成果的展示阶段，他们的努力和成果都在出项中得到最直观的体现。出项不仅是成果展示,而且是参与者成长历程的反映,其后还伴随对整个项目的评价与反思。

1. 成果展示

在活动过程中,问卷调查表、思维导图以及小练笔都是以个人成果的方式展示,朗诵视频和朗诵会以小组的方式展示。通过学习,学生不仅学会了如何结合具体事例把动物的特点写得生动具体,而且还通过朗诵更加深刻地体会了对小动物的情感。

2. 活动评价

(1) 项目学习过程评价表

在成果展示之后,还需要填写一份评价表来评估学生在项目化学习过程中的学习成效(见表8-6)。

表8-6 项目学习过程评价表

姓名		得星总数	
评价内容	评价标准	个人自评	组内互评
学习态度	在项目化学习过程中，态度积极，能主动完成教师布置的各项任务	☆☆☆☆☆	☆☆☆☆☆
合作交流	能积极主动参与小组活动，在明确分工的基础上共同承担任务，认真倾听，通过讨论共享他人的想法和观点	☆☆☆☆☆	☆☆☆☆☆
参与情况	能积极主动参与小组每次活动；能对活动提出自己的意见和建议	☆☆☆☆☆	☆☆☆☆☆
搜索信息	能熟练使用多种方法收集、处理信息	☆☆☆☆☆	☆☆☆☆☆
学业成果	通过学习，能按照一定顺序，抓住动物的某一特点写具体，能通过朗诵表达对动物的喜爱之情	☆☆☆☆☆	☆☆☆☆☆

(2) 朗诵评价表

我们还制定了朗诵评价表(见表8-7)。

表 8-7　朗诵评价表

朗诵者		得星数	
评价内容	评价标准		评价等级
语言表达	普通话标准，吐字清晰；朗诵内容准确，声音响亮。语言生动，富有变化		☆☆☆☆☆
姿势神情	姿势、神情能很好地表达情感；朗诵声情并茂，有表现力		☆☆☆☆☆
仪表形象	服饰大方，自然得体；举止从容，精神饱满		☆☆☆☆☆
朗诵效果	朗诵有感染力，能让人产生共鸣		☆☆☆☆☆

三、总结与反思

“我的动物朋友”这一小学语文项目化实践活动，密切联系学生实际，拓展了学生的认知范围和学习空间。从设计到实施，始终围绕着主题开展，把项目分解成不同的子项目，让学生对于学习内容有了更加清晰的了解。以项目化学习方式进行的单元主题学习活动培养了学生的核心素养。

（一）把握学生起点，调动学生已有的知识链接

为开展此次活动，笔者以本单元的学习内容为切入点，从单元整体上把握作者是如何结合具体的事例把动物的特点写清楚的。进行梳理后，告知学生本单元要进行一项以“我的动物朋友”为主题的项目化学习活动，请同学们提前想一想自己养过或者喜欢什么动物，通过了解思考：你已经知道了什么？还想知道什么？形成本次项目化主题的调查问卷模板。

由于准备充分，不仅调动了学生的兴趣，而且激活了学生已有知识的链接，为后面活动的顺利进行打下了很好的基础。

（二）激发学生兴趣，充分尊重学生的自主选择权

这一活动充分尊重了学生的自主选择权，每个学生都选择了自己感兴趣的话题进行研究探讨，调动了他们的积极性。从学生的汇报过程可以看出，通过小组合作的方式进行探究能够让学生更加深入地了解所要研究的动物，更有兴趣去探究所选择的主题。学生在活动过程中都有不同程度的收获，充分地展示了自我。

（三）强调合作探究，提升学生的问题解决能力

此次活动中，学生通过合作探究，制定了观察记录表，从发现问题到分析问题，再到解决问题。这一切都是他们真正体验到的，在这一过程中，学生的学习能力、综合素质得到了一定程度的提高。

此外，通过本次学习，学生能够把事物的特点写得生动具体，为写好作文打下一定的基础。把学习知识和实践活动有机结合起来，激发学生的学习兴趣和探究热情，这才是开展项目化学习所要达到的最终目的。

基于项目化学习的初中名著阅读路径与策略[1]

◎上海市铁岭中学　张贤臣

[摘要] 为了改进统编语文教材中“名著导读”板块的教学质量，以《童年》《西游记》等经典著作为例，以项目化学习为抓手，创新课堂教学形式，驱动学生主体化学习活动，拓展课程边界，提出初中名著阅读的项目化学习路径与策略，以期为一线教师提供相关思路。

[关键词] 名著阅读　项目化学习　核心素养

统编语文教材的推行和“整本书阅读”的诉求，给初中语文教学带来了许多新挑战，其中“名著导读”板块是一大难点。绝大多数教师既缺乏整本书阅读教学的观察体验，又没有课堂实施的教学经验，难以名实相符地使之落地课堂；加之教师本身对整本名著的熟读程度参差不齐等不利因素，“名著导读”非常容易被实际教学所忽略。名著阅读对学生精神成长的作用，无论被定位有多高都不为过，其对学生读书习惯的养成、读书策略的习得、读书品质的提升是语文课程功能的题中应有之义。该如何应对、化解这一悖论性热点难题？基于项目化学习，笔者尝试进行了路径与策略的行动研究。

一、聚焦学科核心素养，用项目化学习打开名著

语文学科核心素养包括四个方面：语言建构与运用、思维发展与提升、文化传承与理解、审美鉴赏与创造。从核心素养视角观照语文课程的陈规积弊可见：单篇阅读教学限于文本、限于内容的狭小格局，教师在设定教学目标时，对作品的思想内涵、艺术特点关注较多，阅读策略方法、高阶思维、审美鉴赏等层面的目标常常被忽略。而整本书的教学，恰恰可以弥补单篇课文教学的不足，是落实语文学科核心素养的有力载体。例如，在读整本书时需要调动的思维比读单篇课文时要综合、复杂得多；限于篇幅，单篇课

1 本文发表于《上海课程教学研究》2021年第7-8期，收录时略有改动。

文中人物形象往往比较单薄，但是在整本书，尤其是在小说中，情节纷繁复杂，人物在不同时期、不同事件中的表现可能是不同的，人物性格的多面性、可变性也就极为丰富多元等。这就要求学生不断从多个角度去把握人物、分析情节和鉴别要旨、知人论世，从而使自己视野更开阔、思维更深刻，在审辩式阅读过程中锻炼高阶思维能力。

根据项目化学习（Problem-Based Learning，简称“PBL”）中“指向核心知识的再建构”“用高阶学习带动低阶学习”等原则和目标，本文围绕《童年》《西游记》等经典名著进行整本书阅读PBL的设计与实施，并收到了显著的教学效果。

以《童年》为例，学生围绕给文中人物写两封信的任务，展开深度阅读的历程。学生从第一封信到第二封信的思维变化极大，他们对人物的认识从简单机械“贴标签”到学会共情、学会辨证、学会辨析，变得不仅更加立体、丰富和生活化，还具有一定的批判性思维，不再只囿于一个维度、一种评价；通过几种阅读策略的对比，学生领悟到整本书阅读中理解人物、评价人物与惯常那种单篇课文中的理解评价是不可同日而语的，进而感受到名著丰厚的人文精神内涵。

以《西游记》为例，学生围绕“西游新书发布会”，展开对“熟悉的陌生人”的整本书细读新解，从多个维度再审与重识书中角色的变化和关系。其中，《悟空涅槃记》新书小组在深度探究孙悟空的过程中突破了过往对孙悟空的刻板印象，从七个名字的变化中找到了孙悟空性格中的“变”与“不变”，写出了一本观念富于启发性、细节生动有创意的“新书”。

上述这两个PBL探究式阅读后所达到的理解与鉴赏层次，其语文学科核心素养的对标度和整本书的品读涵量，都是单篇课文材料难以支撑、无法企及的。而它们也恰恰是语文项目化学习的功能所在。

二、设计任务驱动，强化课堂变革

名著阅读的重要意义和价值众所周知，毋庸置疑。然而，现实生活中，学生对名著有着不小的距离感，加上学时的限制，难以长时间沉下心来进行深度阅读甚至不愿意读。名著阅读的这一困境促使我们要反思既存的课堂教学形态和教学方式。作为基础学科，语文课程的学习内容是指定的、不可更改的。《童年》情节本身就不是以有趣著称的，而人人对《西游记》都有一些了解。教师能够做的是设置一条让学生愿意走进去读的路线，设计某种引导学生沉浸阅读的任务，铺展一系列激发阅读建构生成的活动。

项目化学习的推进恰恰合于这种课堂创生的需要。PBL源于著名教育家杜威的实用主义哲学教育思想。美国巴克教育研究所将PBL定义为一套系统的教学方法,强调它是对复杂、真实问题的探究过程,学生在解决实际任务的过程中,建立和既有经验的关联,掌握所需要的知识和技能。在项目化学习中,我们首先要向学生呈现一个真实的驱动性问题。这个驱动性问题的设计是至关重要的。它牵一发而动全身,应有一定的整体延展性,有助于学生逐层发掘和深度理解文本的关键内容。这个问题也不能是直接可从文本中找到答案的,而是要能驱动学生以比较、分析、推测、评价、概括、提炼等来习得读书方法和高阶思维能力。它给学生一种使命感,一种去探究、去创造的理由。有了驱动性问题,学生去读书就不再是被动完成教师布置的作业,而是自主选择的一次学习经历。

综上所述,本研究尝试以项目化学习的任务驱动方式,引领学生完成一场名著阅读的学历旅程,进而引发语文阅读教学常规程式的解构。

例如,《童年》PBL中设计的驱动性任务为“给故事中的六个角色分别以‘前(初读时)后(深研后)两封信’的方式,展开跨越时空的对话”。这一任务“驱动”学生从第一封信的捕捉自己初读感受起步,建立和修正自己的人物评价标准、不断质疑自己的阅读见解,达致深读的个人知识建构(第二封信)。又如,《西游记》PBL中设计的驱动性任务为“吴承恩的梦想”:“驱动”学生带着发布新书的使命去读“旧书(本书)”,并让他们在原著中自由挑选“精读与跳读”章节;选定自己感兴趣的新书主题,同质结组,共同研读,小组合作,创编一本围绕本组探究主题的《西游记》新编。这个驱动性任务一发布,群情振奋;项目全程的参与度和之后展示课上的新书暨书法作品以及道具、服装,均由学生自主准备和完成。两个案例呈现出的学习经历和成果,都是日常常规的语文阅读课无法给予和获得的。

综上可见,名著阅读和项目化学习有着天然的契合。项目化学习“成果导向”的任务定位,引导教师进行符合整本书阅读价值目标的顶层设计,突破常态常规传统惯性,通过“驱动任务—形成成果—优化成果—展示成果—评价成果”的学习历程,促进学生在完成整本书阅读的同时,获得新的语文学习驱动力和更强的语文课程成就动机,以及更深刻的语文学科价值体系。项目化学习的过程自然带动了课堂的转型。学生走到台前,教师角色发生了转换,成为共同研究者。上述《童年》和《西游记》的名著阅读课堂从一个侧面表明:项目化学习,师生互哺共生;整本书阅读,可望引发语文课堂教学的变革。

三、延伸阅读时间和空间，拓展课程既存边界

项目化学习的名著阅读必须拓展惯常的课程时间边界和传统的课程空间边界。具体而言，一要推动学生主动利用课外时间进行，二要构建师生互动共进的课外资源与工具。名著阅读显然不可能在课堂时间内完成，因此我们设定了二时段两结合的项目化学习程式：阅读前，课堂时间用来导读；阅读后，课堂时间用来讨论、分享和展示。课堂交流的前提是学生已经阅读过名著且对名著有了一定的思考，否则所有的讨论都是无效或浅层的，展示更是无从谈起，因此必须进行学习进程方面的教师与学生相结合、学业成绩方面的教师即时评价与生生评价相结合。

针对教师对学生的课外学习进度完全不了解、何时组织课堂讨论分享无把握的项目化学习学情信息的“黑匣子”状况，笔者开发信息化教学工具，使用其提供的评价管理功能，借此打破课程空间边界，实现PBL的任务进程优化。具体而言，在项目化学习的阅读进程中，学生可以根据自己的阅读进度收看或收听校外的微课，线上完成深度阅读进度和水平的自检，教师先总体把握全体阅读的基本进度而后再进行个性化指导；学生根据相关的课外阅读指导手册所提供的阅读探究支架进行自学，教师回收作业了解学程和问题，为后续的项目内容迭代和学习指导做“生本化”“再生性”的课业素材与学情准备。由此可见，资源的引进与利用也从另一个维度拓展了名著阅读课程的边界，让名著阅读也可以进行线上线下相融合的教学。

同时，这种名著阅读课程拓展了空间的边界。学习不一定要发生在课堂之中，比如，《朝花夕拾》整本书阅读时，鲁迅纪念馆和鲁迅故居就是一个不错的研学点。在合作探究完成任务的过程中，笔者惊喜地发现，学生做到不拘泥于文本，并试图将书中的内容与当下的生活相关联。尤其是有学生为了本次项目化学习，专门去探访鲁迅故里——绍兴，带回来分享的信息对其所在小组的项目化学习起到了很大的促进作用，该小组提交的小论文也是班里质量最高的。正如《西游记》PBL展示课“西游新书发布会”上学生发布的《看见西游美景》那样，从名著能够读出旅行，从旅行中可以更深刻地理解名著。读万卷书可以更多地与行万里路结合在一起，那将会是学生的真实学习与珍贵回忆。

经典名著是常读常新的。每一次亲近经典，都是一次温暖的相遇。而基于核心素养培育的项目化学习，赋予了师生更多、更好的相遇机会和历程。师生在名著阅读的学程中，随处显现出其内容任务结果与学科核心素养的吻合、契合、暗合；师生进行整本书阅读时能随时、随机地与学科核心素养发生感应、对接、耦合。纳入项目化学习中的经

典名著，其阅读时玩味、品鉴、赏析、审思、质疑、陶冶等的品读涵量被大大增值而更加容易被学生感受到。

参考文献

[1]中华人民共和国教育部．普通高中语文课程标准（2017年版）[S]．北京：人民教育出版社，2018.
[2]谭轶斌．语文项目学习的实践取向与设计要点[J]．语文学习，2019（7）：4-8.
[3]巴克教育研究所．项目学习教师指南：21世纪的中学教学法[M]．北京：教育科学出版社，2008.
[4]夏雪梅．项目化学习设计：学习素养视角下的国际与本土实践[M]．北京：教育科学出版社，2018.
[5]张贤臣，祝溧．给鲁迅先生画像——《朝花夕拾》整本书阅读语文项目学习[J]．语文学习，2020（10）：31-37.

项目式教学法在初中二次函数教学中的应用[1]

◎上海市实验学校南校　李　怡

[摘要]“双减”背景下教师的课堂教学必须增效减负，转变传统的教学方式。在二次函数应用教学中采用项目式教学法，从问题出发引导学生开展知识学习和自主探究，让学生从不同的角度进行思考和尝试，激发学生探究学习的兴趣，强化学生独立思考、发现问题以及解决问题的能力，培养学生从整体建模的角度出发思考构建数学模型，结合实际情况形成数学模型以解决同类问题的能力，有利于学生思维的发散以及知识的迁移运用，提升数学学科能力。

[关键词] 项目式教学　二次函数应用　项目应用探究

在传统的灌输式教学中，学生的知识理解和思维过程几乎被固化限定，学生只能够按照教师指明的方向进行学习和思考，缺乏自主性，不能够体现学生的主体地位，这对于发展他们的创新思维是非常不利的。在“双减”背景下，教师的课堂教学必须增效减负，让其在日常教学中朝着高效、高质量的方向发展。因此，笔者尝试采用项目式教学法对初中二次函数应用教学进行探究。

一、项目式教学的内涵和优势

项目式教学是指在教师的指导下，以学生为中心，通过完成一个完整的实践性项目而进行的教学活动。实施过程包括项目选择、制订方案和计划、探究实践、交流分享和反馈评价五个环节。项目式教学从问题出发引导学生自主开展知识学习和实践应用，自主进行学习探究，让学生从不同的角度进行思考和尝试，促进思维发散，深化知识掌握以及锻炼思维能力。

以初中数学教学中的二次函数应用为例，这部分知识综合了函数概念、函数表示方

1 本文发表于《上海课程教学研究》2023年第4期，收录时略有改动。

法、二次方程、函数图像等多方面的内容，对于学生的思维能力有着较高的要求。学生不仅要有全新的代数计算思维，还要有数形结合思想。涉及二次函数的实际应用还需要学生具备一定的建模思维能力。传统的教学方法对于学生的数学知识体系构建以及发展思维能力都存在一定的限制，学生的自主探究意识，更多地停留在二次函数图像相关知识的迁移运用方面，而不能够从整体建模的角度去思考，并结合实际情况形成数学模型解决同类问题。项目式教学可以在课堂上加强学生对二次函数实际应用的自主探究，发展学生的函数思维能力，让学生能够真正体会到思维方法在解决实际应用问题过程中发挥的作用，有效地促进学生的理解与表达。同时，项目式教学为教师的教学工作也提供了新的、有效的路径，能够多方面提升学生的知识理解和掌握程度，发展学生的数学思维。

二、项目式教学在二次函数中的应用探究

（一）项目选择原则

在项目式教学中，教师要多联系学生的生活实际，利用学生在生活中见过、理解、熟悉的事物展开教学，一方面能利用学生熟悉的事物消除知识迁移运用的陌生感，降低学生知识实践运用的难度；另一方面能让学生将知识和现实生活经验联系在一起，结合生活常识和见闻寻找更多的信息和数据，展开项目的学习和探究。教师以引导学生的研究方向和思路为主旨设计项目问题，通过“抛砖引玉”的方式打开学生的思路，激活学生的思维，引导学生展开自主探究，因此项目的设计要贴近学生的实际生活，将一些“未知”条件隐藏在生活常识当中，让学生能够通过回想生活细节、寻找相关资料等方式，发现这些条件，并找到解决问题的方法。

（二）项目内容和实施计划

利用构造法解决二次函数的应用问题是初中数学教学中的一个重要思维方法，也是深化学生二次函数理解、提升知识运用的重要路径。构造法渗透了一定的数学建模思维，非常契合项目式教学。笔者在项目式教学的大框架下，围绕二次函数在建筑应用方面的构造法选择了“货轮过桥问题”这一研究项目。此项目结合了学生的生活常识，易将项目问题和二次函数图像联系在一起进行探究，确定研究方向。本项目内容具体如下。

图10-1是永州赵州桥的侧面示意图，现有一货轮最宽处16m。船长定于7月中旬过桥洞，提前查阅了赵州桥的水文情况（见表10-1）。请制订货轮装货方案以保障货轮安全通过。

图10-1　赵州桥示意图

表10-1　赵州桥水文情况

月份	1—4月	5—8月	9—12月
水面上主拱宽/米	32	24	16
距离水面最高点/米	10	8	6

本项目制定的目标如下。

（1）通过资料的搜集、记录、整理和分析，确定研究方向。根据项目问题中的数据和条件，结合二次函数图像与性质，建立适当的坐标系，确定二次函数解析式。

（2）利用数形结合思想，将货轮的条件、桥洞的数学表达式相结合，形成问题模型，找到需要控制的变量以及变量发生变化产生的影响，从而找到解决项目问题的正确方法。

（3）通过小组合作交流，增强合作学习的能力。

在此之前，笔者所执教班级的35名学生已经储备了二次函数的性质和图像特征等基础知识，在平时的学习中已经形成了良好的合作精神和氛围。因此，笔者可以充分发挥合作的优势，兼顾学习能力不同的学生，提高课堂效率，把学生分为7个项目探究小组，以小组合作的方式展开项目式教学，共同完成项目的探究，增强学生交流合作的能力。

（三）项目探究实践与交流分享

1. 入项活动

（1）活动内容和模式。根据材料中赵州桥的建筑信息、水文情况记录、桥洞宽和拱高等信息，确定研究对象，制订货轮过桥计划，培养学生从资料中提取关键信息的能力。

各探究小组明确项目目标、任务和成果,制定评价量规及评价方案,各司其职。

(2)引导问题:假如你是货轮的船长,你从材料中可以得出哪些货轮过桥的有效信息?从安全的角度考虑,你有什么好的建议?

在入项活动中,部分学生不太适应这种"没有束缚"的学习过程,一时不知道如何下手,因此教师一定要给学生足够时间探究,学生会随着项目活动的深入开展以及与小组同学的合作交流,迅速适应这种自主性的探究学习活动,并能够在同伴的帮助下进行独立思考、发现问题并解决问题。教师在教学过程中要起到引导和帮助的作用,为学生提供必要的学习资料支持,比如介绍拱桥的一些基本力学原理和桥拱的形状特点,介绍拱宽、最高点等一些基本的概念,引导学生结合生活常识,找到项目探究的正确方向和思路。如果个别学习能力弱的学生对于项目要研究什么仍然存在疑问,教师可以个别辅导启发,帮助他们走出困境。

2. 项目探究活动一

(1) 活动内容和模式。设计合适的平面直角坐标系,对相关数据进行分析并整理,确定二次函数解析式,讨论不同的坐标系确定的二次函数解析式有何不同。

(2) 引导问题:同一个桥洞得出不同解析式的原因是什么?哪种解析式最优?

笔者对35名学生关于项目探究活动一的完成情况进行调查,具体结果见表10-2。

表10-2 项目探究活动一完成情况调查

完成情况	完全没思路	能够联系二次函数	认识到桥拱即二次函数图像	直接代入坐标系理解桥拱图像
人数/人	1	5	8	21
占比	2.86%	14.28%	22.86%	60.00%

学生能够初步展开联想,将桥洞的形状和二次函数相联系。学生在构建坐标系时确定横轴、纵轴存在多种情况,其中大部分学生能够找到最佳的坐标系构建模型。虽然其他形式的坐标系也能够顺利解决项目问题,但是在计算量和解决问题方面难度更大,不利于项目问题解决。7个项目探究小组关于坐标系的绘制情况见表10-3。

教师发现学生在构建坐标系时,确定横轴、纵轴存在多种情况,虽然大多数学生能迅速找到最佳坐标系构建模型,但部分学生仍然建立了不利于项目问题解决的坐标系。在这个过程中,通过小组的合作交流解决问题固然重要,但小组代表能够给全班学生分享组内典型性错误或组员走过的弯路更加重要。同时,教师还可以从二次函数图像的

表 10-3 学生小组坐标系绘制情况

绘制情况	A 型	B 型	C 型	其他
小组数 / 个	4	1	1	1
占比	57.13%	14.29%	14.29%	14.29%

注:A 型,以水面 AB 为 x 轴,y 轴通过桥洞最高处。
B 型,以水面 AB 为 x 轴,y 轴通过 A 或 B 点。
C 型,以通过桥洞最高点为 O 点,水平为 x 轴,竖直为 y 轴。

性质出发,“套用”实际物体的形状,从建模的角度出发,提高学生对坐标的数值变化、抛物线的角度变化等信息的敏感程度,把握构建模型、解决问题的要点,发散思维,培养创新思维能力。

3. 项目探究活动二

(1) 活动内容和模式。通过活动一中的二次函数解析式,确定数学模型,讨论变量的取值及相应的函数值。

(2) 引导问题:假如你是船长,变换货轮的什么条件既能多装载货物又能安全过桥? 在一年中哪几个月货轮运载量最大且可以安全过桥? 为什么?

由组长带领小组成员进行问题模型的归纳,可以从“学到了什么”“想到了什么”“体会到了什么”“还想学什么”四个方面进行归纳,小组成员各自阐述自己的观点,探究最佳解决方案。

在活动二中,笔者将二次函数图像和项目问题联系在一起,让学生结合生活经验进行项目探究,确定研究方向。再根据项目中的数据和条件,确定合适的坐标系,利用数形结合思想,将货轮的条件和桥洞的数学表达式结合,形成问题模型,找到变量以及变量发生变化产生的影响,最终找到解决项目问题的正确方法。在平时的课堂教学中,教师也应打破传统的教学方式,注重引导学生积极开展知识的实践运用,提高学生灵活应用数学知识的能力和知识迁移运用能力。教师应给予学生足够时间探究,对学生经过探究得出的结论都应给予鼓励,即使学生有不切实际的想法也要鼓励其查找资料进行论证,不能武断地判断学生错误。

4. 项目交流分享

小组代表向全班学生分享组内探究成果时,如果最佳成果与其他小组已展示成果相同,可以展示组内典型错误或组内成员探究过程中走过的弯路,展现小组成员发现问题并解决问题的过程,通过展现“试错”以及“联想”的过程,让其他学生体会到建模思维的具体应用,提高灵活运用知识的能力,拓宽思路。每个探究小组都有不同层次的学生,因此要营造民主和睦的学习氛围,让学习能力强的学生帮助学习能力弱的学生,尽可能让每个学生都有表达的机会。

(四)项目评价

项目式教学的评价标准以学生为中心,评价内容除了知识的掌握外,更重要的是能力的提升。评价方式以表现性评价为主,评价的时机贯穿于项目全过程。本项目中笔者采取档案袋评价法。档案袋评价法是指学生本人把参与学习活动的各种资料收集起来,反映自己的学习和发展历程(见表10-4)。项目评价可以提高学生的学习兴趣,促进学生学习的自觉性,培养学生自主学习、分析和解决问题、团队协作的能力。教师通过项目过程与结果的评价,能正确掌握学生对该项目的完成情况。

表10-4 学生项目档案袋中应包含成果

环节	环节内容	学习成果
入项	联系项目问题和二次函数图像,探究研究方向	确定桥洞的形状与二次函数图像相似,利用二次函数解决问题
活动一	根据项目中的数据和条件,探究坐标系	通过横轴、纵轴选取的不同,建立多种坐标系,选择最佳方案
活动二	探究项目中的问题模型,探究解决项目问题的正确方法	将货轮的条件、最佳函数解析式相结合,形成问题模型
环节三	活动反思	在本节课中学到了什么

三、教学反思

通过对这一项目的教学探究,笔者有以下三个方面的思考。

第一,在教学过程中,教师适时引导学生回顾和反思是非常重要的。回顾模型构建的时候,要充分展现模型思维的运用过程,不能够给学生一种“本来如此”的思维跳跃感。比如,拱桥的桥洞为什么能够放入坐标系当中,为什么呈现出二次函数的特点,不是因为教师本来就知道,而是通过拱桥的受力特点,通过坐标选取和验证,得到桥洞的形状是二次函数图像。这样的教学更具有逻辑性以及合理性,更能够拓展学生的思维能力。

第二，在项目探究活动中，学生的建模思维能力有待提高。大多数学生仅从二次函数的知识点角度看待项目中的问题，只是把图像相关知识进行迁移运用，而不是从整体建模的角度出发去思考构建数学模型，结合实际情况形成数学模型解决同类问题。尤其是在变量改变时，学生不能够依照之前的经验进行合理的抽象和建模，在解决问题的过程中走了很多“弯路”，他们更多是寻找特解，而不是形成模型解决所有遇到的问题。

第三，在项目式教学开展的整个过程中，教师要注重发展学生数学学科思维能力，让学生能够真正体会到思维方法在解决问题过程中发挥的作用，要让学生知其然又知其所以然，同时更应该注重对学生独立思考、发现问题以及解决问题能力的培养，充分利用项目式教学的优势，引导学生自主开展知识的深化理解以及迁移运用，让学生在完成项目过程中，从不同的角度看待数学知识，掌握数学技能，实现数学学科能力的综合发展。

在“双减”背景下，教师的课堂教学必须增效减负，转变传统的教学方式。项目式教学主要是通过布置问题探究的学习项目，引导学生自主开展知识学习和实践运用进行的。生活化的项目设计能有效激发学生的探究学习兴趣，提高学生的参与积极性。而提升学生的自主性和学习兴趣，对于发挥学生的主观能动性，提升教学的整体效率、落实政策精神、教学提质增效有着非常积极的意义。项目式教学也给学生提供了更多的自由空间，让学生既能够充分发挥自身的聪明才智学习理解数学知识，又能够在参与过程中获得成就感，体会到成功的喜悦，有助于发展学生的自主探究学习能力。

参考文献

[1]王新.初中数学综合题分析及教学策略探究——以二次函数综合题为例[J].试题与研究，2021(35):19-20.

[2]卢奕.初中数学探究式教学的实践——以“二次函数与一元二次方程”为例[J].中学数学教学参考，2021(33):3-4.

[3]王晴晴.初中数学二次函数部分学习中常见错误研究[J].中学数学，2021(16):76-77.

[4]陈佳.项目式教学法在初中数学教学中的应用——以二次函数教学为例[J].广西教育，2021(25):134-135.

小学科学单元项目化设计的理论溯源与实践探索[1]

◎上海市金山区教育学院 史加祥

[摘要]《义务教育科学课程标准(2022年版)》明确了探究与实践是科学学习的主要方式，倡导整合探究式、项目式等多种教与学方式。项目化学习可以溯源至百年前传入我国的设计教学法。从科学课程需要培育的核心素养出发，项目化学习应围绕学情分析、内容分析和学习表现分析等进行整体设计，秉持聚焦现实生活情境、用问题激励学习、强化自主与协作参与、开展基于过程与结果的反思评价等原则。实践证明，项目化学习有助于学生学习能力的提升与核心素养的发展。

[关键词] 小学科学 项目化学习 单元设计 学科核心素养

2019年6月，中共中央、国务院发布《关于深化教育教学改革全面提高义务教育质量的意见》，明确指出要优化教学方式，探索基于学科的课程综合化教学，开展研究型、项目化、合作式学习。项目化学习逐渐成为转变教学方式研究的热点。2022年4月，教育部颁布《义务教育科学课程标准（2022年版）》（以下简称“新课标”），拉开了新一轮科学课程改革的序幕。新课标不仅明确了科学课程需要促进学生核心素养的发展，还指出探究与实践是科学学习的主要方式，需要整合启发式、探究式、互动式、体验式和项目式等多种教与学方式。项目化学习与科学教学之间有何历史渊源？基于学科核心素养的单元项目化教学如何设计与实施？在小学科学课程中实行项目化学习方式之前，需要对其历史沿袭、内涵组成与实践操作进行充分的认识与理解。

1 本文发表于《中小学教材教学》2023年第4期，收录时略有改动。

一、项目化学习的百年滥觞与沿袭

（一）设计教学法的引入与本土化

1904年,《癸卯学制》的颁布标志着新式学校教育在我国开始正式实施,科学作为一门新课程进入课堂。这门新课程该如何教学?彼时的科学教师对此进行了艰辛的探索,开展了对外学习、对内实践的扎实研究。

清末民初,一些西方的教学方法传入我国,影响较大的有观察实验法、五段教授法、自学辅导法等。其中,观察实验法强调科学学习要以观察实验为主,重视实地观察和亲身感受,由此提高学生的观察实验能力。[1] 20世纪20年代前后,随着我国与欧美国家交流的增多,美国的进步主义、德国的实验教育学等思想陆续传入我国。在此背景下,设计教学法、道尔顿制教学法、葛雷制教学法等给我国中小学科学教育的发展带来了新的契机。[2]美国教育家克伯屈以杜威的实用主义教育学和桑代克的联结理论心理学为基础,开展了设计教学法的研究与实践。该方法强调学生自主或独立设计单元活动,并借此获得科学知识,形成解决实际问题的能力,教师在此过程中主要起帮助和指导作用。[3]作为一种新的教学方法,设计教学法令我国近代教育家俞子夷深受启发。他将该方法引入我国并进行了本土化的理论解读与实践研究,如形成了教师设计活动标准,指出教师需要帮助学生随机构建新的设计内容,要求学生提出计划并陈述等;同时形成了学生设计活动标准,包括设计考察活动,作出纲要,提出设计并能加以陈述等。[4]设计教学法的引入适应了当时教育改革的需要,对小学科学课程的本土化实施起到了积极的促进作用。有研究者指出,设计教学法过于强调儿童需求,忽视了学科价值,并在其理念尚未得到充分解读时就盲目试行、迅速推进,最终导致落入低谷。[5]这一评价忽视了当时我国的教育基础、社会背景和管理体制、教师专业素养和教学设备等与欧美国家之间存在的极大差异,以及时局不稳和经费不足等众多外部影响因素。[6]概言之,百年前在我国小学科学课程中实行的设计教学法受到了彼时广大教师的认可,但由于各种客观因素未能持续实施。

（二）项目化学习与设计教学法的沿袭互动

很多学者将设计教学法当作项目化学习的前身,这主要缘于克伯屈对杜威"问题解决法"和"做中学"进行了整合与汇总。设计教学法的教学流程从创设问题情境开始,到师生共同完成项目结束,与项目化学习是一致的。在克伯屈和杜威的努力下,项目化学习以设计教学法的面貌出现，逐渐从职业教育领域扩展至基础教育领域。在一段短暂的沉默期之后，以问题情境促进学生学习（problem-based learning）的项目化学习模式于20世纪60年代在医学领域得到首先应用。随后，项目化学习再次得到精细化探索，应用范围遍及基础教育、工程教育、STEM教育等领域。[7]无论是设计教学法还是项目化学习，都是在课程实施中应用的教与学的方式，而非课程形态。设计教学法与项目化学习虽然存在代际差异，但二者之间的沿袭与互动从未停止。

一个世纪之前，在小学科学课程从注重教法转向教学并重、从教师主导转向儿童主体的改革中，设计教学法扮演了重要角色。一个世纪后的今天，项目化学习扮演的角色与彼时的设计教学法有着异曲同工之处。作为一种追求科学本质的教学方法，项目化学习有力地推动了小学科学课程从聚焦知识与技能转向发展学生的核心素养。

二、素养导向下的小学科学项目化学习设计

以培育和发展学生科学学科核心素养为目标的科学课程改革直指课堂教学方式的转变，而项目化学习恰好为课堂教学方式转变和核心素养落实提供了方法可能。

（一）项目化学习的可行性分析

中国学生发展核心素养的公布对课程改革起到了重要的推动作用，但在实践初期呈现出素养理念难以落实的困境。究其原因，与学校的常规课堂教学方式并未发生根本转变有关。科学学科核心素养的提出，要求教师在原有课堂教学模式的基础上，探索以学生为中心的启发式、探究式、互动式、体验式和项目式等课堂学习方式，促使学生在思维型探究和实践中形成与发展核心素养。[8]可见，项目化学习正是现有课堂教学方式暂未得到根本改变的情况下落实科学学科核心素养的可行路径。教师需要在充分梳理科学学科核心素养的基础上，将教材中的知识内容转化为项目形态，设计并组织相应的项目和学习活动。

新课标提出，科学课程要培养的学生核心素养，主要是指学生在学习科学课程的过程中，逐步形成的适应个人终身发展和社会发展所需要的正确价值观、必备品格和关键能力，包括科学观念、科学思维、探究实践和态度责任等方面。[9]因此，在科学课堂中实施项目化学习，需要重点关注以下两个问题。一是学生的科学知识储备和科学能力发展现状是否足以支撑其开展项目化学习；二是如何提升学生在项目化学习中的参与程度。解决好这两个问题，是保证项目化学习促进学生科学学科核心素养发展的基础，而

解决问题的主要途径就是进行基于素养的单元项目化整体设计。

（二）指向素养发展的单元项目化设计

学科核心素养是学科育人价值的最终体现。然而，学科核心素养在落地过程中遇到了囿于线性知识体系困境、限于浅层学习桎梏和受于情境固化遮蔽等问题。[10]各学科都在努力尝试通过基于核心概念或大概念的教学破解上述问题。笔者所在区域的小学科学学科教师团队曾开展了基于三维目标的主题与单元教学设计和课堂实践研究，形成了丰富有效的实践路径，为基于核心素养的教学探索提供了借鉴。在对项目化学习设计与学科核心素养获得充分理解的基础上，区域教师提出了指向素养发展的单元项目化整体设计与教学框架（见图11-1）。

小学科学课堂中的单元教学设计是指以单元为整体开展的系统化和科学化的教学设计，是在单元内容规划和教材教法分析的基础上，从学生学情与特点出发，对单元教学目标、活动、作业、评价与资源进行整体设计的过程。[11]基于核心素养的单元教学设计由学情分析、内容分析和学习表现分析组成，在课堂教学实践中采用项目化学习的方式。这里的"单元"不完全是教材中的内容单元，也可以是教师对教材进行梳理与整合后形成的单元，还可以是教师根据自身理解拟定的单元。

单元教学设计的学情分析包括对学生的科学知识储备、项目化实施能力和素养发展水平的分析。对科学知识储备进行分析，是因为教材是以螺旋式上升的方式安排知识的，学生在进入课堂前也带有丰富的生活经验和前概念；对项目化实施能力进行分析，是因为能力的提升发展需要持续的培养和充分的实践时空；对素养发展水平进行分析，即通过各种方法确定学生学习的起点。单元教学设计的内容分析需先梳理涉及的科学知识与概念，规划相应的任务与活动，进行项目化学习的微循环迭代，同时创设大任务、大情境与大场域，让学生有机会对所学知识与概念和迁移形成的能力加以应用。单元教学设计的学习表现分析主要是从学科核心素养出发，对该学段学生需要达成的发展水平进行梳理，结合学习内容和项目化学习方式的特点明确单元学习表现，并以此为基准制订单元学习目标。在课堂教学实践中，还需要根据科学学科的特点，进一步确定项目化学习的原则与流程。

（三）科学课程项目化学习的理解

随着项目化学习热潮的兴起，众多学者对单学科、多学科以及跨学科项目化学习的设计与实施进行了广泛的研究，总结出不同的路径与方法，如单学科项目化学习包含建

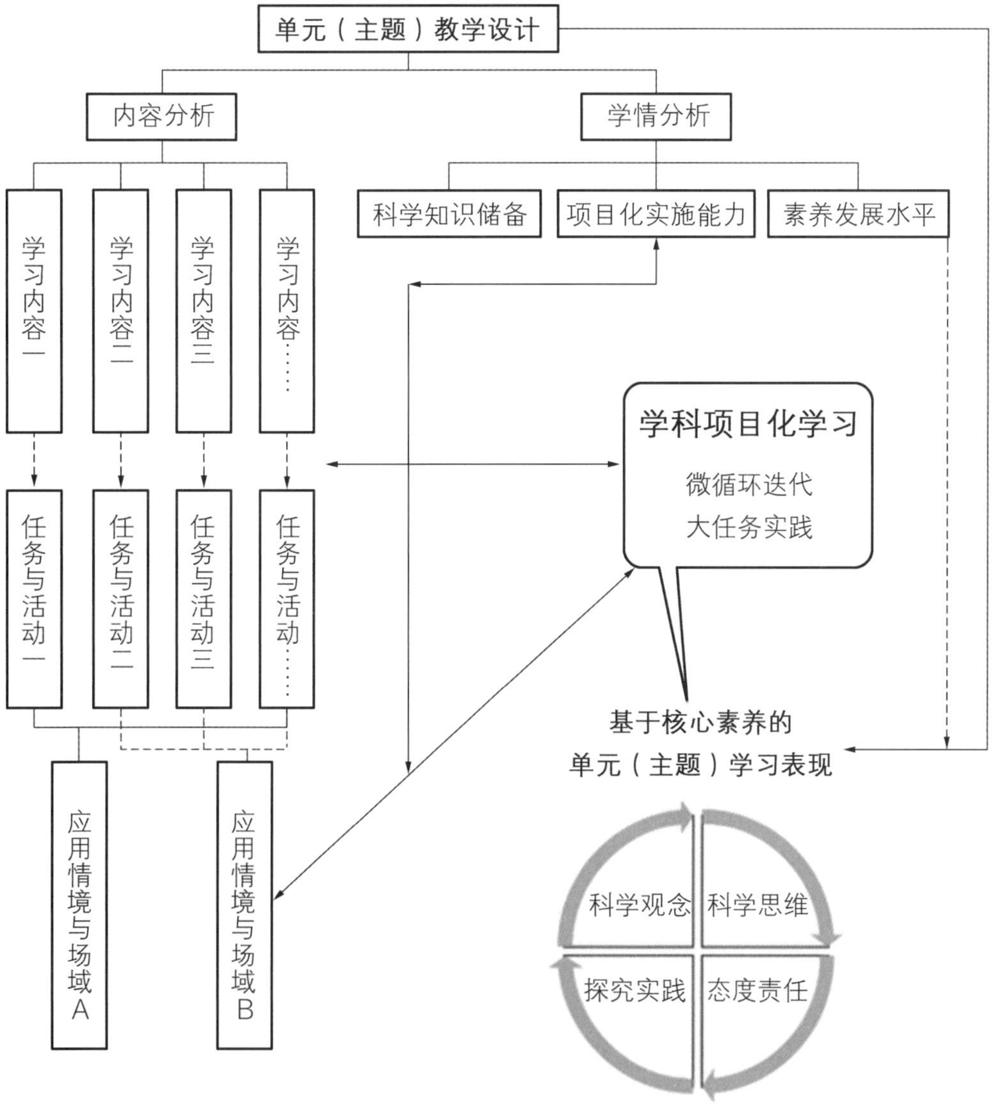

图 11–1　单元项目化整体设计与教学框架

构核心概念目标体系、设计驱动性问题、设计学习实践活动等环节[12]。项目化学习在促进学生能力发展和推动实现深度学习等方面都能发挥积极作用，因此成为发展核心素养的有效方式。

综合相关研究，可将聚焦现实生活情境、用问题激励学习、强化自主与协作参与、开展基于过程与结果的反思评价等确定为科学课程项目化学习的原则。一方面，科学课程项目化学习直指现实生活中的情境、任务或挑战，其目的在于引发学生产生真实的、非模拟的或假设的问题，激励他们设计解决方案并加以实施。另一方面，单元整体设计能够保证课堂中探究与实践活动的结构性，给学生的自主或协作学习提供充足的时间保障，对学习过程进行监控，对学习结果进行交流反思，依据学习内容和学生意愿实现成果展示的多样化和自主性。从上述原则出发，小学科学项目化学习的实施流程见图11-2。

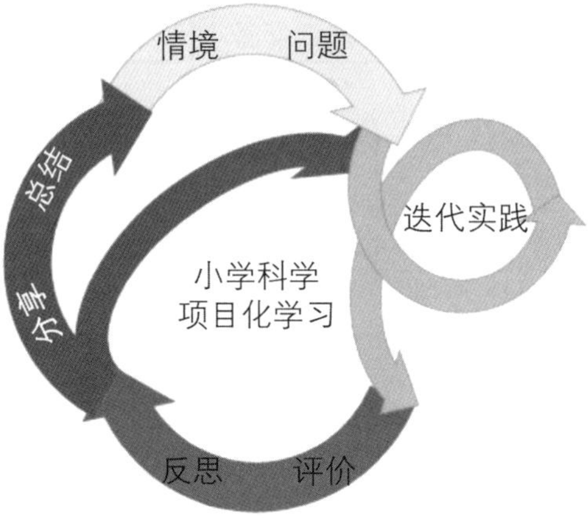

图11-2　小学科学项目化学习的实施流程

需要说明的是，在实际的课堂教学中，并不追求每个课时都采用完整的项目化学习流程。可以先针对开展项目化学习所需的科学探究与实践能力进行有针对性的培养，待学生具备充足的项目化实施能力后再进行基于大任务或现实生活情境的完整项目化学习。

三、单元项目化设计与实践探索

（一）“秋天的天气”单元整体设计

“天气”是上海远东版自然教材五年级上册的内容，主要涉及大气层、不同的天气现象、天气的形成、天气变化带来的影响等知识。在教学设计前，笔者梳理了一年级至五年级教材中与天气相关的内容，对学生学情进行了分析，重点关注他们的学习表现与能力水平。在此基础上，笔者将教材中的相关内容梳理整合，形成新的“秋天的天气”单元（见图11-3）。

在进行内容分析的同时，笔者从核心素养维度出发，明确了任务与活动中的学生学习表现，为学习目标的达成方式与后续评价指明了方向，如在“气温与季节”的任务活动中，“科学观念”维度的学习表现为“知道气象学上的入秋标准是连续22天平均气温低

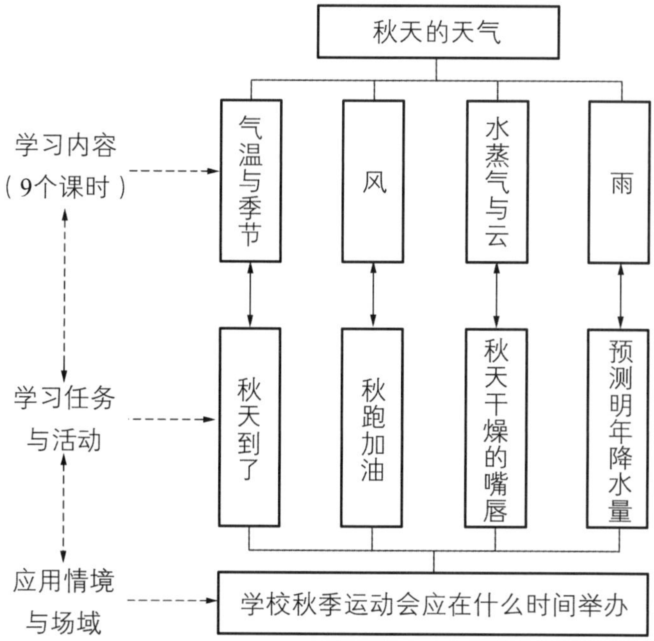

图 11-3　“秋天的天气”单元内容

于22 ℃”和“能根据入秋标准判断今年入秋日期”。基于核心素养不同维度制订的各课时学习表现，是学习内容在素养发展各维度上的具体体现，有助于教师从整体上把握单元学习目标，进一步理解素养需要通过单元教学中的不同课时乃至不同单元、不同年级的课堂教学实践进行持续培育。“秋天的天气”单元“科学思维”维度的部分学习表现见表11-1。

表 11-1　“秋天的天气”单元“科学思维”维度的部分学习表现

素养	指标	学习内容			
		气温与季节	风	水蒸气与云	雨
科学思维	模型建构	—	能根据图纸制作出比较标准的风向标，知道科学仪器制作有统一的标准	能设计并制作一个观察云的装置	能设计并制作一个比较标准的雨量器
	推理论证	能通过查阅资料推测入秋标准，知道入秋标准和地理位置（纬度）等有关	能通过对比实验证明指针大小（或吸管长度）对风向标指向性有影响 能分析数据并绘制统计图，分析风向和风力对跑步的影响	能分析观察结果并推理云与某种类型的天气之间的关系	能根据历年数据推测今年降水量的大概范围

一般来说，学习表现的确立以学生学情及其核心素养发展水平的分析为基础。但单元教学设计不可能完全预设出课堂教学中随机生成的问题和学生的相应表现，这需要教师基于实践不断调整，最终形成在一定时期内较为稳定的单元整体设计。

（二）“风”课时的项目化学习实践

“风”课时的项目化学习从“秋季跑步”的情境出发，引发学生对生活现象的思考，由此产生探究问题，形成两个具体的学习任务与活动，即“设计制作风向标并探究风向标的长短、箭头大小等对其指向性的影响”和“收集整理数据，探究风向和风力对跑步的影响”。笔者基于核心素养的要求，明确了该课时的学习目标和学生表现，既为项目化学习提供了方向性指导，又有助于发挥项目化学习促进素养发展的作用。

以往，关于“风”的教学重在让学生理解风的特点，判断风的方向，知道不同风速下发生的现象，完成风向标和风速仪的制作。在梳理核心素养要求和项目化学习原则与流程后，笔者构建了图11-4的“风”课时的项目化学习基本流程。

图11-4 “风”课时的项目化学习基本流程

首先，创设秋季运动会跑步的情境，引发学生思考，产生风向、风速对跑步速度是否有影响的探究问题。此后，学生逐一完成前述两个活动，通过迭代实践，开展评价与反思，对自身学习情况进行监控与调整。在此过程中，学生充分经历了项目化学习流程，将风的特征与生活中的现象建立了联系，并产生了可继续探究的问题：风速对不同形状物体的运动影响是否相同？如何减小风对运动的阻碍？

在实践中，教师可重点加强对活动的规划与指导，尤其是通过学习任务单的设计和活动资源的配置，在学生产生学习需求的重要节点和他们能力与素养发展的关键环节提供抓手与脚手架。如在制作、测试风向标的活动中，教师可提供由吸管、卡纸、彩泥、铅笔等组成的活动套材，设计方便学生观察、记录与分析的任务单，保证学生个体自主学习与小组协作学习的有效落实。

四、问题与反思

从科学学科核心素养出发进行单元项目化教学设计与实践，是对科学课堂教与学方式转变的回应。在探索过程中，我们发现了以下一些问题并尝试持续改进。

一方面，部分教师对核心素养、项目化学习的认识与理解还略显模糊，需要持续转变观念，如有的教师认为科学课程所培育的核心素养不过是三维目标的另一种表述。可见，指向核心素养的教学新样态还需要教师对自身的教学观念和能力进行系统优化，增强对核心素养的认可度和变革意愿。[13]有的教师将项目化学习视为回应目前课程教学改革需要的唯一有效方案，认为项目化学习必须按照固定的流程进行。还有的教师忽视当代教育发展和课程改革与百年前的背景差异，认为项目化学习与设计教学法一样，会在风靡一时后销声匿迹。上述情况表明，需要进一步组织科学教师对项目化学习的历史发展与现存问题进行深入分析，转变他们对科学课程中项目化学习作用的错误认识。

另一方面，学生进行项目化学习的能力存在较大差异。在试教过程中发现，学生在制作、测试风向标的活动中动手能力略显欠缺，在对不同风向和风速下跑步速度分析的活动中统计图绘制能力略显不足。在试教后，笔者对学生的项目化学习能力做了进一步调查，设计了与学生实际能力更为匹配的学习目标与要求，构建了单元项目化学习的素养表现细目表，并提供了充足的学习支架。改进后的教学设计能够使绝大部分学生完成学习任务，在迭代应用与知识迁移中发展能力。

实践证明，进行小学科学单元整体设计是必要且有效的。单元整体设计除了可以对相关联的科学知识进行系统梳理，实现知识的整体建构，还能促使学生的认知实现从割裂孤立到整体关联、从散点到结构、从无序到有序的发展[14]，精准着眼学生科学课程项目化学习能力的全面提升，将核心素养作为综合性品质进行整合培养。

参考文献

[1]刘忠学.我国近代小学科学的主要教学法及演变[J].中小学教材教学,2017(6):64.
[2]吴云鹏.五四时期我国中小学科学教育变革的科学文化审视:设计教学法变革的视角[J].通化师范学院学报,2019(9):46.
[3]谢麒.设计教学法探究:刍议后教育时代的广义设计教学法[J].扬州大学学报(高教研究版),2015(6):80.
[4]吴洪成,樊凯.现代教育家俞子夷与设计教学法的中国化(上)[J].沈阳师范大学学报(社会科学版),2012(6):5-6.
[5]夏雪梅.从设计教学法到项目化学习:百年变迁重蹈覆辙还是涅槃重生?[J].中国教育学刊,2019(4):58.
[6]易红郡."设计教学法"述评[J].课程·教材·教法,2013(7):108.
[7]黄洪霖,黄家骅.项目化学习的内涵、意义与实施[J].福建基础教育研究,2021(8):4.
[8]胡卫平.在探究实践中培育科学素养:义务教育科学课程标准(2022年版)解读[J].基础教育课程,2022(10):45.
[9]中华人民共和国教育部.义务教育科学课程标准(2022年版)[S].北京:北京师范大学出版社,2022:4.
[10]李刚,吕立杰.大概念课程设计:指向学科核心素养落实的课程架构[J].教育发展研究,2018(15):35-36.
[11]赵伟新.单元视角下小学自然课堂教学设计的研究与实践[J].上海教育科研,2021(5):78.
[12]陈素平.缪旭春.基于学科的项目化学习设计与实施样态[J].上海教育科研,2019(10):41-42.
[13]贾彦琪.教师教学观念与能力的多重挑战及其应对:基于核心素养的教师教育研究[J].集美大学学报,2021(4):7.
[14]马旭光,朱俊华.基于单元整体设计的结构化教学策略[J].中小学教师培训,2021(5):53.

初中音乐学科项目化学习的设计与实施

——以“创演‘上海说唱’”为例[1]

◎上海杨浦双语学校　赵　湘

[摘要] 为了进一步提升学生对中华优秀传统文化的学习兴趣，通过音乐学科项目化学习，从教学素材、内容结构以及教学方法三个维度提炼出精、宽、活三大教学策略。以“创演‘上海说唱’”项目化学习为例，呈现了活动设计思路，简述实践过程以及取得的成效，为以中华优秀传统文化为载体开展音乐学科项目化学习的研究提供经验借鉴。

[关键词] 中华优秀传统文化　项目化学习　艺术素养　初中音乐

《义务教育艺术课程标准(2022年版)》(以下简称《2022版课标》)强调“以美育人”的课程理念，要求艺术课程以习近平新时代中国特色社会主义思想为指导，以落实核心素养为主线，学习和领会中华民族艺术精髓，激发中华民族自信心与自豪感。然而，当代初中学生对于这类具有历史感，较为久远的中华优秀传统艺术作品“不喜欢，不爱听，不想学”的情况较为普遍，传统教学模式难以激发学习兴趣。如何在“双新”理念的引领下，创新教学方法，激活中华文化生命力，将中华优秀传统艺术之美耕种在每个孩子的心田，成为一个亟待解决的问题。

项目化学习是围绕明确的目标提供有效的路径引导，构建较为清晰的活动框架，尤其是其成果导向强调高阶思维的锻炼，指向创新能力的提升。笔者将中华民族艺术的学习和项目化学习相结合，以问题探究为核心，促进学生认知结构的系统化，实现对知识的深度理解和内化。在此基础上，进一步强调理解与创新实践之间的内在联系，倡导通过“艺术创作”这一形式，激发学生的创新思维，促进学生对中华民族艺术精髓的深刻学习和领会。本文以“创演‘上海说唱’”为例，探究如何以中华优秀传统文化为载体开展音乐学科的项目化学习。

1 本文发表于《上海课程教学研究》2024年第9期，收录时略有改动。

一、挖掘作品内涵，设计问题引领学习

（一）项目缘起

中国曲艺出现在上教版《艺术》八年级第一学期第三单元“表现习俗的民间艺术”的第一课“乡音乡韵”中，上海说唱是其中一个重要内容。它诞生并流行在上海本土，被列为上海市非物质文化遗产，融合了说、噱、演、唱等多种曲艺表演手法，能够表现出不同时代人民的情感世界和社会生活，具有独特的审美价值和社会意义。

然而，所在班级学生对传统曲艺往往缺乏足够的了解和兴趣。为了改变这一现状，笔者设计了这一项目化学习单元。把“如何精准地理解上海说唱的独特韵味和表演特征”这一学科本质问题转化为这一学段学生可探究、可体验、可实践的挑战性问题：“如何用上海说唱这一本土曲艺形式讲述上海的英雄故事？”，最后以学生创作的原创作品展演活动作为成果展示。

（二）目标制定

本项目基于《2022版课标》设计了以下三个目标。

（1）完成以“创演‘上海说唱’”为题的曲艺作品的创作与演绎，体会上海说唱这一曲艺艺术的典型风格特点和韵味，感受其蕴含的独特表现力和感染力，理解其中蕴含的当代价值、人文精神和文化内涵，激发对中华优秀传统文化的热爱。

（2）采用分析、归纳、分类、抽象等思维方法，通过音乐学习、社会实践、历史考察、文学创作等多学科实践活动，掌握曲艺创作和表演的基本手法，提升艺术表达、创新思维和跨学科学习的能力。

（3）通过小组合作完成问题探究、审美实践、社会考察等学习任务，提升问题解决、任务规划、合作交流、责任担当及语言表达等综合能力。

二、统整各项资源，合理规划项目

（一）规划任务，统筹课时

与传统教学相比，项目化学习需要更多的课时。为了解决学习时长与有限课时之间的矛盾，笔者把“挑战性问题”分成若干个子问题，规划相应子任务，结合任务特点，合理地统筹课时，把课内线下学习与课外线上自主学习结合起来。例如，作品赏析、专家指导、任务规划与分配等活动可以借助信息技术高效完成。

（二）聚焦任务，预设支架

笔者预设学习支架，辅助学生完成具有挑战性的学习任务，如策略性支架、资源型支架等。例如，以网页方式提供了近百首“上海说唱常用的音乐素材”，供学生选用。又如，平台分享“学校特色课程——行读华夏实践活动”课程资源，供学生借鉴。

（三）整合资源，增效减负

笔者整合多方资源，形成教育合力，帮助学生在有限的时间内开展各类实践活动，减轻课业负担，提高教学的效率。例如，邀请上海滑稽剧团演员，通过网络会议的形式，为学生提供专业指导。又如，把上海初中学生综合素质评价中的必修课——社会实践与项目中的“探英雄故事”这一学习任务结合起来。

（四）前置评价，以评促学

笔者根据项目目标以及子任务设计评价量表，包括“任务完成检查清单”“合作学习自查表”“创演作品评价表”。在项目化学习初期告知全体学生。前置评价有助于学生明确学习目标，提高自我认知和自我调节能力。

三、精准设计实践活动，提升学生艺术素养

（一）入项

笔者从项目学习的场景、学生扮演的角色以及将要完成的任务三个角度设计情境。

亲爱的同学们，5月27日是一个值得我们永远铭记的日子。1949年5月27日这一天，上海解放了！从这一天起，这座城市犹如凤凰涅槃，重获新生，展现出前所未有的生机与活力。然而，这份繁荣与活力并非偶然获得，是无数英雄们用鲜血和生命换来的。学校将举行“为了永久的纪念——探英雄故事·创本土曲艺·筑民族英魂”纪念上海解放75周年暨学生原创曲艺作品评选活动，诚挚地邀请你一起探究“如何用上海说唱这一本土曲艺形式讲述上海的英雄故事？”这一问题，并以小组合作创演的方式参加活动。

真实的情境设计能够把学生带入“上海人”的角色中，在探访、认识和赞美这座城

市的过程中激发家国情怀,增进对中华民族文化的认同。

(二)分组设角

在本次为期五周的项目化学习中,我们采用了5—6人一组的模式。学生以学习共同体的形式参与到学习实践活动中。笔者依据本次项目所包含任务,创设了“组织能人”“语言大师”“音乐达人”“舞台之星”“历史学者”五个岗位。学生根据自己的优势和兴趣,组成互补性合作小组。每个学生都能在小组中找到适合自己的岗位,齐心协力地完成任务,有效地促进责任担当素养的培育。

(三)问题探究

笔者把“问题探究”贯穿在整个项目化学习的实施过程中,细化核心问题,针对每一个子问题,规划了高效的学习方式,为各类学习实践活动的开展搭建了学习支架,帮助学生实现知识的理解、掌握和应用(见图12-1)。

1. 探究性和审美性实践活动

笔者为每一个子问题创设了促进认知结构化的问题链,把问题的探究与各种审美性实践活动结合起来,旨在帮助学生准确认知曲艺艺术的典型特征并掌握其创作的方法。

以子问题2“‘上海说唱’有怎样独特的韵味?”探究为例。

(1) 聆听《金陵塔》片段,说一说作品中出现了几种表演形式,它们描绘了怎样的景象,抒发了怎样的情绪。

(2) 唱一唱乐曲片段,说说音乐在曲艺表演中起到了怎样的作用。

(3) 画画旋律线,念念唱词,分析旋律的走向与上海方言的音调有怎样的联系。

(4) 分组聆听《人》《灯火辉煌》《灯》作品中的不同乐段,归纳出为故事选配音乐有哪些关键要素。

探究性实践活动与审美性实践活动的紧密结合是音乐学科项目化学习特点,随着任务的推进,学生的审美感知、艺术表现和创作素养,以及“分析、归纳、抽象及创见”等思维能力都得到了深度培育。

2. 社会性、调控性、技术性实践活动

社会性、调控性、技术性实践活动是解决核心问题、完成学习成果的重要保障。在项目初期,通过规划书和任务分配表,学生能够从学习成果出发,逆向思考并设计问题

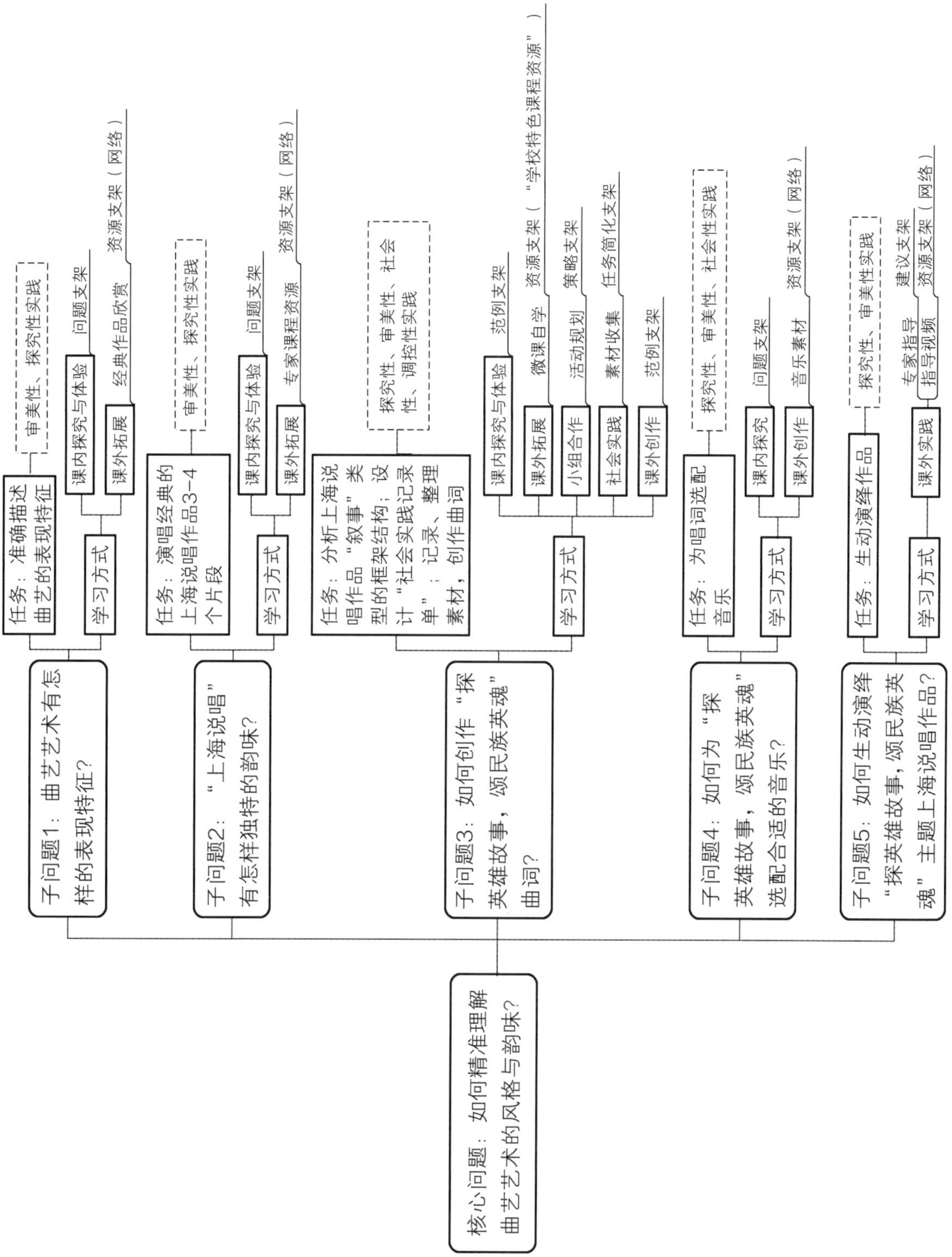

图12-1　项目化学习的问题支架

探究的方法和路径，提升高阶思维能力。项目中期，学生合作填写并交流"学习日志"，分享各自的学习心得以及对学习过程的反思。项目后期，通过合作学习自查表、任务完成检查清单等，帮助学生系统地回顾整个项目过程，对照目标进行自我反思和总结，提高自我管理和自我调控的能力。

技术性实践活动中，我们不仅可以便捷地填写和提交评价表，还能利用工具来提升学习效率和美化成果，如查找资料、观看微课、组内讨论、专家网上指导，以及在成果展示时制作和播放PPT。

（四）形成项目成果

1. 为学生创设亲身体验的情境

为了将项目开始时提出的"情境"理念转化为学生的亲身体验，笔者组织各班级的展示活动。在这些活动中，每位学生都有机会扮演多重角色：他们既是表演者，展示自己的创作成果；又是观赏者，欣赏同伴的精彩表现；同时还是评价者，通过投票的方式参与到作品的评价过程中。

2. 整合学校资源搭建展示的平台

为了纪念上海解放75周年，我们学校在大礼堂举办了一场主题为"为了永久的纪念"的学生原创曲艺作品展示活动。学生倍加珍惜这个展示自我的机会，他们以饱满的激情和真挚的情感，通过曲艺的形式，表达了对这座城市的热爱和对英雄们的崇高敬意。学生们的表演不仅让在场的每一位观众感受到了中国传统艺术的独特魅力，更激发了大家对家国情怀的共鸣。

四、总结与反思

笔者在探索以项目化学习传承中华优秀传统文化，促进学生学习和领会中华民族艺术精髓，增强中华民族自信心与自豪感的过程中得到了以下三点启发。

（一）精——教学素材的精挑细选

"精"在教学中的体现可以从三个方面进行考量：第一是经典性。我们从中华优秀传统文化的宝库中精心挑选具有深厚底蕴和极高审美价值的艺术作品。这些经典之作不仅代表了中华文化的精髓，而且能够激发学生对美的感知。第二是适宜性。所选内容必须符合初中学生的审美认知水平，能够满足他们在艺术欣赏、表达和创作方面的需求。第三是创新性。这些艺术作品不仅要能够反映其时代的文化特色和审美理念，而且在与当代生活相结合时，仍能展现出强大的表现力和生命力。例如，昆曲、古琴、江南丝竹乐等传统艺术形式，以及本次项目化学习中特别选用的上海本土曲艺艺术，都是展示这一“精”字的极佳例证。通过学习这些艺术形式，学生不仅能够深入体验中华优秀传统文化的深度和广度，还能够在创新中发现传统与现代的交融点，从而培养他们的艺术素养和创新能力。

（二）宽——教学结构的宽度构建

认识、理解、热爱中华优秀传统文化离不开对它们背后所蕴含的精神文化、物质文化、制度文化和社会文化的探究。只有在真实的文化语境中传承和创新，学生才能真正感受到中华优秀传统文化的独特魅力。因此，教师需要深入挖掘文化内涵，用更加宽广的视角构建知识体系。在组织项目化学习时，教师应勇于打破传统教学中的界限，比如学科间的隔阂、学习与生活的脱节、学校与社会的分离，以实现音乐学习与其他学科以及社会生活的有机融合，构建一个既深且广的教学结构。例如，把昆曲学习与江南园林的实地考察相结合，把曲艺音乐与戏剧表演结合起来，让学生在实践中理解中华民族的审美偏好。又如，把“诗乐”学习与古诗词的鉴赏、书法绘画创作结合起来，从多学科角度去感悟中华民族特有的“言有尽而意无穷”的美学境界。

（三）活—— 教与学方式的灵活多变

“活”体现在以下四个方面。一是教师的“教”不再是按部就班，照搬传统教学的流程，而是预设学生解决问题、完成任务时所需要掌握的知识和技能来构建学习框架。面对新问题，教师能够及时调整教学策略，以支持学生成功完成任务。例如，如果学生需要使用音乐软件创作音乐，教师可以提供相关的微课视频；如果学生希望提高曲艺表演技能，教师可以邀请专业剧团的专家进行在线指导。二是尊重每个学生的独特性，提供多样化的学习路径和方法，如线下与线上学习结合，独立研究与小组讨论结合，资料查询与社会实践相结合，满足学生个性化学习的需求。例如，本次项目化学习中，学生就是以“艺术家采风”的方式深入上海的各个场馆、红色基地收集创作的素材。三是成果展示的形式是丰富多样的，不限于课堂上面对面的分享，还包括学校、社区舞台的展示，以及线上成果的评选等。这些方式能有效促进学生的创造力和表达能力，增强他们的自信心和成就感。四是评价的方式是多维度的。评价不仅涵盖了音乐鉴赏能力、表现能力、创作能力，而且包括跨学科能力，还有学生合作、组织与规划的能力等，适应不同学生的特点和学习风格，确保每个学生都能得到公平的评价。

参考文献

[1]夏雪梅.项目化学习实施:学习素养视角下的中国建构[M].北京:教育科学出版社,2020.
[2]黄永生,蔡伟中.简论上海说唱的艺术特色与发展趋向——兼及上海说唱和苏州弹词的区别[J].上海戏剧,1990(1):44-46.
[3]杜静怡.上海说唱在城市更新中的传承与发展研究[D].上海:华东师范大学,2015.
[4]杜宏斌.新版课程标准解析与教学指导(2022年版):音乐[M].北京:北京师范大学出版社,2022.

第三部分

聚焦问题任务

项目化学习强调创设真实、相对复杂而富有挑战性的问题与任务，引导和支持学生持续探究、表现与交流，尝试综合应用知识予以创造性地解决。在学科项目化学习设计时，常以大问题、大任务为组织中心，以外显任务为驱动，以本质问题探索与解决为指向，并将关键问题、核心任务分解为成系列的子问题、子任务，形成问题链和任务链，并设计开展相互关联的系列学习活动，将知识建构与应用融入问题解决、成果表达过程中。

大概念统整下的小学科学项目化学习整体设计

——以“校园生物进化主题展览会”为例[1]

◎上海市实验学校东校　舒兰兰

[摘要] 科学大概念具有强大的统整性，是连接科学学科知识与核心素养的中介。以科学大概念为核心设计项目化学习，能将科学知识体系、科学探究方法与技能、科学态度、解决问题的思维与方法、科学与社会的联系蕴含于解决真实问题的学习经历中。其具体的设计路径为：聚焦学习主题确定大概念；KUDB目标模式外显大概念；驱动性问题活化大概念；问题驱动式学习活动建构大概念；综合性学习评价推进学习进程。

[关键词] 大概念　项目化学习　小学科学

项目化学习是当前学习方式转型的重要载体，在学科教学中设计能凸显项目化学习优势，提升学生学科核心素养的课程对于项目化学习在日常教学中的推广尤其重要。在科学教学中，科学大概念(big ideas)是指能适用于较大范围内，对广泛的自然现象和事件做出有效解释或预测的概念。[1]大概念不仅能够有效促进学生对科学本质的理解与对科学活动的参与，也是连接科学学科知识与核心素养之间的桥梁。以科学大概念为核心设计项目化学习，能将科学知识体系、科学探究方法与技能、科学态度、解决问题的思维与方法、科学与社会的联系及规范蕴含于学生解决问题完成任务的学习经历中[2]。本文结合沪科教版《自然》五年级上册“生物进化”单元设计了“校园生物进化展览会”项目，据此对大概念统整下的小学科学项目化学习整体设计进行分析和阐述。

一、大概念统整下的科学项目化学习的设计思路

大概念统整的科学项目化学习是以大概念为核心，对科学学习内容基于学习目标进行重组，在大概念的统整下设计和实施项目化学习活动，使学生在问题解决的过程中

1 本文发表于《上海课程教学研究》2022年第6期，收录时略有改动。

建构学科知识体系，并且将知识、事物与个体自我进行有机整合，进而提升科学核心素养[3]。对其概念分析可知，大概念统整的科学项目化学习中科学大概念、驱动性问题和项目化学习活动是设计的核心，其设计思路如下。

（一）内线：科学大概念的发展

大概念统整下的项目化学习设计的内在依据是科学大概念的发展过程。因此，我们设计课程的关键步骤就是厘清科学大概念是如何在项目化学习中发展的。大概念的发展被形象地比喻为“概念炼制”，其实质是学生经历一系列丰富的项目学习活动，在关联性问题串的驱动下、多样化学习支架的引导下，以及综合性学习评价的推进下，解构其错误或不完整的先前观念、循序渐进地建构科学大概念的双向过程（见图13-1）[4]。基于此，我们在设计项目化学习的过程中需要围绕科学大概念对驱动性问题、学习支架和学习评价体系进行系统架构。

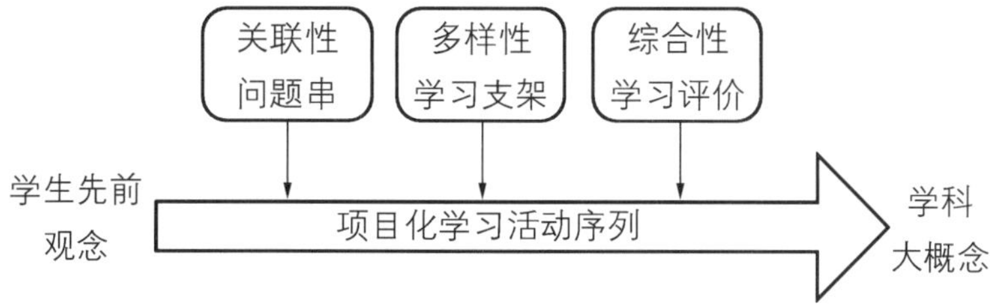

图13-1 学生在项目化学习中科学大概念的发展过程

（二）中介：整体性的问题设计

整体性的问题设计是构建科学大概念的载体，它是将大概念转化为具体的项目活动的中介，进而将以科学知识为主线的科学学习转变为真实驱动性问题的解决过程。大概念统整下的小学科学项目化学习中，整体性的问题设计是围绕驱动性问题，再将其按照大概念的发展路径转化为关联紧密的问题序列，比如并列式问题串、阶梯式问题串、环扣式问题串等，让学生在经历问题解决的过程中建构科学大概念、发展科学核心能力、提升科学核心素养。

（三）外线：项目化学习的过程

大概念统整下的项目化学习的外在设计是“入项—知识与能力建构—合作探究—出项”这四个项目过程，每一个过程都需要设计具体而有针对性的学生活动，项目化学习中学习活动设计依据是驱动性问题分解而成的关联性问题，这些问题将学科大概念细化、具体成一个个可操作的真实性学习活动。

二、大概念统整下的小学科学项目化学习设计路径

基于大概念统整下的项目化学习的设计思路，其设计路径可具体化为五个核心环节：确定大概念、外显大概念、活化大概念、建构大概念和评价大概念[5]。本文将以"校园生物进化主题展览会"项目为例对设计路径进行深度分析和阐述。

（一）起点：聚焦学习主题确定学科大概念

大概念不仅是科学项目化学习的核心知识，也是学生科学核心素养生成的有效转化器，它是学科项目化设计的起点，所以需要先明确大概念并对其系统分析[6]。笔者分析了《义务教育科学课程标准（2022年版）》（以下简称《2022版课标》）中"生物进化"主题的相关课程标准，对照《科学教育的原则和大概念》一书中梳理的15个科学大概念，最终选择"生物的多样性、存活和灭绝都是进化的结果"这一科学大概念来统整"校园生物进化主题展览会"项目。与此同时，将本项目中所涉及的科学知识结构自上而下层层梳理，围绕大概念建构了项目概念群，具体有：①大概念：生物的多样性、存活和灭绝都是进化的结果；②核心概念1：地球上存在不同种类的植物和动物；③核心概念2：动植物与环境之间存在相互依存的关系；④核心概念3：动植物繁衍后代使它们得以世代相传。

（二）细化：KUDB 学习目标外显大概念

KUDB学习目标模式从Know-Understand-Do-Be四个不断深化的维度将抽象的科学大概念变成外显的事实、现象、方法与活动，从不同的角度呈现出学生预期的学习成果，进而有效地指导项目化学习活动的设计和实施[7]。本项目基于《2022版课标》和《上海市小学自然学科教学基本要求（试验本）》中关于"生物进化"主题的教学目标要求，借助 KUDB 目标模板将科学大概念具体化为以下四个维度的学习目标。

（1）事实性知识（Know）：通过收集史前生物资料，知道史前生物和生物进化的一些实例；通过探究恐龙灭绝之谜，知道地震、火山喷发、气候的剧烈变化等可能会对生物造成影响；通过观察和制作化石模型，知道化石对研究生物进化有重要价值，并能够说出人和动植物进化的大致历程。

（2）关联性知识（Understand）：通过观察和制作化石模型，理解化石对研究生物进化的价值，感受到生物进化是一个漫长而复杂的历程。

（3）实践性活动（Do）：通过多种途径收集资料，能利用古生物资料卡、生物进化表等方式整理、比较和归纳信息；能够利用超轻黏土、纸等物品制作远古生物或者化石模型。

（4）核心价值观生成（Be）：在收集和阅读史前生物资料的过程中，激发探究古生物和人类进化历程的兴趣。在交流环境变化可能对生物造成的影响等活动中，树立尊重自然、保护环境的观念。

（三）关键：真实驱动性问题活化大概念

项目化学习最显著的特点就是真实性与实践性，因此需要将抽象的概念群融入真实的问题情境中活化，围绕大概念将学习活动变成一个连续性的解决实际问题、完成真实任务的过程。驱动性问题主要由本质问题和驱动情境两个部分组成，本质问题是从真实情境性问题转化而来的概念性问题，驱动问题情境则是把抽象的本质问题情境化、具体化，进而将科学大概念的知识体系镶嵌在真实的情境中[8]。“生物进化校园展览会”项目中的本质问题和驱动性问题如下。

（1）本质问题：在演化过程中生物是怎样逐渐进化成今天的形态的？

（2）驱动性问题：我校正门的阳光房是展示学校风采和展览学习成果的地方，如今我们五年级也要在阳光房举办一场“物竞天择，适者生存”生物进化主题的校园展览会，通过这一平台来展示科学性和艺术性俱佳的生物进化主题展品，为了让我校师生在阳光房的展览现场流连驻足，应该怎样设计生动的生物进化主题的展品呢？

（四）落点：问题驱动式学习活动建构大概念

在本项目中，大概念分解为三个相互关联的核心概念，同样项目中的驱动性问题也需要解构成一系列具有内在逻辑联系的问题序列。在本项目中，驱动性问题基于概念群中的三个核心概念分解成若干关联紧密的子问题，这些子问题将核心概念细化成一个个真实性学习活动，进而让学生在解决每个学习活动问题的过程中逐渐建构本项目的科学概念体系（见图13-2）。

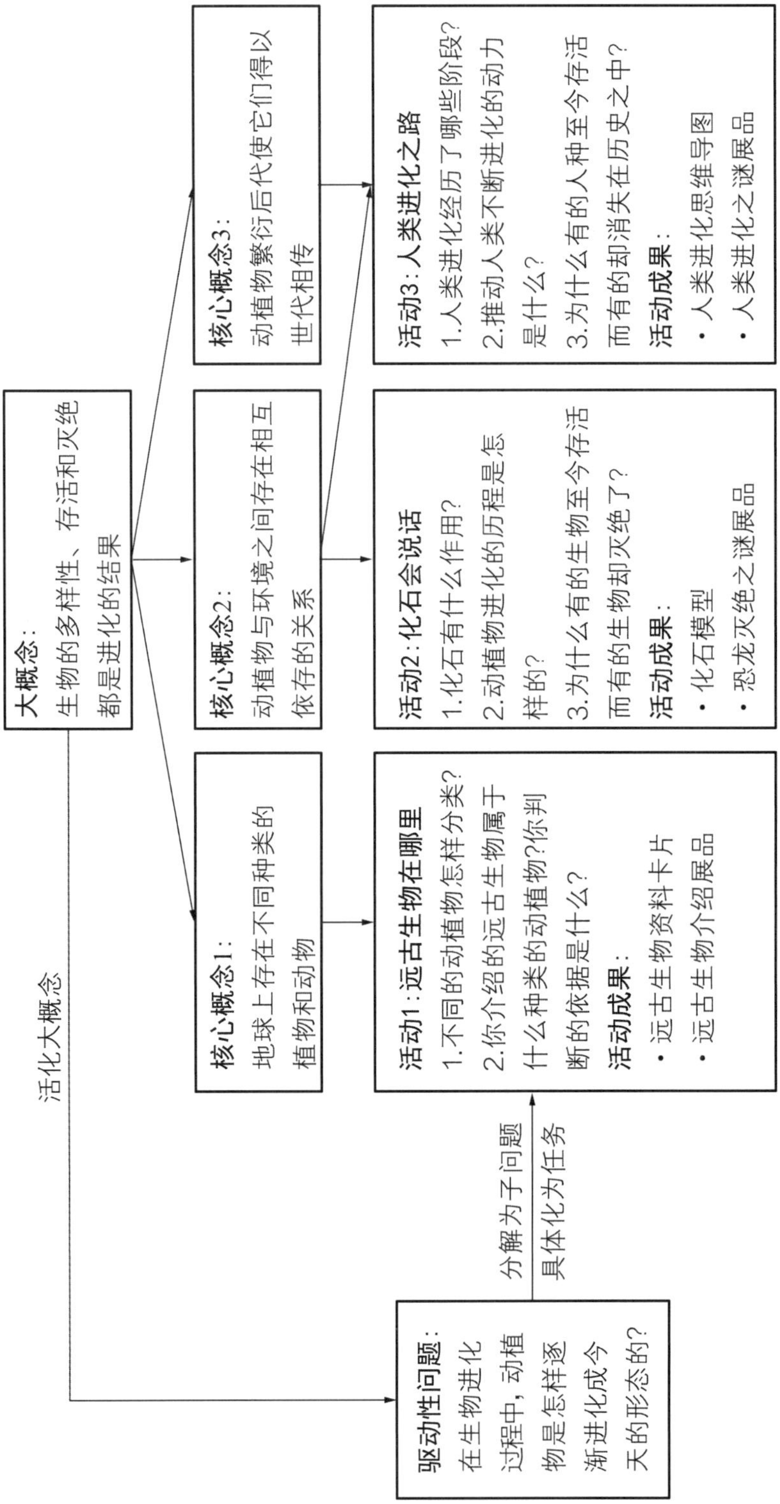

图 13-2　科学大概念统整下的关联性问题序列和学习活动设计

（五）反馈：综合性学习评价推进项目进程

在项目化学习中，学习评价一方面是检验学生各阶段项目化学习效果、推进整个学习进程的重要策略，另一方面也能激发学生的内部学习动力，帮助学生有效调控学习过程。本文以培养学生的科学核心素养为目标，设计了自上而下的学习评价体系（见表13-1）。该评价体系中评价维度多元化，除了对核心知识与能力和项目成果评价外，还包括对自主探究、沟通与协作、创新能力等指向学生核心素养发展方面的评价。

表 13-1 “校园生物进化展览会”评价体系

评价维度		评价作用	评价方法
核心知识与能力	知识体系构建	考查学生对科学知识体系的理解程度	前测：关于“生物进化”主题的调查问卷 1. 检查学生绘制的生物进化思维导图，了解学生对大概念的理解程度 2. 利用 KWL 表评价学生在不同阶段对生物进化理解的变化
	技能和工具使用	考查学生对思维导图、KWL 表等技能和工具的掌握情况	学生利用评价量表自评、他评思维导图、KWL 表的设计和制作情况
学习实践	探究性实践评价	考查学生在项目化学习中自主探究的广度与深度，引导学生调整学习进程	1. 根据清单核查项目推进中远古生物、生物化石和人类进化相关的活动成果 2. 学生利用评价量规自评和他评“设计与实施探究”过程 3. 学生撰写“校园生物进化展览会”项目日志
	调控性实践评价	考查学生在项目化学习中的坚持、主动性、专注和反思等学习品质	1. 利用评价量规对团队成员就专注、主动、坚持、反思情况进行师评和自评 2. 通过团队会议反馈项目实践过程中成员坚持、主动、专注和反思等情况
项目化学习成果	项目成果	考查学生项目化学习成果的完成度和效果	1. 展示前学生对远古生物、生物化石和人类进化三个项目成果进行自评和互评 2. 观众对小组项目成果投票评选 3. 对校园展厅中项目成果进行大众评选 4. 制作团队项目成果档案袋
	成果公开汇报与展示	考查学生项目化学习成果展示的情况	1. 观众利用评价量表对项目展示情况评分 2. 通过撰写学生日志，反思项目展示的情况

三、结语:大概念统整下的科学项目化学习的意蕴

总之,大概念统整下的科学项目化学习设计旨在促进学习者对科学大概念的深度理解和核心素养的提升。大概念是连接学科知识体系与核心素养的中介,一方面项目化学习让原本抽象、难以理解的科学大概念获得了丰富的呈现方式,通过问题驱动式的学习实践活动引导学生实现对科学知识体系的深度理解与真实问题情境中的迁移应用,从而一步步搭建知识体系,完整建构学科大概念,另一方面学生在完成项目过程中掌握科学方法,培养科学技能,认识科学本质及其学科价值,并具备一定的运用它们解决真实问题、为班级、学校等团体服务的能力,从而实现了从知识体系到科学核心素养的有效转化。

参考文献

[1]哈伦.科学教育的原则和大概念[M].韦钰,译.北京:科学普及出版社,2011:16.

[2]赵茂军.大概念统整下的科学学科项目化学习实践探索——以"制作救援车"项目为例[J].教育科学论坛,2021(28):52-54.

[3]郭玉英,姚建欣,张静.整合与发展——科学课程中概念体系的建构及其学习进阶[J].课程·教材·教法,2013(2):44-49.

[4]贺慧,陈倩.大概念统整下的学科项目式学习设计[J].天津师范大学学报(基础教育版),2021,22(1):4.

[5]张燕,李松林,刘莉,等.大概念统整下的项目化学习探究(笔谈)[J].教育与教学研究,2021(5):94-128.

[6]林恩,洛伊斯.以概念为本的课程和教学:培养核心素养的绝佳实践[M].鲁效孔译.上海:华东师范大学出版社,2018:55.

[7]曾祥琼,蒲秀秀.大概念统整下学科项目化学习的设计策略——以《确定位置》一课为例[J].教育视界,2021(11):12-16.

[8]夏雪梅.项目化学习设计:学习素养视角下的国际与本土实践[M].北京:教育科学出版社,2018:55.

学生在“做”中“学”数学

——以“记录雪松的成长”项目化学习为例[1]

◎上海市金杨中学　阳吴宝

[摘要] 在初中数学“解直角三角形的应用”教学中，基于校园内的真实情境，开展项目化学习“记录雪松的成长”，引导学生经历发现问题、提出问题、分析问题、解决问题的过程。在这个过程中，学生在“做中学”，巩固基础知识、基本技能，发展抽象能力、几何直观、模型观念、应用意识以及创新意识等核心素养。通过解决疑难问题，培养学生的理性精神，帮助学生积累数学基本活动经验，升华其学习兴趣与情感态度。

[关键词] 做中学　记录雪松的成长　项目化学习

《义务教育课程方案(2022年版)》指出：变革育人方式，突出实践，加强课程与生产劳动、社会实践的结合，充分发挥实践的独特育人功能。突出学科思想方法和探究方式的学习，加强知行合一、学思结合，倡导“做中学”“用中学”“创中学”。《义务教育数学课程标准(2022年版)》指出：初中阶段综合与实践领域，可采用项目式学习的方式，以问题解决为导向，整合数学与其他学科的知识和思想方法，让学生从数学的角度观察与分析、思考与表达、解决与阐释社会生活以及科学技术中遇到的现实问题，积累数学活动经验，提高发现与提出问题、分析与解决问题的能力，发展应用意识、创新意识和实践能力，提升数学核心素养。

在初中数学教学中，笔者积极探索新课程倡导的项目化学习，引导学生用数学的眼光、思维、语言解决生活实际问题，体现问题驱动、探究学习、成果导向的基本特征。项目化学习是学生获得数学基本活动经验的一种重要形式，有利于学生的思维发展和数学思想的积淀。笔者以“解直角三角形的应用”教学为例，介绍自己开展的“记录雪松的成长”项目化学习探索。

1 本文发表于《上海中学数学》2024年第6期，收录时略有改动。

一、立足真实情境，确定项目化学习主题

上海市金杨中学的校训是“像树一样成长”，它源自校园内的一棵雪松（见图14-1）。这棵雪松是1996年建校时种植的，具有与学校同龄的特殊意义。在2020年学校开展的“我为金杨中学选校树（花）”活动中，这棵雪松被学生评选为“校树”。了解它的高度和生长速度，从而记录它的成长过程，是学生感兴趣的项目化学习内容。

图14-1 雪松

雪松有多高？如何测量雪松的高度？雪松不同于建筑物、旗杆等，它是有生命的，其高度是在不断变化的；雪松树冠呈锥形，学生不易到达它的顶端，加之受测量工具所限，因此，学生可以用所学的数学知识，通过测量和计算，得出雪松的高度。

初三数学内容“解直角三角形”是非常贴合的数学知识，因而，在“解直角三角形的应用”教学中开展项目化学习比较合适。最初的项目化学习选题是“测量雪松的高度”，学生觉得这个题目局限于一个数学活动，缺乏生机，因此经反复推敲，最后改名为“记录雪松的成长”，给项目化学习活动注入了活力。雪松年年在，学生一届又一届，每届初三的学生都可以来测量雪松的高度和记录雪松的成长速度，本项目可以一直延续下去。“记录雪松的成长”项目化学习已经实施了三轮，每年都有改进与创新。

二、制作测量工具，培养学生的创新能力

测量雪松的高度，首先要准备测量的有关工具。一是测量长度所需的米尺，可以借用或购买。为了测量长度的精确性。除了准备长30米的皮尺外，学生还准备了带有厘米刻度的卷尺。二是测量角度的工具，学生通过网络查找发现，可以购买电子测角仪，操作简单而且准确。但也有学生提出，我们最近正在学习俯角、仰角等知识，知道如何确定水平线、俯角和仰角，可以现学现用，利用身边的材料自己制作测角仪。学生发挥集体智慧，利用三脚架、铅垂线、量角器、指针等自制了简易测角仪作为测量角度的工具。

在本项目第二轮和第三轮的实施过程中，学生对最初制作的测角仪做了两次改进。

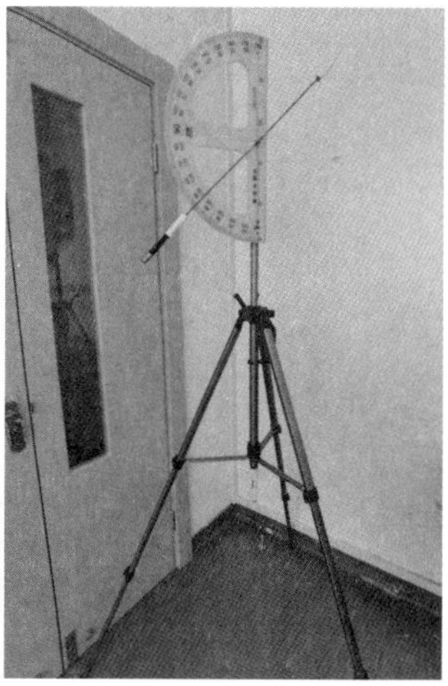
图 14-2　第二次改进

第一次是对获取角度的数据盘(量角器)做了改进,对可以转动的指针做了改进,使指针更细、更直,读数更准确。第二次改进见图 14-2,是在指针的顶端和铅垂线的下端分别安装了激光灯,这样测量雪松顶端的仰角、树底部的俯角时用激光灯定位,使得光线确定更加精准,测得的角度更加精确,测角仪的地面中心定位更加准确,这样测量的长度也更加精确。

在设计、自制、改进测角仪的过程中,学生进一步巩固了水平线、铅垂线、仰角、俯角等相关数学知识,锻炼了动手能力、协作能力和创新能力。

三、经历设计探究,激发学生的学习热情

围绕"测量雪松的高度"这一核心问题,学生自主分成四个学习小组,逐步解决如下子问题:如何设计解决问题的方案?通过测量能获取哪些数据?怎样通过所学的知识计算出结果?此外,学生还进行了成果展示与评价。在此过程中,教师进行必要的指导。

在实际教学中,每个小组都能运用所学的解直角三角形的知识,做好设计方案并画出设计图,确定需要测得的数据。每个小组通过讨论,列出接下来要完成的任务、时间节点以及人员分工。各小组成员深入现场观察,在校内选取观测点,具体测量数据并记录整理,然后完成数据计算、结果汇总与修正等,最后进行集体展示交流与互相评价。

(一)设计方案

各小组设计方案后,进行小组间的交流,一方面避免方案的重复,另一方面可以取长补短,完善方案。最终,各小组的方案归纳后有如下几种,具体见表 14-1。

通过设计方案这一环节,学生运用几何直观,将测量雪松的高度问题抽象、转化为解直角三角形的数学问题,增强学生的应用意识和模型观念。

表 14-1　各小组的方案

组别	设计图	需要测量的量	组别	设计图	需要测量的量
第一小组	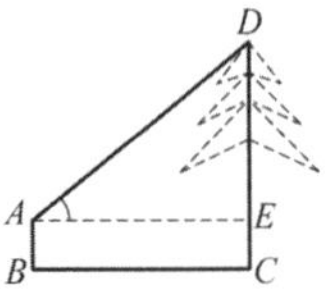	∠DAE、AB、BC	第二小组	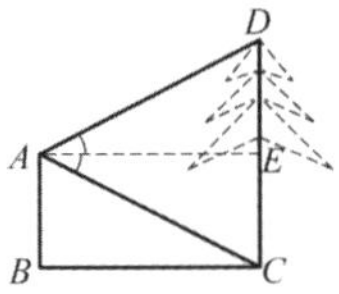	∠DAE、CAE、BC
第三小组	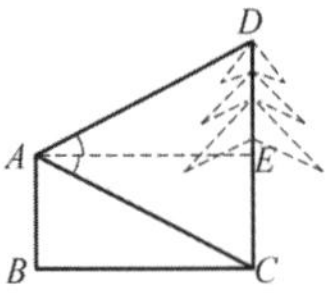	∠DAE、∠CAE、AB	第四小组	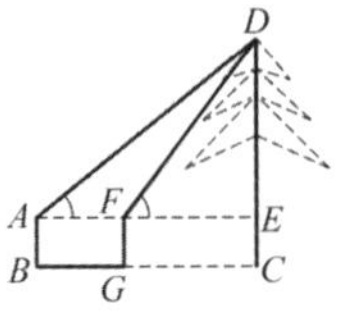	∠DAE、∠DFE、BG

（二）开展测量

见图 14-3，根据设计方案，各小组分别选定不同的测量点、测量角度、水平长度以及高度。有的测量点选取了教学楼的三楼，有的选取了楼下的空地。小组成员分工协作，开展测量，并记录、整理有关数据。

图 14-3　各小组开展测量

通过测量、记录以及整理数据，各小组成员团结协作，兴趣盎然，俨然自己就是小小工程师，获得了别样的课堂学习体验。

（三）计算结果

每个小组根据测量获取的数据，利用解直角三角形的知识，计算出了雪松的高度。学生借助计算器，根据锐角的三角比和已知的边长求出未知的边长，体验使用数学图形与计算解决实际问题的过程，巩固了所学的数学知识，获得数学基本活动经验，提高了学习能力。

对计算的结果,小组间交流讨论,进行比对,查找测量或计算过程中存在的问题。如发现问题,则要重新测量并核实,保证测量结果在误差允许的范围内。这一过程促进了学生理性思维与科学精神的提升。

(四)成果展示

本项目化学习的主题是“记录雪松的成长”,而非测量雪松高度这一单一的数学活动。各小组除了展示得到的雪松高度外,还展示了项目化学习过程,包括项目的方案设计、数据测量、数据处理和计算过程等,展示形式包括图片、录像、小报等。对于各小组计算出来的不同结果如何进行修正,其思考过程也值得展示和发表见解。另外,对于如何呵护雪松的成长、保护校树、增强爱校意识,学生通过查阅相关资料,制成小视频、PPT小报等,进行了充分的展示。

(五)学习评价

在项目化学习前,笔者制定了评价量表并下发给学生,要求所有参与项目化学习的学生对本小组成员和其他小组开展自评和互评。

在项目化学习的过程中,对本组及其他小组的项目实施过程进行观察,主要从项目的方案设计、实施过程、小组合作、学习成果等环节中的表现、项目化学习成果的真实性与科学性等方面进行评价。项目结束后,给出评价结果,评选出优秀小组和优秀个人,并予以表彰。

另外,各小组制作自媒体“美篇”,以“记录雪松的成长”为主题发布学习成果;制作刻有雪松高度、活动时间和成员名单的铭牌挂在雪松树上,并合影留念。这也是一种评价方式,能激发学生的学习热情和荣誉感。

四、解决疑难问题,培养学生的理性精神

雪松的高度是多少? 最终结果怎么得出? 测量并计算雪松高度的精确度与哪些因素有关呢? 各小组都是带着问题去探索实践。四个小组分别根据不同的方案进行了测量,计算出了雪松的高度,经过汇总,发现第一、二、三小组的计算结果非常接近,而第四小组的结果与前面三个小组的偏差比较大。这一环节值得单独进行陈述与分析。

（一）问题出在哪里

针对第四小组的结果偏差较大的问题，学生提出了质疑，一起帮助第四小组学生分析问题的根源。有学生说，首先要排除测量过程中出现测量不准确、记录错误的问题。为了解决这个问题，第四小组学生再次进行了实地测量，结果发现，除了精确度带来的误差外，没有出现测量数据记录错误和计算错误。那么，问题到底出在哪里呢？大家各抒己见，甚至争论起来。最后形成了几点共识：一是因为测角仪器是自制的，测量的角度不够精确，而且第四小组还测量了两次仰角，这样误差就更大了。二是第四小组在选取两个点、两次测量角度时，前后选取的两个测量点的距离不够大，两次测得的角度相差太小。三是在计算过程中，第四小组两次使用角的三角比的近似值计算，并且还使用了除法运算，因此导致结果的误差较大。这说明，第四种方法在理论上是行得通的，但在实际操作中存在一定的不足。

（二）问题如何解决

关于最终结果的确定，学生提出三种不同的意见，分别为：求四个小组的平均值；去掉一个最大值，去掉一个最小值，求平均值；去掉第四小组这个异常值，求其余三个组的平均值。到底哪一种方案更合理呢？有学生认为求四个小组的平均值不合理，有学生说去掉最大值和最小值就剩两个组了，样本太少也不合理。经过充分讨论，学生最后一致决定选取“去掉一个异常值后再求平均值”作为最终的发布结果：经初三(4)班同学测量计算，雪松树的高度是17.4米。

这种确定结果的方式充分运用了数学统计的相关知识，有理论依据可循。学生通过质疑、批判、寻找问题的原因、解决问题等过程，培养了探究事实真相、严谨对待科学的精神，学生解决实际问题和疑难问题的能力也得到了提升。

（三）不断改进与优化

本项目化学习具有适用性和连续性，适用于一届又一届的初三学生来实施。

在第二轮的实施中，学生也发现了上述问题（即第一轮项目化学习中第四小组出现的问题），他们经过认真的思考和探究后，对原方案四做了有效的改进，他们拉大了两次测量点（地面BG）的距离，这样计算结果和前三个方案的差异变小了，他们因此决定将“求四个小组的平均数”作为最终的结果。最终，参与第二轮项目化学习的学生通过测量计算，得到雪松的高度是18.05米。也就是说，雪松一年长高了大约0.65米。

在第三轮的项目实施过程中，原方案三也有了新的突破。原方案三选取的测量点是教学楼三楼的走廊。当初测量时，学生就普遍觉得测得的仰角$\angle DAE$和俯角$\angle CAE$差异很小。参与第三轮项目化学习的学生发现，如果调整测角仪的高度，可以使得仰角$\angle DAE$和俯角$\angle CAE$相等，这样$\triangle DAE$和$\triangle CAE$全等，那么雪松的高度就等于AB高度的两倍。这样，计算过程就非常简单了。这是一个非常简洁而又实用的方法，是一个较大的突破。

五、反思交流收获，升华学生的情感态度

项目化学习的最后环节，笔者请学生回顾活动过程中最有感触的某个环节，谈谈自己的收获与体会、总结经验，提出今后改进的方法。学生踊跃发言，各抒己见，具体如下。

生甲：通过这个过程，我知道了测角仪的原理，以及如何自制和使用测角仪。

生乙：测量看起来容易，操作起来其实并不容易，团队的合作很重要！

生丙：测量活动使我体会了几何直观，把测量数据记录在纸上后，用数学图形来解决问题，又将直观问题转化为数学抽象问题。

生丁：解决数学实际问题有助于我们认识数学基本图形，帮助我们理解概念和掌握数学知识。

笔者又提出以下问题：大家通过查阅资料，制作关于雪松的生存环境、价值用途的微视频、PPT；通过查阅校史，了解雪松与学校同年龄。那么，我们能为雪松的成长做些什么呢？

有学生说：首先，我们不能人为地破坏、伤害雪松，要爱护它，不能在树干上刻字，不能把酸性、碱性等药品倒在树根或树干上；要定期为它浇水，为它剪枝、松土、除虫、施肥，我们要呵护雪松的生长！

有学生说：雪松与母校同龄，与母校心心相连，爱雪松就是爱母校。我们班的同学即将毕业，离开母校，我们约定，三年后，当我们高中毕业时，再来测量雪松的高度，看看雪松每年长高了多少，看看雪松是不是枝繁叶茂，看看我们的校园是不是更美了。

通过反思与交流，学生用语言表达了学习的热情以及对雪松、对学校的爱护，增强了集体荣誉感。

六、结语

“记录雪松的成长”项目化学习是基于真实情境的一个项目化学习主题，它基于学生的认知特点与学习基础（学习了“解直角三角形的应用”），贴近学生的实际生活。学生通过设计方案、测量实施、质疑提问、解决问题，在“做”中“学”，其数学思维能力、动手实践能力、团队合作精神等得到了提升。在成果展示环节，学生充分表达、展示自己的思考与成果，培养了数学的语言表达、沟通交流能力。总之，学生经历发现问题、提出问题、分析问题、解决问题的完整过程，巩固了数学基础知识、基本技能，获得了数学基本活动经验，积淀了数学基本思想，发展了数学核心素养，升华了数学学习兴趣与关爱生活环境、集体家园的情感态度。

参考文献

[1]中华人民共和国教育部. 义务教育课程方案：2022年版[S]. 北京：北京师范大学出版社，2022.
[2]中华人民共和国教育部. 义务教育数学课程标准：2022年版[S]. 北京：北京师范大学出版社，2022.
[3]徐斌艳，等. 数学素养与数学项目化学习[M]. 上海：华东师范大学出版社，2021.
[4]郭玉峰，史宁中. “数学基本活动经验”研究：内涵与维度划分[J]. 教育学报，2012(5).
[5]刘祖希. 访史宁中教授：谈数学基本思想、数学核心素养等问题[J]. 数学通报，2017(5).
[6]夏雪梅. 指向创造性问题解决的项目化学习：一个中国建构的框架[J]. 教育发展研究，2021(6).
[7]夏雪梅. 项目化学习设计：学习素养视角下的国际与本土实践[M]. 北京：教育科学出版社，2018.

在科学与技术学科项目化学习中培养学生创新素养的思考与实践

——以“吸管造型”项目为例[1]

◎上海理工大学附属小学　陶亦馨

[摘要] 要培育学生的创新素养，项目化学习是一种有效的途径。以小学科学与技术学科“吸管造型”项目化学习为例，依据案例形成的过程，系统阐述项目设计的整个流程，包括确定项目任务、梳理创新素养指标、设计项目目标、活动和评价等各个环节，呈现项目化学习在培育学生创新素养方面的积极作用。

[关键词] 项目化学习　创新素养　小学科学与技术

小学科学与技术学科项目化学习是学生通过参与以小学科学与技术学科为主的项目，围绕科学核心概念和主题，对一系列驱动性问题或任务进行综合性的探究和实践，从而自主合作地解决真实问题的过程。在小学科学与技术学科教学中开展学科项目化学习，有利于学生在做中学，促进其核心素养的发展。

《义务教育科学课程标准（2022年版）》（以下简称《2022版课标》）指出，义务教育科学课程要培养的核心素养包括科学观念、科学思维、探究实践、态度责任等方面。我们希望通过小学科学与技术课程的学习，在科学观念方面，学生能将科学知识用于解决实际问题；在科学思维方面，学生能对不同观点、结论和方案进行质疑、批判、检验和修正，进而提出创造性的见解和方案；在探究实践能力方面，学生能反思学习过程与结果；在态度责任方面学生不迷信权威，敢于大胆质疑，追求创新。[1]在核心素养框架下，创新素养指向在日常生活、问题解决、适应挑战等方面所形成的实践能力、创新意识和行为表现。[2]在小学科学与技术课程实施过程中选择合适的教学内容，设计学科项目化学习能更高效地促进学生创新素养的提升。本文以五年级“吸管造型”项目化学习为例，阐述

1 本文发表于《上海课程教学研究》2024年第5期，收录时略有改动。

在科学与技术学科项目化学习中培养学生创新素养的思考与实践。

一、项目设计流程

（一）确定项目任务

1. 内容来源

“吸管造型”项目来源于沪教版《科学与技术》五年级第一学期第四单元“看谁造得高”中的第二课时“吸管造型”。对照《2022版课标》，无论是“看谁造得高”单元，还是“吸管造型”内容，都隶属于“工程设计与物化”的学科核心概念，这一核心概念的学习活动建议中提出“选择项目研究作为学习活动支持教学”。

2. 教材单元结构

梳理教材单元结构时，笔者发现“吸管造型”内容与前后课时存在递进式关系（见图15-1），在“连接”一课中学生通过观察等活动了解生活中各种各样的连接方式；在“吸管造型”一课中学生可以迁移应用“连接”中已经学习的相关知识，尝试利用不同的材料和工具探究各种各样的吸管连接方式及其特点；在“看谁造得高”一课中学生可以进一步迁移应用“吸管造型”已经学习的相关知识设计、制作高塔。

五年级学生已经经历过一些简单的工程实践的学习，具备了设计方案、优化以及规范使用工具对不同材料进行加工的能力，也有一定的团队合作意识。此外，在进行本单

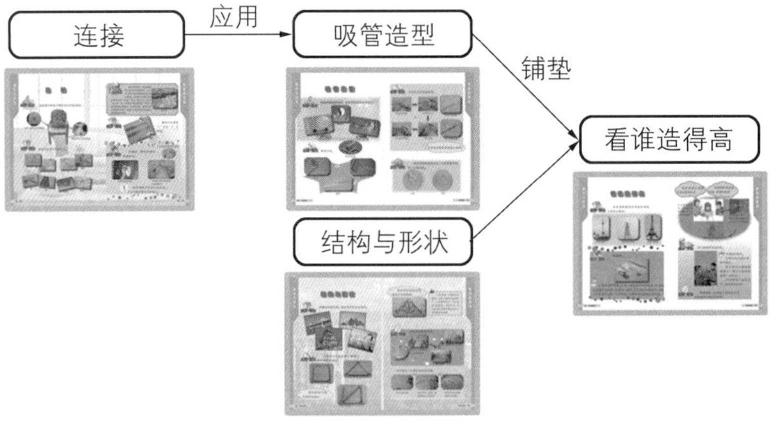

图15-1 “看谁造得高”单元内容

元的学习时恰逢学校开展主题为“小小工程师”的艺术节活动。因此，笔者将“吸管造型”内容通过单元内规划的方式设计成包含2课时的课堂教学，课内与课外相结合的工程实践类项目化学习，创设“开展吸管造型展览会”这一真实情境，确定制作吸管造型为项目任务，并在学校艺术节活动中发布学生成果。“吸管造型”项目化学习中学生会经历一个具有持续性、挑战性的工程历程，对他们创新素养的培育有非常好的促进作用。

（二）梳理创新素养指标

本文中的“创新素养”是由上海市杨浦区“指向学生创新素养培育的创智教学实践研究”项目组界定的“学生创新素养”学科化理解的理论框架，包括创新人格、创新思维和创新实践三个维度。其中，创新人格包含好奇心、想象力、独立自信、分享协作、反思进取、坚持，创新思维包含流畅性、灵活性、独创性、精致性、隐喻性，创新实践包含问题分析、资源利用、观念践行、方案评价、问题解决，共16个指标，且形成了具有学科特点的创新素养行为表征。例如，“创新人格”维度的“想象力”指标表现为“能在探究实践过程中与已有经验建立联系，进行有效组合，呈现多种猜想，设计多样方案，形成多元成果”。

在设计指向创新素养培育的科学与技术学科项目化学习时，教师要先确定本项目需要重点关注的素养指标。在“吸管造型”项目任务中，既有制定验收标准，又有评价设计图和成果，“评价”元素得以凸显且贯穿始终，因此“方案评价”的创新实践指标适用于此项目；同时，评价与改进紧密相连，学生在项目活动中以评价为前提和基础，持续反思，不断改进，历经不断完善的学习过程，因此“反思进取”创新人格也适用于此项目。此外，该项目任务实践涉及前一课时的连接知识，因此“隐喻性”创新思维也有所体现，以此类推，最终确定本项目任务需要重点关注的创新素养指标见表15-1。

表15-1 “吸管造型”项目化学习创新素养指标

维度	指标
创新人格	好奇心、想象力、反思进取
创新思维	流畅性、精致性、隐喻性
创新实践	资源利用、观念践行、方案评价

随后，要结合项目任务的基本流程细化本项目实施中学生的行为表现。例如，“流畅性”指标涵盖的学科行为表征见表15-2。而“吸管造型”项目主要由“初步设计吸管造型”“优化吸管造型设计”“制作展示吸管造型”三个子任务组成。其中，在“优化吸管造型设计”中，学生需要对吸管的各种连接方式进行分析并尝试优化。因此，学科行

表 15-2 “流畅性”指标涵盖的科学与技术学科行为表征

维度	指标	行为表征
创新思维	流畅性	① 在探究实践中能提出多种可能性的假设 ② 能从多个角度对对象进行分析 ③ 能产生不同的解决问题的创意想法和计划方案

为表征聚焦为“从多个角度进行分析及产生不同的解决问题的创意想法和计划方案”。

最后，结合项目任务的具体内容和学生的认知特点作进一步分析，由于笔者只要求学生能简要分析吸管连接方式的优缺点，不要求作全方位解析，同时期望学生能用“相结合”的方法提出创意想法，因此“流畅性”指标在本项目的行为表现为“能辩证地分析不同吸管连接方式的优缺点，产生多种材料、工具组合使用的创意想法”。以此类推，笔者对其他指标也进行了分析，形成了相应的行为表现（见表15-3）。

表 15-3 “吸管造型”项目化学习创新素养行为表现

维度	指标	行为表现
创新人格	好奇心	始终参与吸管造型项目任务的全过程，对工程实践具有浓厚的兴趣
	想象力	能与已知的材料特点和已会的工具使用建立联系，搭建出各种各样的吸管连接模型
	反思进取	能客观评价自己的吸管造型设计方案，并合理采纳他人的建议及提出改进设想
创新思维	流畅性	能辩证地分析不同吸管连接方式的优缺点，产生多种材料、工具组合使用的创意想法
	精致性	在改进的基础上能有意识地关注一些细微的不足和仍可改进之处，不断完善，精益求精
	隐喻性	能将已经学习的连接知识迁移应用于吸管的连接，进一步建构，补充资源库
创新实践	资源利用	能根据吸管造型设计图的需求，在资源库中选择合适的连接方式
	观念践行	能根据吸管造型设计图的需求，通过分析、评价优化设计图
	方案评价	能从多个角度对吸管造型设计方案进行评价，提出改进建议

（三）设计项目目标、活动和评价

笔者结合项目任务、核心概念、学情，并将创新素养的行为表现一并融入，形成指向创新素养培育的项目目标。

（1）在教师的指导下，通过设计“吸管造型”评价标准，绘制“吸管造型”设计图，按图制作吸管造型，从多个角度开展评价并及时调整和改进（方案评价），始终参与吸管造型项目任务的全过程，对工程实践具有浓厚的兴趣（好奇心）。

（2）尝试用不同的方式连接吸管（想象力），分享连接模型，形成资源库（隐喻性），从多个角度说出不同的吸管连接方式的优缺点（流畅性），思考改进方法，不断完善，精益求精（精致性）。根据吸管造型设计图选择合适的连接方式（资源利用），优化设计图（观念践行），能在不断反思的过程中及时改进或坚持己见（反思进取）。

在设计项目活动时（见图 15-2），笔者细化活动环节，形成关键问题链引导项目推进，选取适切的活动资源助推项目实施，落实创新素养的培育。

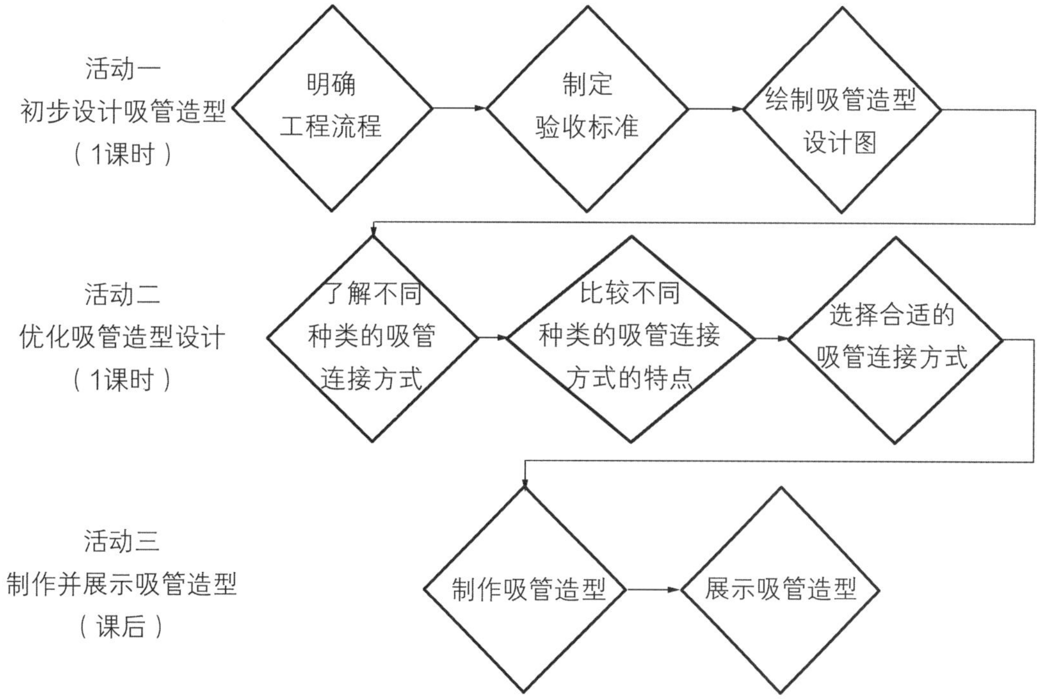

图 15-2　“吸管造型”项目化学习活动设计

以“活动二　优化吸管造型设计”为例，教师首先出示活动一中一些小组形成的设计图，引导学生发现大多数小组（甚至所有小组）的设计图中没有标注出连接来引出问题，先以“如何连接吸管？”为关键问题，引导学生了解不同种类的吸管连接方式。在此过程中，学生需借助“连接”课时中的知识和技能，并发挥想象力，创设出各种吸管的连接方式。后以“不同的吸管连接方式分别有什么特点？”为关键问题，引导学生比较不同种类的吸管连接方式的特点。在此过程中，学生需要对不同连接方式的优缺点进行辩证分析，并在改进过程中精益求精。再以“这些吸管造型应该选择哪些连接方式？”为关键问题，引导学生选择合适的吸管连接方式，应用于设计图的优化。在此过程中，学生需要根据设计图选择合适的连接方式，同时进行相互评价并提出建议，并不断改进和优化。

在设计项目评价时，笔者分别设计了成果评价（见表15-4）和课堂评价（见表15-5），其中前者指向项目任务成果，后者指向创新素养指标及其行为表现，并与项目目标和项目活动保持一致，相互映照。

表 15-4 “吸管造型”项目化学习成果评价

评价指标		具体要求	评价结果
吸管造型设计图	要素齐全	设计图中包含文字、图样、数据、标识等基本要素	☆
	细节清晰	设计图中包含必要的细节和注释，如线条、形状、阴影等元素的样式和效果，以及与实际制作相关的材料、工具和连接方式的选择等	☆
吸管造型成品	尺寸合适	设计图中标注出各个元素的尺寸和比例关系，以确保设计的可行性和准确性	☆
	牢固性	吸管造型作品的结构是稳定、可靠的，能够保持其形状和功能	☆
	美观性	吸管造型作品的色彩协调、搭配美观，连接处处理细致，痕迹不明显	☆
	创意性	吸管造型作品的构思新颖独特，能用新的形式和技巧创造出有独特艺术风格或丰富有效功能的吸管造型作品	☆

二、项目实施效果

完成项目化学习设计后，我们进一步开展课堂教学实践，以检验“吸管造型”项目化学习对于学生创新素养培育的效果。

以活动二中的环节5为例，教师以“不同的吸管连接方式分别有什么特点？”引导学生观察、交流资源库中的不同种类的吸管连接方式的特点。学生经过深入体验后提出以下多种不同观点。

表 15-5 “吸管造型”项目化学习课堂评价

评价要素		具体要求	评价结果
创新人格	好奇心	能在参与的过程中做到有始有终，敢于提问，乐于探索，勇于尝试	☆
	想象力	能够利用已知材料和工具特点，搭建多种吸管连接模型	☆
	反思进取	能从自己的设计方案中积累经验，反思不足。当他人提出合理建议时，能态度积极地接受，并且根据这些反馈进行调整	☆
创新思维	流畅性	能从多个角度、层面去分析不同吸管连接方式的优缺点，能产生多种材料、工具组合使用互补的创意想法	☆
	精致性	一次改进后能再多次反思不足，关注细节瑕疵，力求精益求精	☆
	隐喻性	能运用已有经验和已学知识连接吸管，扩充资源库	☆
创新实践	资源利用	能将模型的特点和设计图的需求配对	☆
	观念践行	能根据设计图需求的分析灵活调整连接方式的选择，将相关材料和工具的选择信息补充在设计图中	☆
	方案评价	能评估设计方案是否符合牢固性、美观性、创意性等多个角度的需求，并提出改进建议	☆

生1:我观察的是利用打孔器进行两根吸管插接的模型,一个连接处像字母T,一个连接处像汉字十,前者连接处容易脱落,后者连接处容易松动。我觉得可以用扎条捆一捆。

生2:我观察的是利用铁丝进行多根吸管连接的模型,因为吸管和吸管的连接处需要非常大的力气掰才可以变形,所以我觉得它非常牢固。

生3:我和他的想法略有不同,虽然铁丝可以用尖嘴钳等工具弯折成各种各样想要的形状且连接处不容易掰变形,但是模型是用纸条缠绕铁丝两端塞在吸管里固定的,容易被抽出来,稳定性较差。

生4:我觉得可以在纸条两面粘上双面胶,再缠绕塞在吸管里,这样就不容易被抽出来。

……

学生的表现对应了“从多个角度说出不同的吸管连接方式的优缺点,思考改进方法”这一目标。在活动中,学生对不同吸管的连接方式进行了分析,发现了各自的优缺点，教师引导学生进一步思考改进方法，鼓励学生提出了不同解决问题的创意想法，最终自主发现多种材料、工具的组合使用可以互相弥补不足，达成了“能辩证地分析不同吸管连接方式的优缺点，提出优化的方法”的评价要求，学生流畅性创新思维得到了激发。

再以活动二中的环节6为例，教师以“如何选择吸管连接方式满足不同的需求，优化设计图？”引导学生观察、分析不同种类的吸管连接方式的特点后优化设计方案。学生经过充分讨论后给出了多元选择。

生1：我觉得第一个连接处可以使用牙签钉接，风车的风叶是可以转动的，用牙签钉接，洞的直径比牙签的直径略大就可以让吸管做成的风叶转起来。

生2：我有不同的想法，我认为1号连接处可以用打孔器打全孔实现十字插接，因为牙签又细又短，所以钉接非常容易脱落，稳定性弱，如果风车轴用长一点的吸管，那么既可以转动又可以稳定。

生3：我觉得第二个连接处可以使用打孔器打半孔实现T字插接。

生4：我觉得2号连接处可以用铁丝连接，因为其相对其他连接方式更稳固。

生5：我觉得第三个连接处可以用双面胶，没有明显的连接痕迹，美观性强。

学生的表现对应了“从多个角度开展评价并及时调整和改进”这一目标。在活动中，教师引导学生有理有据、条理清晰地表达自己的决策，客观评价自己的选择，同时激励学生敢于客观评价他人的想法并给出合理的建议，提出改进设想，达成了“能对他人的观点和成果作出客观评价，并提出改进建议”的评价要求。

三、项目反思与展望

（一）培养迁移应用能力，实现创新素养落地

学生在创新素养培育设计下的“吸管造型”项目的实践过程中表现出对工程浓厚的兴趣，他们能用不同的材料和工具搭建出各种各样的吸管连接模型，关注细节，不断完善，精益求精，完善资源库，也会有意识地停下来比对评价标准思考问题，分析原因，发现需要调整的地方，及时修正。学生在历经完整的工程实践类项目化学习过程中会感受到自己不再是被动的接受者，而是主动的探索者和实践者。当他们发现遵循规范可以提高学习效率、降低错误率时，就会树立起一定的规范意识。创新素养的激发不仅对本单元的后续内容有引导作用，也能对科学与技术学科其他内容的学习有助推作用。

（二）打造高效课堂，提高教学效益

经过一系列精心设计的策略实施，本项目在培育学生创新素养方面取得了显著成效。然而，为追求更高的课堂效益，我们还需要对教学环境作进一步的优化。在“吸管造型”项目化学习中，学生呈现的作品丰富多样，教师在展示、评价的环节投入的时间较多。同时，学生吸管造型的设计图和成品只保留了最后的成果，学习过程中的阶段性成果未能被记录，难以体现学生创新成果的优化过程和创新素养的形成过程。为此，教师可以引入数字化手段，与信息技术相结合，将宝贵的课堂时间尽可能用于学生交流、思考、实践的学习过程中，同时记录学生在项目化学习过程中的点滴变化，帮助学生反思自己的实践过程，有助于他们将在本项目学习中收获的经验和能力迁移应用于后续的学习中。

参考文献

[1]中华人民共和国教育部．义务教育科学课程标准（2022 年版）[S]．北京：北京师范大学出版社，2022.

[2]黄四林，张叶，莫雷，等．核心素养框架下创新素养的关键指标[J]．北京师范大学学报（社会科学版），2021(2)：27–36.

“电冰箱的使用与维护”劳动项目的设计与实施[1]

◎上海市金鼎学校　朱珏蓉

[摘要] 随着《义务教育劳动课程标准(2022年版)》的颁布,劳动课程围绕劳动素养确立了课程目标,并以任务群为基本单元构建内容结构,但如何通过任务群中的劳动项目来落实劳动素养是一线教师普遍面临的难题。以“电冰箱的使用与维护”项目为例,聚焦“家用器具使用与维护”任务群,通过重构劳动任务确定劳动内容、以项目化学习开展劳动任务、以多元评价反馈劳动表现,旨在提升学生解决真实问题的能力,促进学生劳动素养的形成与发展。

[关键词] 劳动素养　重构劳动任务　项目化学习　多元评价

《义务教育劳动课程标准(2022年版)》(以下简称《2022版课标》)指出,劳动教育课程要培养的核心素养是劳动素养,由劳动观念、劳动能力、劳动习惯和品质、劳动精神四大指标构成,是劳动课程育人价值的集中体现。作为实施劳动教育的重要途径,劳动课程覆盖了三类劳动(日常生活劳动、生产劳动、服务型劳动),每一类劳动各自划分最终形成了十个任务群,每一个任务群可根据内容要求设计基于劳动素养下的劳动项目。其中,“电冰箱的使用与维护”属于《2022版课标》日常生活劳动中的“家用器具使用与维护”任务群,与沪科教版劳动技术教材中的“家用电器”单元内容有重叠,因此教师在设计劳动项目时可将两者进行结合。依托以核心素养为导向的总目标,笔者通过课前调研和教材梳理确定劳动载体,整合新课标和旧教材重构劳动任务,以项目化学习的方式开展劳动项目,以多元评价的方式关注劳动表现,紧紧围绕四大指标对“电冰箱的使用与维护”这一劳动项目展开设计与实施。

1 本文发表于《上海课程教学研究》2024年第3期,收录时略有改动。

一、教学背景

（一）分析学情，确定载体

考虑到“家用器具使用与维护”任务群和学生的家庭生活息息相关，为了解学生家庭家用电器的真实基本情况，笔者利用“问卷星”进行课前调研，从而可以合理安排劳动任务。通过调研发现学生家庭中常用的家用电器以冰箱、洗衣机、电饭煲、空调为主，使用频率较高的家用电器有冰箱、洗衣机、热水器、空调。冰箱是家庭中使用最频繁的电器，学生的家庭生活离不开冰箱。因此，笔者考虑将冰箱作为任务载体来设计劳动项目。

学生家庭冰箱的置物情况调查结果表明，绝大多数家庭都会将冰箱中的食物密封摆放、生熟分开，有良好的置物习惯。但大多数学生并不完全了解如何合理保存冰箱中的食物，也没有将这些方法落实到位，所以整理和收纳冰箱对于学生来说是知识与技能的盲点。

笔者通过调研学生家庭冰箱清洁情况，发现大多数家庭清洁较为频繁，对冰箱的清洁需求较高。但清洁工作大都是由父母长辈完成的，学生参与度较低，所以拆卸、清洁冰箱内部对学生来说是有挑战性的。

（二）分析教情，确定任务

《上海市初中劳动技术学科教学基本要求（试验本）》第12单元“电工技术”中规定，“12.1.3 知道电的使用、安全用电与节约用电”，具体要求包括：说出家用电器铭牌上的技术参数；知道常见家用电器的使用方法；知道节约用电的方法。《2022版课标》对第四学段“家用器具使用与维护”任务群的内容要求是：通过阅读产品说明书，了解家庭常用电器的基本结构、工作原理和保养方法，能对家用电器进行简单的拆卸、清理、维修等。为合理过渡到劳动教育课，笔者整合劳动技术教材“家用电器”单元和新课标的内容要求，以理论性、实践性两个角度为标准分类梳理了“电冰箱的使用与维护”中的知识与技能。具体梳理情况见图16-1。

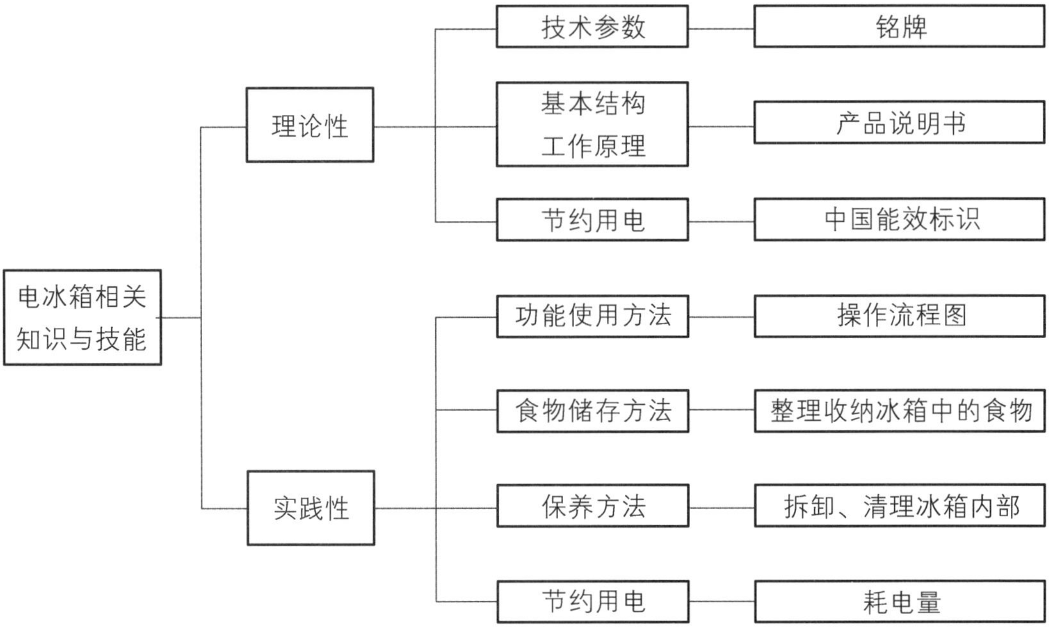

图 16-1 “电冰箱的使用与维护”知识与技能梳理

二、教学过程

（一）以劳动素养为导向重构劳动任务

家用电器的劳动任务主体属于“家用器具使用与维护”任务群，主要以铭牌、产品说明书、中国能效标识为理论依据，以学会家电的使用和维护方法为实践目的。但为落实劳动素养的四大指标，本单元通过跨任务群设计劳动任务，融入节约粮食、节约用电的绿色理念，从而达成育人目标。在设计电冰箱的使用与维护劳动任务时，笔者为“选择—使用—维护”电冰箱过程设置了相应的活动载体，符合日常生活对家用电器使用与维护的一般认知过程。活动一“选择电冰箱”是以家用电器资料为基础，通过解决实际需求问题来学习枯燥乏味的理论知识，激发学生学习的兴趣。活动二“使用电冰箱”是以服务他人为宗旨开展活动，学生能学会电器的操作技能和家政技能。活动三“维护电冰箱”是从卫生和节电入手，学生能学会简单的家电保养方法和家政技能，形成节约用电的意识。各任务具体要求见表16-1。

表 16-1　劳动任务具体要求

任务	具体内容	跨任务群	劳动素养
选择电冰箱	家电推荐官(模拟网购为自家选择合适的电冰箱)	家用器具使用与维护	• 劳动观念：形成尊重劳动、尊重普通劳动者的观念 • 劳动能力：具备基本的家电使用知识，增强信息收集筛选和与人交流沟通的能力 • 劳动习惯和品质：形成认真负责的劳动品质和家庭责任意识 • 劳动精神：感知为他人服务的奉献精神
使用电冰箱	为家中长辈绘制简易使用指南(操作流程、注意事项、节电贴士)	公益劳动与志愿服务	• 劳动观念：形成热爱劳动、珍惜劳动成果的理念 • 劳动能力：具备总结、设计的能力 • 劳动习惯和品质：养成科学、规范、绿色使用家用电器的良好习惯 • 劳动精神：感知敬老爱老、为他人服务的奉献精神
	整理收纳冰箱中的食物(蔬菜、肉食等)	整理与收纳	• 劳动观念：形成珍惜粮食的观念 • 劳动能力：具备家政基本技能和生活自理能力 • 劳动习惯和品质：形成认真细致的劳动品质和家庭责任意识 • 劳动精神：发扬勤俭节约的优良传统
维护电冰箱	拆卸、清理冰箱内部(解决结霜、除菌问题)	清洁与卫生	• 劳动观念：形成劳动创造美好生活的观念 • 劳动能力：具备家政基本技能和生活自理能力 • 劳动习惯和品质：养成勤于保养家用电器的良好习惯，形成劳动过程中安全保护意识和劳动质量意识 • 劳动精神：培养精益求精的工匠精神
	记录、计算家庭一天用电量	家用器具使用与维护	• 劳动观念：形成热爱劳动、珍惜劳动成果的理念 • 劳动能力：具备勤于观察、乐于思考的能力 • 劳动习惯和品质：养成节约用电的良好习惯和家庭责任意识 • 劳动精神：发扬勤俭节约的优良传统

（二）以项目化学习为引导实施劳动任务

项目化学习是一种基于真实情境的探究性学习，以驱动性问题引领课堂教学，学生在教师的指导下，自主构建知识，生成技能，从而解决实际生活中的问题。在“电冰箱的使用与维护”单元中，笔者创设了递进式的真实情境，通过技术性指导和任务单引导，学生能学会家用电器的操作、清洁和保养等家政技能,树立健康绿色环保的生活理念和为他人服务的意识,从而促进核心素养的发展。

1. 创设递进式情境

通常的情境教学只是在单一情境内容下开展活动,存在不同任务间情境不连贯、逻辑关系割裂的问题。为解决这一问题,在创设情境时既要考虑内容的合理性,又要符合学生的认知顺序。本劳动项目根据任务内容,创设了冰箱在选择、使用、维护这三种真实情境下所面临的问题(见图16–2),内容上层层递进,结构呈螺旋上升态,能有效地引起学生的共鸣,激发学生的学习兴趣。

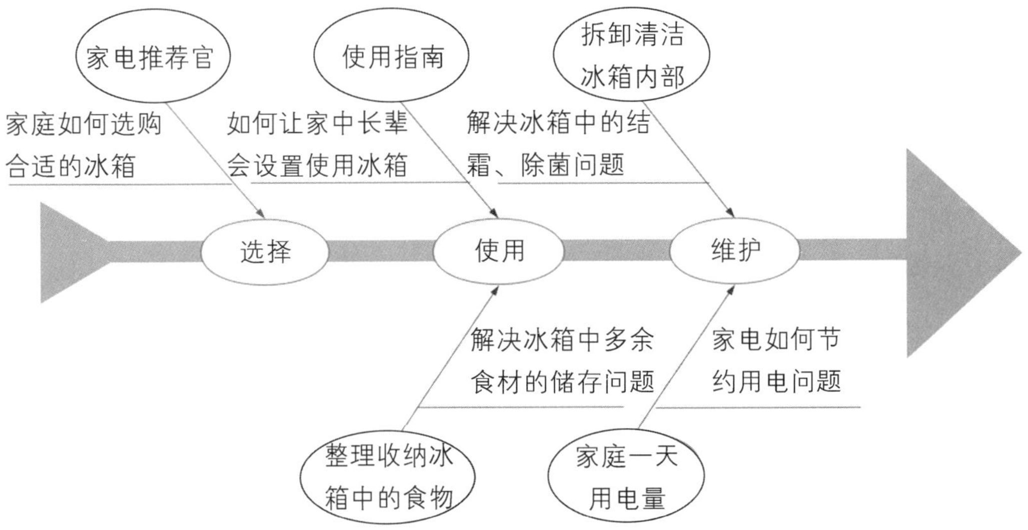

图16–2　递进式情境问题图

从选择时会面临"如何购买电冰箱"的问题,到使用时需解决"电冰箱的说明书识读"和"食材的收纳"问题,再到后期维护中出现"电冰箱内部的拆卸清洁"和"节约用电"问题。通过这一系列日常生活中会面临的问题,驱动学生在课堂上寻求解决问题的方法,调动学生学习的积极性,促使学生自主学习和探究。

2. 提供技术性支持

本劳动项目由5个劳动任务构成,每个劳动任务的侧重点不同,须选择适合的教学方法,提供有效的技术支持,才能保障劳动任务的开展。虽然学生在日常生活中会经常接触到家用电器,但是容易忽视安全规范操作问题,尤其是安全用电问题。为解决项目活动中的安全性和技术性操作难点，笔者会通过学生自主学习、教师示范演示等教学方法，充分利用信息技术手段辅助学生学会电冰箱使用、维护和保养的基本技能，形成安全规范操作的意识和劳动质量意识。各任务所需技术支持见图16-3。

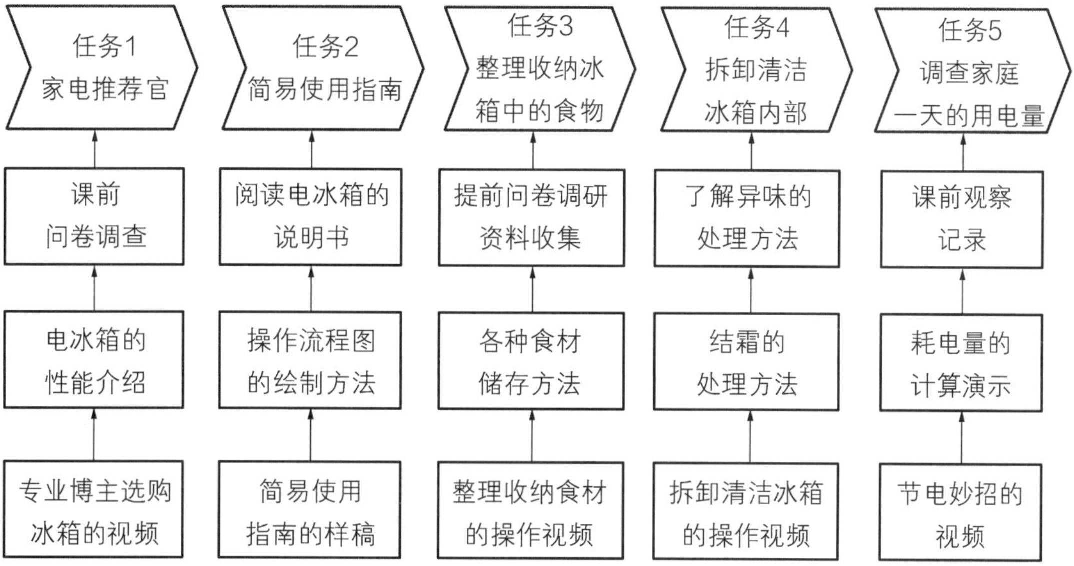

图16-3　各劳动任务的技术支持

实践1：针对“整理收纳冰箱中的食物”这一劳动任务，学生课前会先调研自家食物种类和储存方法，并上网查阅资料。教师会根据课前调研情况备课，课中会与学生互动交流资料，比如在对土豆的储存方法产生争议时，教师会展示食用冰箱中存放的青土豆导致人体中毒的社会新闻，让学生明白潮湿低温环境会让土豆加快变青发芽，从而产生大量的龙葵素危害人体健康。除此之外，课中教师会提供一些有关食材储存方法的视频，如干湿香葱在冰箱中和阴凉处存放对比，还会示范如何包裹处理食材。最后，学生总结归纳常见食物储存收纳的方法，完成自家冰箱中食物收纳大改造。图16-4为我校

种类	保存方法
叶菜	纸巾包裹，套保鲜袋，放入冰箱
根茎菜	胡萝卜、莴笋纸巾包裹，套保鲜袋，阴凉处存放 洋葱、红薯、芋头阴凉处存放 土豆和苹果放入一个袋子里，阴凉处存放
果蔬	西红柿倒置，阴凉处存放 黄瓜、玉米擦干，套保鲜袋，放入冰箱
菌菇	晾干后放纸袋，放冰箱
调味菜	大蒜、姜阴凉通风处存放 葱晾干后套保鲜袋，放入冰箱

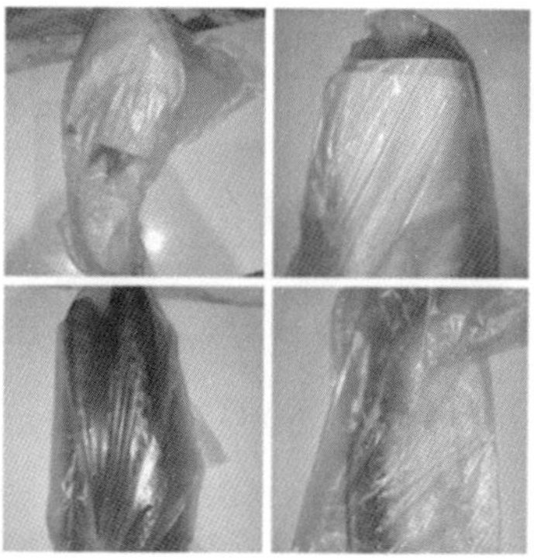

图16-4　学生食物储存收纳总结表及成果展示

某学生总结的食物储存收纳表及其收纳食材的成果展示。

3. 搭建任务单支架

学习任务单是项目化学习中较为有效的辅助工具，能引导学生自主学习，及时反馈学生的差异性问题。根据课前调查结果和劳动任务内容，按教学需求以表格的形式设计学习任务单。笔者在预备铃前发放学习任务单，学生能利用2分钟预备铃提前预习课程内容，初步了解劳动任务，为课程的顺利开展奠定基础。

实践2：在家电推荐官劳动任务中，教师在课前利用“问卷星”调研学生家庭选购冰箱的情况。通过分析数据，教师知道大部分学生家庭还是倾向于在实体店购买电器，在购买冰箱时学生看重的是尺寸、价格、节能、容量、性能、品牌、外观这些因素。所以在设计此劳动的学习任务单时，任务一填写自家购买冰箱的条件是按照调查问卷的参考因素来设置的，使学生能有条理地明确自己的需求。鉴于学生家庭网购电器意愿不强，同时也为方便开展教学，任务二是选择通过网络的形式选购冰箱。在填写推荐选购的冰箱信息时，也是按照参考因素设置，但会将信息具体化，比如功能特点会细化到冰箱的循环系统、锁鲜技术、除菌功能等，还增加了推荐理由，让学生能学会信息的汇总（见图16-5）。

家电推荐官

班级：八3　　姓名：[redacted]　　学号：1

任务一：请按照你们家的实际需求填写购买冰箱的条件。

因素	你们家的需求
尺寸	长：< 90 cm　宽：< 75 cm　高：< 227 cm
价格	5000~7000 元
节能	☑一级　☑二级　□三级　□四级　□五级
容量	>240L
品牌	大品牌
性能	锁鲜
外观	无
其他	无

任务二：根据你们家的需求，请上网挑选一台合适的冰箱，并将相关信息填写在下表内。

推荐冰箱信息	内容
品牌	Midea 美的
型号	BCD-518WFGPZMA
价格	6199 元
能效等级	☑一级　□二级　□三级　□四级　□五级
尺寸	长：83.3 cm　宽：67.8 cm　高：189.8 cm
颜色	白色
功能特点	循环系统：□单循环　☑双循环　□三循环 锁鲜技术：☑有　□无 除菌功能：☑有　□无 其他功能：温湿温控，可与手机连接实现控温、食物过期提醒等
推荐理由 （不少于100字）	这款冰箱持有微晶保鲜技术，不冻原鲜，且有三种保鲜模式，根据不同食材需求通过手机APP实现需要的保鲜模式。它还能针对不同食材自由切换高低温湿，供食材保持新鲜。另还带有PST功能除菌，强效除菌自由选择，除菌进度清晰可见，机身纤薄，仅67.8cm，美观且占地面积小。

图16-5　学生完成的家电推荐官学习任务单

（三）以多元评价为指引促进家校共育

多元评价是一种以调动学生学习积极性为目的的多维度评价体系，能促进所有学生在“最近发展区”上获得充分的发展，包括多元评价主体、多维评价内容、多样评价方式。其中，评价内容紧扣劳动素养要求，以发展性评价反馈学生的劳动表现。此外，在每个劳动任务的评价表中还增加了劳动反思、家长和教师建议，为学生建立客观公正的家校共育环境。

实践3:在简易使用指南劳动任务中,教师根据任务内容设计了一份多元评价表(见表16-2),围绕四大指标及课后任务对学生的劳动表现进行评价。由于任务服务对象是家中长辈,所以要求学生在课后向长辈们汇报此次劳动成果,并由家长进行课后汇报任务的评价。劳动任务结束后,学生会进行劳动反思,家长和教师会给予建议,共筑学生劳动素养发展之基。

表16-2　简易使用指南劳动任务的多元评价表

评价内容		自我评价			同学评价			家长评价			教师评价		
		A	B	C	A	B	C	A	B	C	A	B	C
劳动观念	积极参与劳动任务												
劳动能力	操作流程图易懂												
	注意事项有用												
	节电贴士有用												
	使用指南内容完整合理												
	使用指南设计美观												
劳动习惯和品质	认真负责地完成使用指南的制作												
	使用指南干净整洁												
劳动精神	乐于为家中老人设计、制作与讲解使用指南												
课后汇报任务	目的明确、内容完整	无									无		
	表述准确、语言简洁												
	表述流畅、条理清晰												
劳动反思													
家长建议													
教师建议													

三、反思与展望

（一）以解决真实问题促进学生劳动素养的形成

在不同劳动任务中创设了相应的情境问题，符合学生的现实需求，让学生能感同身受。通过劳动任务，学生学会了解决电器使用与维护中出现的真实问题，形成了基本的劳动意识、必备的劳动技能、良好的劳动习惯、积极的劳动精神。在今后的劳动项目中，会挖掘更多的问题载体，建立以真实问题为驱动的课堂教学模式，发挥学生学习的主观能动性。

（二）以多元评价体系助力学生劳动素养的发展

以多元评价表的形式反馈学生的劳动表现，学校、家庭形成合力，联动发挥育人的作用，为学生构建立体的劳动教育环境。为了更全面地反映学生个体水平，今后的评价体系会更注重过程性评价，劳动任务的每个环节都有评价，每项评价内容更具象化，让学生能及时了解自己的劳动行为、劳动态度和劳动成效。

参考文献

[1]上海市教育委员会教学研究室.上海市初中劳动技术学科教学基本要求(试验本)[M].上海：上海科技教育出版社，2018.

[2]中华人民共和国教育部.义务教育劳动课程标准(2022年版)[S].北京：北京师范大学出版社，2022.

[3]夏雪梅.项目化学习设计：学习素养视角下的国际与本土实践[M].北京：教育科学出版社，2018.

第四部分

经历综合实践

为改变“坐而论道”现象，要引导和支持学生通过实践、体验、探究等活动主动建构知识，并亲历应用知识解决问题的全过程，将问题解决付诸真实的、富有改变意义的实践行动中。学科项目化学习要推进和落实实践性学习，综合应用多种学习方式，引导学生做中学、用中学、创中学，强化学思结合、知行合一，提升以问题解决为特征的课型占比，撬动课堂教与学方式的转变。尽量不要用教师的演示代替学生的自主探究、合作探究。

初中项目化学习的教学设计模型及实施研究

——以上海市黄浦区为例[1]

◎上海市黄浦区教育学院 邢至晖

一、引言

项目化学习是近年来教育界关注的热点,国家十分重视开展项目化学习。项目化学习对实现核心素养培育、落实立德树人根本任务有着不可或缺的支撑作用,指向核心素养的项目化学习是世界教育改革的共同趋势。

为进一步提升教育现代化的水平与质量,上海市黄浦区在区域层面系统推进指向核心素养的项目化学习,引领学生走向真实的学习,推动区域学校教育高质量发展。区域在初中学段推进项目化学习过程中,与《义务教育课程标准(2022年版)》(以下简称"新课标")实施紧密结合,在项目设计、课堂教学、常态化实施内在机制和系统生态等改革方面积极探索,提高学生的整体学业质量和核心素养、提升教师的专业发展水平;建设健康和可持续发展的区域教育生态,以推动区域学校高质量实施国家课程。

我们认为,项目化学习高度契合新课标的要求。在项目化学习的八大黄金标准中,隐含着新课标的真实性、实践性、综合性的要求,这也可以解释各个中小学进行核心素养导向下的课程教学创新时,为什么会把项目化学习作为首选方式。在推进项目化学习过程中,我们提出"以学习者为中心"的理念,建立"用行动驱动理解,用理解驱动创新"的推进法则。

(一)"以学习者为中心"的理念

核心素养教育改革时代的核心原则是以学生为中心。黄浦区项目化学习推进工作一直秉承以学习者为中心的理念,让学生在项目化学习的过程中发展核心素养。在项目化学习实践过程中,我们提出"从扶到放"的主张。依据学生情况分阶段适时放手,努

---

1 本文发表于《上海课程教学研究》2023年第11期,收录时略有改动。

力培养学生学科学习的专家思维，以达成应时、应景，动态调整、灵敏反应的适应性创新人才培养目标。

（二）“用行动驱动理解，用理解驱动创新”的推进法则

新课标体现出更综合、更具实践性的方向。不论是学科素养还是课程素养，都要求形成对知识的概念性理解，以及在知识经济时代形成对于复杂问题的解决能力，也就是学生核心素养。区域分阶段螺旋式地推进中小学课程教学改革，并提炼出自己的中心法则——用行动来驱动理解，用理解来驱动创新。在理论框架上，我们秉承经验学习的“探究—反思”和真实性学习的“通过真实表现来学习”，即“行动—创新”，综合起来就是“探究—反思—行动—创新”的四要素循环，保证课程目标的聚焦、教学活动的整体化设计以及表现性评估任务的全程嵌入。

全区采用“研究先行—点上实践—整体推进”的策略，落实分步试验与整体推进的目标。通过组建“种子校+试验校”，结合“教研员+核心组教师+各校教师”等组建学习共同体，逐步开发并不断优化示范项目、微项目、作业命题等设计与实施，同步面向全区各校展示研讨。

二、构建基于区域实践的AKAI四阶段项目化学习教学设计模型

在探索、实践、行动研究的基础上，项目组对项目化学习的实施路径进行了本土化创新，研发出了实践层面的概念框架AKAI循环，即“激活（Activation）—新知（Knowledge）—应用（Application）—整合（Integration）”（见图17-1）。

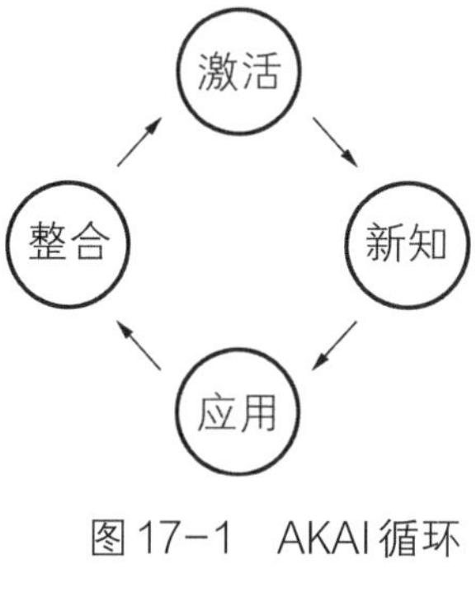

图17-1　AKAI循环

（1）激活：引发兴趣和动机，激活前概念和既有经验；引入问题情境，组织头脑风暴，生成初步的单元概念图。

（2）新知：从多个学科的视角，交叉运用基础技能和系统性复杂问题解决方法，探索、拓展、解释、应用新概念，生成更新版单元概念框架。

（3）应用：将单元概念框架和基础技能相结合，在不同的真实情境中测试、修正和优化适用性和科学性，并初步产生问题解决方案。

（4）整合：进一步进行跨学科整合，以及学术知识与应用情境适配性的调整，获得终版的单元概念图，提升基础技能或系统性复杂问题解决方法层级，并获得最终版问题解决方案。

项目组将AKAI具体化为具有区域特征的项目化学习教学设计框架（见图17-2）。

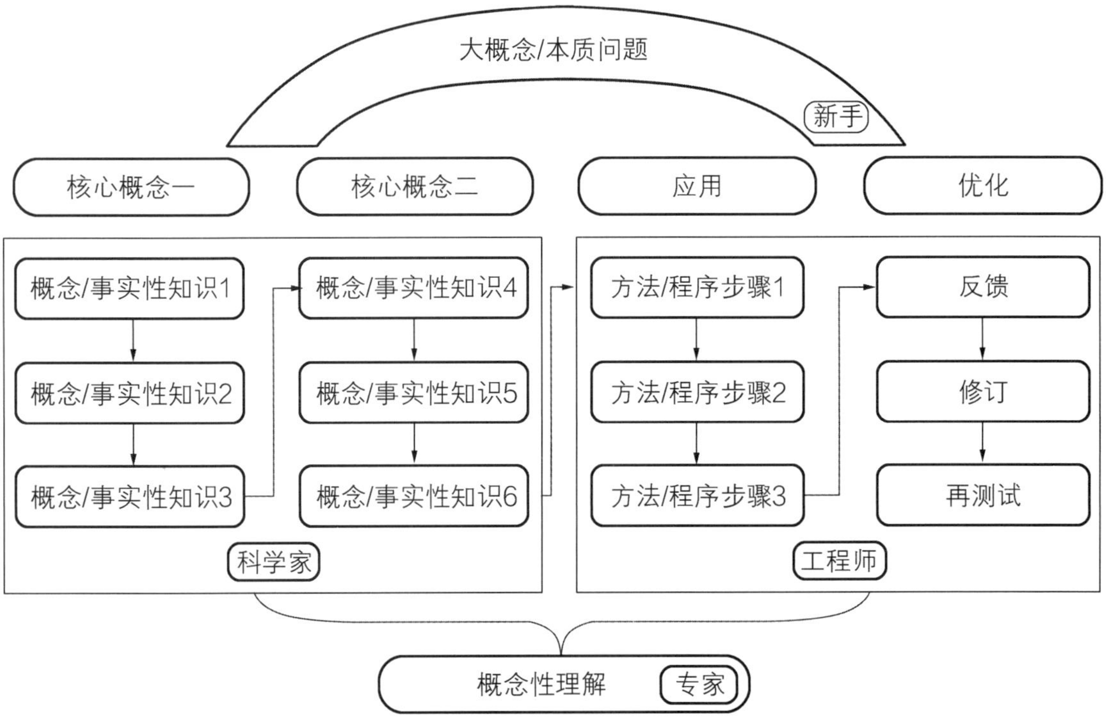

图17-2　AKAI项目化学习教学设计

教师在激活阶段，以包含大概念的本质问题以及较为具体的驱动性问题吸引作为新手的学生加入进来；而在新知阶段，以嵌合了特定核心概念或重要事实性知识的引导性问题，驱动学生像科学家一样进行知识探险（中、长项目）；在应用阶段，指导学生进行核心概念下的核心实践，像工程师一样界定问题，拟定、实施、测试并优化方案；而在整合阶段，促使学生对本单元的核心概念、大概念进行深入思考，并在不同的真实情境中优化应用效果，从而形成专家思维，掌握行业黄金法则，深化科学领域的概念理解。

教师在实际运用AKAI教学设计框架时，可针对不同课时和问题复杂程度，灵活调整单元概念框架的层级。如果是大于8课时的长项目，概念框架可包含“跨学科大概念—学科核心概念—重要概念（课程内容）”三个层级，技能部分可涵盖一个完整的系统性复杂问题解决流程，致力于适应性创新能力的培养；而中项目和微项目的单元概念框架则可以只包含“学科核心概念—重要概念”两个层级，技能部分可以涉及一个基础技能的反复操练，直到纯熟，这是效率导向的，致力于常规任务的高效、准确完成。

项目组将项目划分为两种类型：①教师主导型，一般为长项目，当问题情境和大任务涉及的知识来自多个领域，或者概念抽象程度较高时，学生的自主探究需要教师的引导、归纳和评判，应当以教师为主导；②学生主导型，一般为中、微项目，当任务以活动为主，作为学术目标的概念较为具体，对应的课程内容也较为明确时，可以以学生为主导。不管哪类项目，都可以用AKAI模型来进行优化。

1. 案例一：“走进法治天地，护航‘少年的你’”项目

“走进法治天地，护航‘少年的你’”项目是在黄浦区初中道德与法治教研员王爽英老师的指导下，由上海市格致初级中学吴迪老师为七年级学生设计的道德与法治学科项目。基于初中道德与法治学科的课标与教材，学生开展以七年级第四单元第十课“法律伴我们成长”为支撑的项目化学习。学生通过理论学习、实地考察、采访调研等多种方式了解《中华人民共和国未成年人保护法》保护未成年人的具体内容，从而培养其法治观念，提高自我保护能力，在未来的生活中养成自觉尊法、学法、守法、用法的习惯，参与法治中国的建设，培养公共参与意识。

根据AKAI四阶段项目化学习教学设计模型，在激活阶段，教师发布了驱动性任务“请每个小组发起并提交《青少年反霸凌行动计划》，从家庭、社会、组织、国家层面采取相应的策略”。该任务既是一项指向创新性的社会行动，又创设了与学生的生活息息相关的情境，引发学生的兴趣与动机。教师用此驱动性任务激发学生了解《中华人民共和国未成年人保护法》《上海市未成年人保护条例》两部文件的具体内容，并在实际运用中培养法治观念，参与法治中国建设。因此，在此阶段除了发布大任务外，教师还引入“风险”“保护”“责任”等核心概念供学生小组讨论。教师在引导学生头脑风暴时，有意识地将讨论内容归纳到家庭、学校、社会、网络、政府、司法等维度，让学生在脑海中生成初步的单元概念图。教师设计的项目目标见表17-1。

在新知阶段，教师采用站点轮换的方式，分小组让学生完成家庭保护、学校保护、社会保护、网络保护、政府保护、司法保护这六个维度的探究任务（见表17-2），以此形成

表 17-1 “走进法治天地，护航‘少年的你’”项目目标

项目目标	1. 了解“法律的作用，法律与我们的生活息息相关”“我国对未成年人进行特殊保护的原因”“自觉运用法律维护自身的合法权益”等基础知识
	2. 自主探究，深入研习《中华人民共和国未成年人保护法》修订的背景和具体的保护内容
	3. 理解“风险”“保护”“责任”等核心概念，树立法治观念的学科核心素养，增强社会责任感，参与到法治中国的建设中来

注：此表内容引自吴迪老师的教学设计。

表 17-2 探究任务设计基本框架

序号	维度	探究内容
探究任务 1	家庭保护	阅读《中华人民共和国未成年人保护法》《上海市未成年人保护条例》中“家庭保护”的法律条文内容，结合自身家庭生活实际，特别是疫情期间和父母的相处，谈谈对于“家庭保护”的感受，以及身边这方面做得好或有欠缺的方面，并提出改进建议
探究任务 2	学校保护	阅读《中华人民共和国未成年人保护法》《上海市未成年人保护条例》中“学校保护”的法律条文内容。根据自己感兴趣的问题，实地考察学校从硬件到软件对未成年人的保护措施，采访学校青保教师、班主任或其他任课教师，了解学校对未成年人从身体到心理的全方位保护。对学校的保护措施提出改进意见
探究任务 3	社会保护	阅读《中华人民共和国未成年人保护法》《上海市未成年人保护条例》中“社会保护”的法律条文内容。针对比较感兴趣的条文，运用网络搜索了解社会对未成年人的保护措施，对不足之处，提出自己的建议
探究任务 4	网络保护	阅读《中华人民共和国未成年人保护法》《上海市未成年人保护条例》中“网络保护”的法律条文内容。制作调查问卷，了解同龄人上网冲浪碰到的困扰，根据调查问卷结果，对学生进行网络自我保护的普法宣传
探究任务 5	政府保护和司法保护	阅读《中华人民共和国未成年人保护法》《上海市未成年人保护条例》中“政府保护和司法保护”的法律条文内容。线上采访政府工作人员，如街道、派出所相关负责人，了解政府、司法部门对未成年人的保护工作。查阅未成年人保护的相关案例，向同龄人宣传如何运用法律保护自身的合法权益

注：此表内容引自吴迪老师的教学设计。

对两部法律法规文本主要内容的整体理解,为学生最终完成《青少年反霸凌行动计划》出项任务做准备。在应用环节,引入家暴、霸凌、留守儿童、网络成瘾等多个领域的案例,学生运用学到的保护方式,提出应对策略。教师适时抛出"这是谁的责任?""该如何履行责任?"等问题,引出各个维度的核心概念,架构起两层概念体系,一是"风险""保护";二是"个体责任、家庭责任、组织责任、社会责任、政府责任"。

最后,在整合环节,学生向学校家委会或政府组织提交、陈述、论证《青少年反霸凌行动计划》,并直接面向社会大众发起倡议。经历这一阶段项目学习,学生对"未成年人处于什么样的风险之中?如何从多个层面对他们进行有效保护?"这一本质问题有了深刻的理解。

2. 案例二:"如何设计成果展"项目

"如何设计成果展"是在黄浦区初中数学教研员陈磊老师指导下,由上海市金陵中学方婷婷老师为八年级学生设计的数学学科项目。这是一个为期两周的项目,该项目以布展方案设计作为主线,开展"一元二次方程的解法"学习,侧重研究布展中常见的功能区域划分、线路规划设计,运用一元二次方程解决实际问题。通过建立长方形中边长与面积间的等量关系,设计具备功能性、创新性和安全性的布展方案。

根据AKAI四阶段项目化学习教学设计模型,在激活阶段,教师设置了贴近学生生活的驱动任务"近期学校将举办'商品嘉年华暨中国古代商品史课成果展'活动,我们将在篮球场上进行场地布展。作为布展师的你如何进行布展方案设计呢?"。为了保证项目的效率,项目学习的驱动问题要满足三个条件:吸引学生、开放式的、契合学习目标。教师结合近年来热门展览话题设计的布展平面图的驱动问题,既来源于真实生活,能吸引学生兴趣,也契合学习目标,具备一定的挑战性。在入项活动中,学生围绕布展任务进行了头脑风暴,比如学生提出了"活动场地设在哪里?展出哪些商品?它们的活动区域该如何确定……"学生逐渐明确要完成的一系列子任务,包括测量场地、查阅资料、设计调查问卷、绘制设计图等。其中,在确定展览中的路宽、活动区域设计等任务中,要用到数学知识利用方程来解决问题,引发学生认识到学习一元二次方程及其解法的迫切性和必要性,有效地激发学生的学习兴趣和动机,通过"做中学"培养学生的学科核心素养。

教师从新课标"能从生活情境、数学情境中抽象概括出方程概念和规则,掌握相关的运算求解方法,合理解释运算结果,形成一定的运算能力、推理能力和抽象能力。综合运用数学知识与方法解决问题,积累数学活动经验,发展核心素养"出发,设计了以下项目目标(见表17-3)。

在新知与应用阶段,根据项目目标,教师确定了具体的学习内容,并设计一系列紧扣核心问题的探究任务(见表17-4)。这些由子问题、子任务环环相扣而成的、完整的

表 17-3 “如何设计成果展”项目目标

项目目标	1. 了解布展中的设计元素与功能要求，体会布展设计的生成过程与制约条件，从生活情境中抽象概括出方程的数学表达形式
	2. 为实现布展设计的功能性需求，在了解多种基本布展方案的基础上，提出设计思路，用数学的思维探索、分析和解决具体情境中的现实生活问题，能够知道解决问题方法的多样性，具备一定的应用意识和模型意识
	3. 为检验布展设计的可实施性与场地使用面积的最大化，学生掌握用开平方法、因式分解法、配方法、公式法进行一元二次方程的求解，合理解释运算结果，形成一定的运算能力、推理能力和抽象能力
	4. 在小组进行布展设计过程中，学会独立思考、合作探究，从问题解决的过程中获得数学活动经验，产生对数学的好奇心和求知欲，增强学习数学的兴趣，建立学习数学的自信心
	5. 在展示交流小组的布展设计过程中，综合运用多个领域的知识，初步会用数学语言表达与交流，形成批判质疑、克服困难、勇于担当的科学精神，具备一定的创新意识

注：此表内容引自方婷婷老师的教学设计。

表 17-4 探究任务设计基本框架

探究任务	子问题	核心知识	核心素养
探究任务 1	如何在布展中设计含有正方形、圆形、扇形的元素?	一元二次方程的解、开平方法解一元二次方程	运算能力 模型观念 几何直观
探究任务 2	如何在布展中设计步道?	因式分解法解一元二次方程	运算能力 模型观念 几何直观
探究任务 3	如何在布展中利用“围栏”进行功能区划分?	配方法解一元二次方程	运算能力 模型观念 几何直观
探究任务 4	你的布展方案设计可以实现吗?	公式法解一元二次方程及根的判别式	运算能力 模型观念 几何直观

注：此表内容引自方婷婷老师的教学设计。

学习事件，包含体验、探究、知识建构和应用展示，驱动学生像科学家一样进行知识探险，围绕核心概念进行核心实践。表17-4中的里程碑任务循序渐进，引导和指向明确，学生充满探究乐趣，在解决一个个任务的过程中，提升用方程分析问题和解决问题的能力。

在经历螺旋式向上的探究子任务后，进入整合阶段，学生对本单元的核心概念、核心知识进行深入思考，并在不同的真实情境中优化应用效果，形成专家思维，提出解决方案，深化数学领域的概念理解。

三、结语

AKAI四阶段项目化学习教学设计模型能有效帮助教师改变教学方式、建设教学内容，更新知识结构与能力结构，提升项目设计水平。教师设计出了一批具有高质量的符合PBL黄金标准的项目学习案例。通过两年的研究实践与探索，黄浦区打造了区域整体推进项目学习系统生态，项目组整体推进、持续建设、共建共享，不断深化研究成果，助推区域高质量项目化学习的落地。

参考文献

[1]张华.创造21世纪理想课程——义务教育课程修订的国际视野[J].基础教育课程，2022(10)：5-11.

[2]刘坚，魏锐，郑琰，等.5C核心素养：教育创新指南[M].北京：教育科学出版社，2021：4-15.

小学数学“微项目学习组合”教学范式研究[1]

◎上海市宝山区教育学院 冯 吉

[摘要] 核心素养时代，通过项目化学习推动学习方式转型尤为必要。通过实践，构建了“微项目学习组合”教学范式，通过“数学问题的发现与提出、数学问题的组织与聚焦、数学问题的实施与解决、数学问题的反思与拓展”四个模块的灵动组合，开发出进阶式组合、跳跃式组合、循环式组合三种教学方法，形成可日常使用的教学实践范式。为小学数学教师提供切实可行的操作方案，在落实小学数学学科知识与能力培育的基础上，将核心素养培育落实在日常小学数学课堂中，实现小学数学课堂教学方式的转型。

[关键词] 微项目学习 组合 小学数学

《义务教育课程方案(2022年版)》(以下简称《方案》)的颁布预示着我国义务教育进入“核心素养”时代，全面强化课程的综合性和实践性特征、培养人的综合素质和实践品质成为义务教育阶段课程教学实践的重要趋势和任务[1]。但改革方案在落实到学校、课堂的过程中，因教师对新理念的理解与转化仍缺少具体教学方法，需要研究者思考如何为教师课堂教学提供更具指导性和可操作性的实践模式，从而将培育核心素养的理念真正落实到教与学中。

一、小学数学“微项目学习组合”教学范式探究溯因

(一) 课堂中学生学习难以“发生”

小学数学课堂中按“复习—导入—新授—巩固—小结”固定程序“教学”的现象广泛存在。在这样的课堂中，学生学习的主要方式是“听讲中思考”与“听讲中接受”：充斥着热闹的“接力式”问答，但由于学生思考不足，师生现场对答常见浅层次互动，缺少学生

---

1 本文发表于《上海教育科研》2023年第7期，收录时略有改动。

基于学习问题的主动思考与充分体验，较难达到通过学习发展学生数学思维及核心素养的目的。

（二）项目化学习难以“日常”

《方案》明确提出应“积极开展主题化、项目式学习等综合性教学活动”[2]，说明教育目标的不断改革对教与学的方式提出了新要求。项目式学习作为一种以自主、合作、探究为主的新型学习方式，强调以学生为主体，教师担任指导者、组织者、合作者等角色引导学生积极构建知识[3-4]，旨在满足核心素养时代的课堂所求。但完整的项目式学习中存在项目实施时间长、项目内容学科跨度大、学与教的难题凸显等挑战，难以为家常课所用。

对于此困境，焦金金首次提出并建立了微项目学习模型的雏形，她认为微项目学习是指按照教学大纲要求，将知识内容情境化、项目化，设计出能在一个或两个课时内完成的项目[5]。Zhongbao Ji的研究提出，微项目学习能够规避项目式学习自由度小、任务冗余、周期长等缺陷[6]。Siyi Jia也认为，微项目学习通过简易化、小型化，使课堂学习更加高效灵活[7]。可见，微项目学习的关键要素与项目式学习基本相同，但通过聚焦课程目标，“微”化项目内容，活化教学方式，能够在一个或两个课时中有效完成，使学科核心概念在新场景中产生迁移、应用与衍生，从而培育学生的学科核心素养。

二、小学数学“微项目学习组合”教学范式架构解析

（一）小学数学“微项目学习组合”架构思考

北京师范大学王磊研究团队从基于微项目的教材设计、微项目学习合理性及使用原则等方面开展了一系列研究[8]，提供了设计思路与参考案例。但对于如何在课堂中使用微项目进行有效教学，以何种方式将微项目学习转化为课堂活动，研究尚存空白。为解决上述问题，在架构“微项目学习组合教学实践范式”时，笔者的思考为：“微”化体量，激发内驱。

“微”化体量的实质是把数学教材内容情境化、项目化，即把抽象化、结构化的学科知识活化成真实的、典型的生活情境和小型的学习任务。(1)知识点“微”：将知识情境化、项目化，紧密结合核心知识点设计真实情境的微型项目。(2)学习周期“微”：学习活动主要在课时内完成，注重学习问题的聚焦和学习效率的提高。(3)学习方式“微”：采用“做中学”，通过创设情境、提出问题、自主探究、交流分享等方式，在一个个“微小”的实

践情境中解决问题,在过程实践中获得知识、能力。(4)学习成果“微”:微项目学习的成果往往比较微小,但正是这些微小的成果汇聚成了学生学习的点滴进步和成长轨迹。

激发内驱的实质是以“短平快”的方式,在“一个或两个课时”单位时间里通过“问题—探究—结果”闭环,充分激发学生学习动机,引发学生认知冲突,引导学生自主探究,生发深度学习。

可见,“微项目学习组合”与“项目化学习”的边界在于项目的体量、时间跨度和学生参与形式。微项目学习是在较短时间内完成的较小体量的项目,而项目化学习通常是在较长时间内完成的较大体量的项目。参与形式方面尽管二者都需要学生之间互动交流,但项目化学习通常由学生通过小组分工合作的方式完成,而微项目学习由学生独立完成,达成一个完整的学习目标和成果。

(二)小学数学“微项目学习组合”结构要素

基于上述思考,笔者与课题组开展探究,架构了小学数学“微项目学习组合”教学范式,在数学一个或两个课时教学中,形成驱动与引导学生主动学习的微项目学习模块,分别为“数学问题的发现与提出、数学问题的组织与聚焦、数学问题的实施与解决、数学问题的反思与拓展”,并根据教学内容的不同和学生的学习现状对四个模块进行灵动组合,形成“微项目学习组合教学实践范式”(见图18-1)。

1. 模块要素

(1)“问题的发现与提出”模块

“问题的发现与提出”模块是指教师围绕学习主题创设真实问题情境,设计驱动性问题,引发学生发现并提出数学问题,并清晰知道这节课主要学什么,聚焦哪几个数学问题的解决。旨在激发学生的学习兴趣,明确学习目标指向,促进学生对学习的元认知监控。

以“面积的估测”为例,课一开始,教师创设生活情境,出示校园中的草坪图形并提出:园林叔叔翻土,每平方米120元,学校要付多少钱?你们觉得可以探究哪些问题?用真实情境问题驱动学生学习,经过学生独立思考后,全班交互促思,从“翻土的价钱关键是否在于知道草坪面积?”聚焦到“如何测量草坪面积?”。学生纷纷用数学语言表达。作为此模块的学习产出,学生逐一提出想要解决的问题:“草坪是个不规则图形,怎么算面积呢?是不是估算一下草坪面积呢?怎么估算呢?为什么要估算呢?”等等。

(2)“问题的组织与聚焦”模块

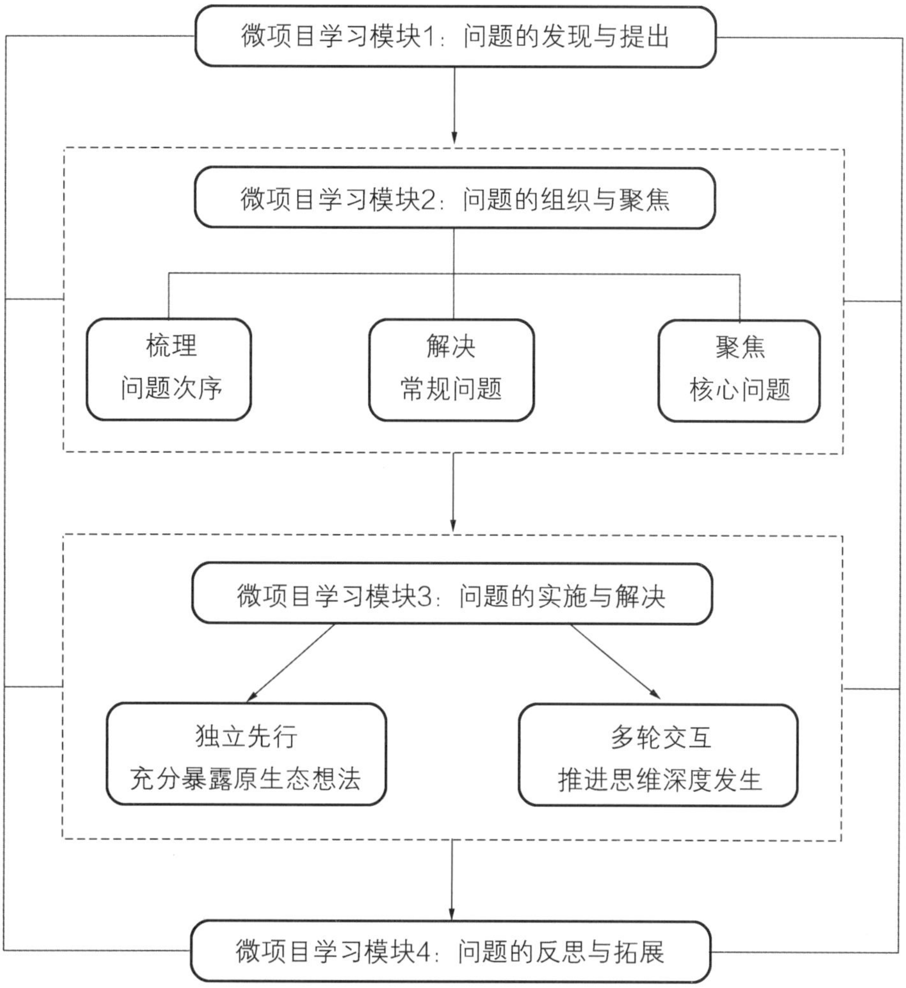

图 18-1　微项目学习组合教学实践范式

“问题的组织与聚焦”模块是指教师引导学生对提出的数学问题进行梳理，即把这些问题用数学学科逻辑进行筛选、排序、组织与聚焦，对学习问题进行系统优化。旨在引领学生对提出的学习问题进行审视，引导学生思维由表及里、由浅入深，建构体现数学学科逻辑、数学思想方法的问题系统。

“面积的估测”中，教师用“面对这么多问题，你们觉得应该先解决哪个问题？”作为问题驱动，引导学生梳理问题解决次序：为什么估？怎样估？在解决“为什么估”这一问题时，学生得到需要估算的几种情况：不知道怎么算时、验算时、只需要估计时，将生活中可能遇到的情境真实展现在课堂中，实现数学与现实生活的接轨。这一问题的解决也为“怎么估”做好了铺垫。学生调动已学知识：可以用数方格、面积进行估算。此模块的学习产出是学生自主建构问题系统，既关注数学学科知识的内在结构，又培养了问题意识与思维模式。

(3)“问题的实施与解决”模块

“问题的实施与解决”模块是指以学生的认知水平与能力为起点,提供学习任务(或工具),鼓励学生独立思考,组织师生、生生间的头脑风暴,引导学生逐步清晰数学思考路径,探寻对核心问题的深入思考,在解决问题的过程中实现知识的自主构建。旨在引发学生个体、合作的深度学习,进而建立知识模型、完善知识体系。

“面积的估测”中,教师用“你们已经找到怎样估测的方法,有数格子或看成学过图形这两个办法来解决问题。请你预计一下,如果用数格子的方法进行估测,会有哪些问题需要引起我们的注意”作为问题驱动,引发学生进行核心问题的深度学习,学生充分设想测量与计算中可能会遇到的各种问题,例如:如果用数格子的方法进行估测,怎么数?不满一格怎么算?万一图形特别大怎么办?这些问题正是学生自己提出的小问题,串联起来恰是解决核心问题的关键。通过学生个体独学—充分组学—广泛群学,师生、生生多轮交互追问,经历辨析、推理、综合、归纳等高阶思维活动,引导学生思维由“发散”到“逻辑有序”,形成解决核心问题的认知方法并进行表达。此模块的学习产出是学生实现知识的自主建构。

(4)“问题的反思与拓展”模块

“问题的反思与拓展”模块是指在阶段学习结束时,教师引导学生回顾反思学习过程,自我判断学习程度。旨在启发学生复盘学习历程与总结学习经验,获得学习策略,发展元认知水平,完善认知系统。

“面积的估测”中,教师用“我们学习了估测,可以解决生活中的实际问题。我们是怎么学习的?”作为问题驱动,引导学生进行回顾与反思:要仔细观察,有些图形很复杂,就用数格子方法;有些像规则图形,就用看成规则图形的方法。让学生还原学习过程,将思维路径显性化,并提炼解决问题的方法。此模块的学习产出是学生建立问题系统的图式,并提炼出解决问题的数学思想方法,获得学习策略,发展元认知水平。

综上可知,每个微项目学习模块中均以问题为主线,串联问题驱动、学习活动(交互促思、梳理问题解决次序、核心问题的深度学习、回顾与反思等)、学习产出三个部分,引导教师走出“重教轻学”的刻板模式,激发学生的自主探究与深度学习,发展学生的核心素养。

2. 模块组合

遵循学生学习真实发生的需求、认知水平和学习内容特质,在教师的问题情境设计与学生学习问题的产生与解决中,形成“微项目学习组合”。“微项目学习组合”不是线性的、递进性的,而是以学生学习为中心进行灵活组合。它的灵活性表现在:(1)可以从任何微项目学习模块切入;(2)微项目学习模块可以任意组合;(3)每节课中不一定是四个微项目学习模块都要涉及。

数学认知心理学研究发现,人类在解决数学问题时,需要经过不同的认知阶段,包括问题表征、策略选择、推理执行和反思修正等[9]。组合教学可以通过不同教学方法和教学资源,引导学生逐步、按需完成这些认知阶段。同时,认知负荷理论认为,工作记忆需要承担不同的认知任务,包括处理信息、存储信息和直觉形成等,这些任务需要消耗不同的认知资源[10],合理安排认知负荷,可避免过度负荷导致学生无法有效学习。组合教学方式应结合实际学情,降低学生的认知负荷,提高学习效果,如在学生已有前概念作为支撑的情况下,单刀直入,直接提出障碍性问题,而非千篇一律地由导入开始。

因此,学习组合的搭建遵循数学教育的本质和规律,首先根据数学学科的知识结构,将相关知识点分为不同的类别,如数与计量、量的计量、几何、代数、统计知识等。接着依照数学学科的认知过程,将不同的数学活动分为不同的阶段,如问题解决、推理证明、抽象概括等,从而根据所需对模块进行组合。由此形成以下几种微项目学习组合方式,有“进阶式”模块组合、“跳跃式”“循环式”等模块组合。

(1) 进阶式微项目学习组合

进阶式组合是指教学按照四个模块的顺序进行:问题的发现与提出—问题的组织与聚焦—问题的实施与解决—问题的反思与拓展。主要运用于小学数学“数与代数”“图形与几何”两个学习领域中学科核心概念的学习。其关键过程是“揭示概念的关键属性—观察事例—归纳本质属性并与所揭示的本质属性相比较—建立新概念与元认知结构中的知识的联系—形成概念系统”[11]。以沪教版数学五年级第二学期“长方体、正方体的表面积”一课为例的微项目学习组合(见图18-2)。

学科核心概念是学科本质的体现,基于学科本质的思考与问题在以上四个递进进阶的微项目学习组合中循序渐进,且由思及悟,逐步聚合思维,逼近学科本质的深度理解,引导学生探究学科核心概念的形成和发展过程,帮助学生深刻理解、掌握学科核心概念,形成良好的知识结构。

(2) 跳跃式微项目学习组合

跳跃式组合是指以任意一个模块为教学切入口,根据教学实际,并不是四个模块都需涉及,可以只含其中几个。运用于小学数学“数与代数”“图形与几何”“统计与概率”

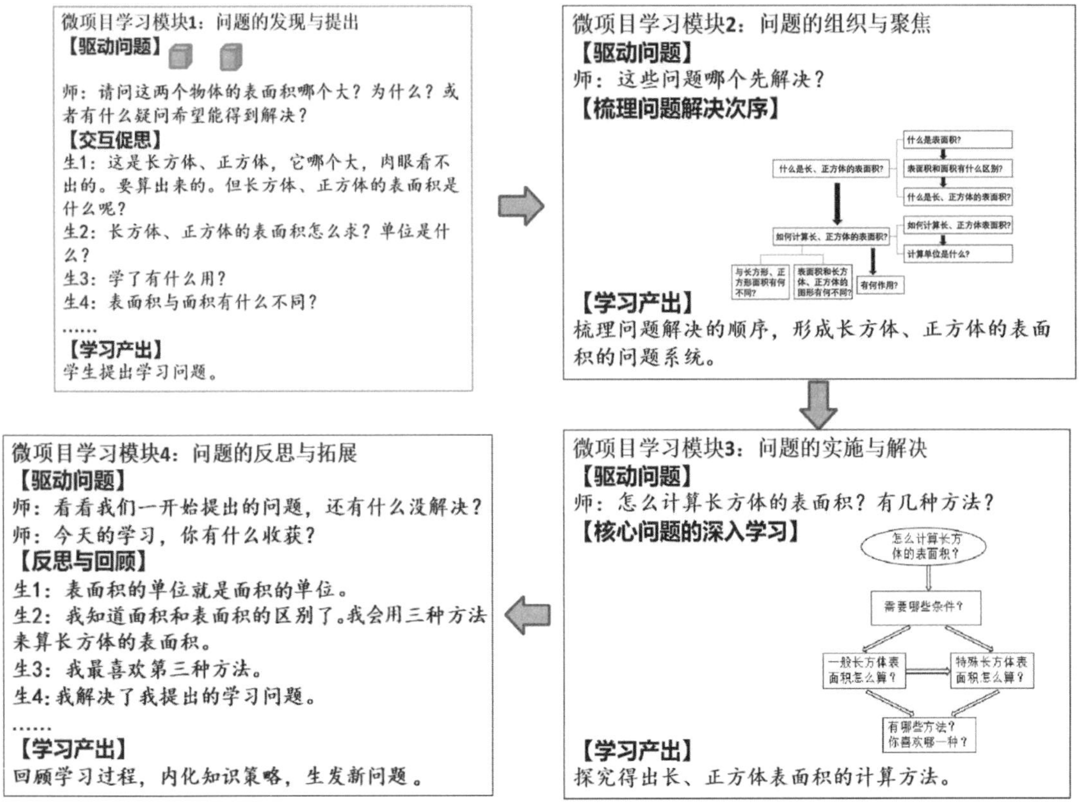

图 18-2　进阶式微项目学习组合例选（“长方体、正方体的表面积”）

三个学习领域中学生基于前知识、方法基础上的概念、原理及法则的学习。其关键过程是“教师设置‘障碍’—学生先行尝试—初步体验新知—深度探究”。该组合模式倒逼学生尝试挑战，催发学生思维由浅入深，自主构建知识。如沪教版五年级数学第一学期“平均数”采用：问题的实施与解决—问题的组织与聚焦—问题的实施与解决（见图 18-3）。

跳跃式微项目学习组合以“不良结构”的问题作为驱动，设置障碍，对教材内容进行优化与转化。师生不断互动，生成一个个小问题，扩大学生自主探究的空间，使学生形成思维链，运用已有知识与数学思想方法，建构问题串探寻核心问题解决，提高解决问题的能力。

（3）循环式微项目学习组合

循环式组合是指以任意一个模块为教学切入口，四个模块都存在，模块间可以任意组合。可以运用于小学数学“综合与实践”学习领域的学习。该组合通过观察、猜想、操作、抽象、推理与反思等一系列活动，使学生体验从现实问题中抽象出数学问题，并建立

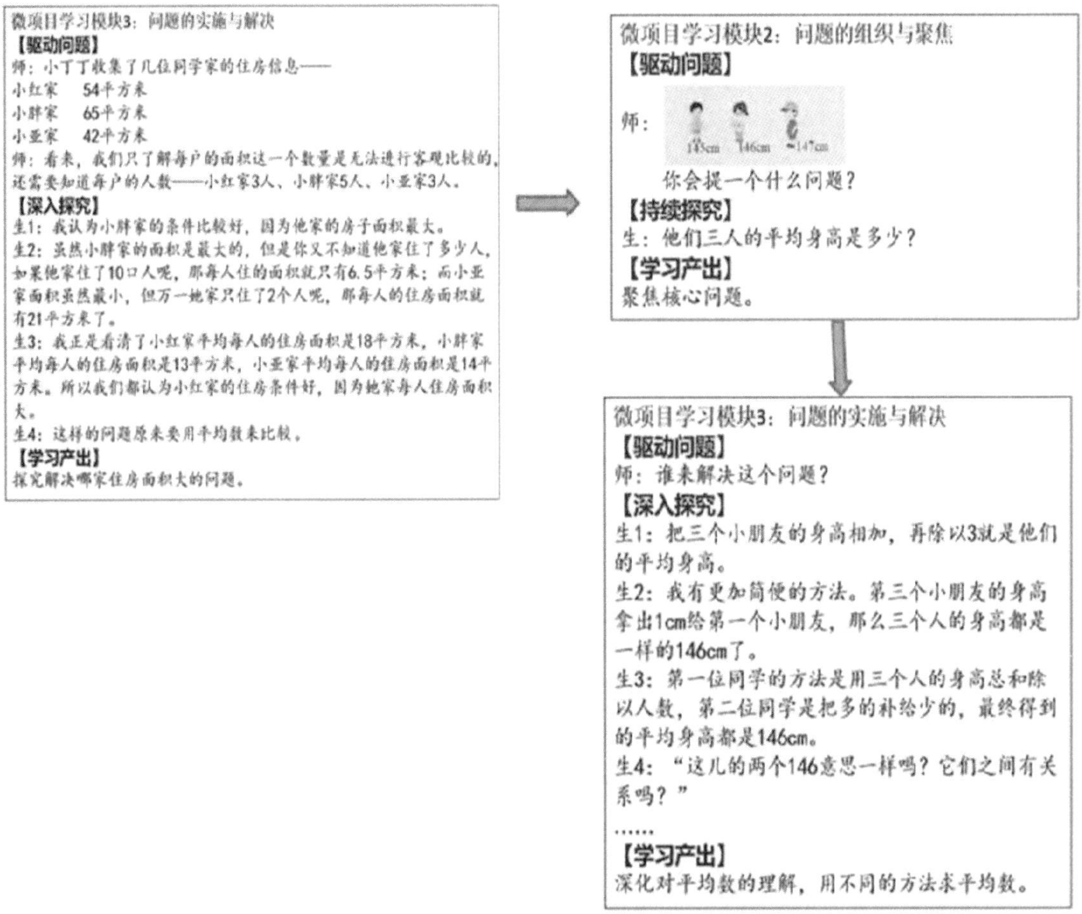

图 18-3　跳跃式微项目学习组合例选（“平均数”）

数学模型进行综合应用，在解决问题的过程中培养应用意识和创新意识。如沪教版五年级数学第二学期“谁的容积大”采用：问题的发现与提出—问题的组织与聚焦—问题的实施与解决—问题的反思与拓展—问题的组织与聚焦—问题的组织与聚焦—问题的实施与解决（见图 18-4）。

循环式学习组合通过层层解决问题，引导学生主动调动数学知识、选择合理的数学方法，建立模型，并在现实情境中检验模型、修正模型。在这一过程中加深学生对数学概念和原理的理解，增强学生对数学知识的应用意识。

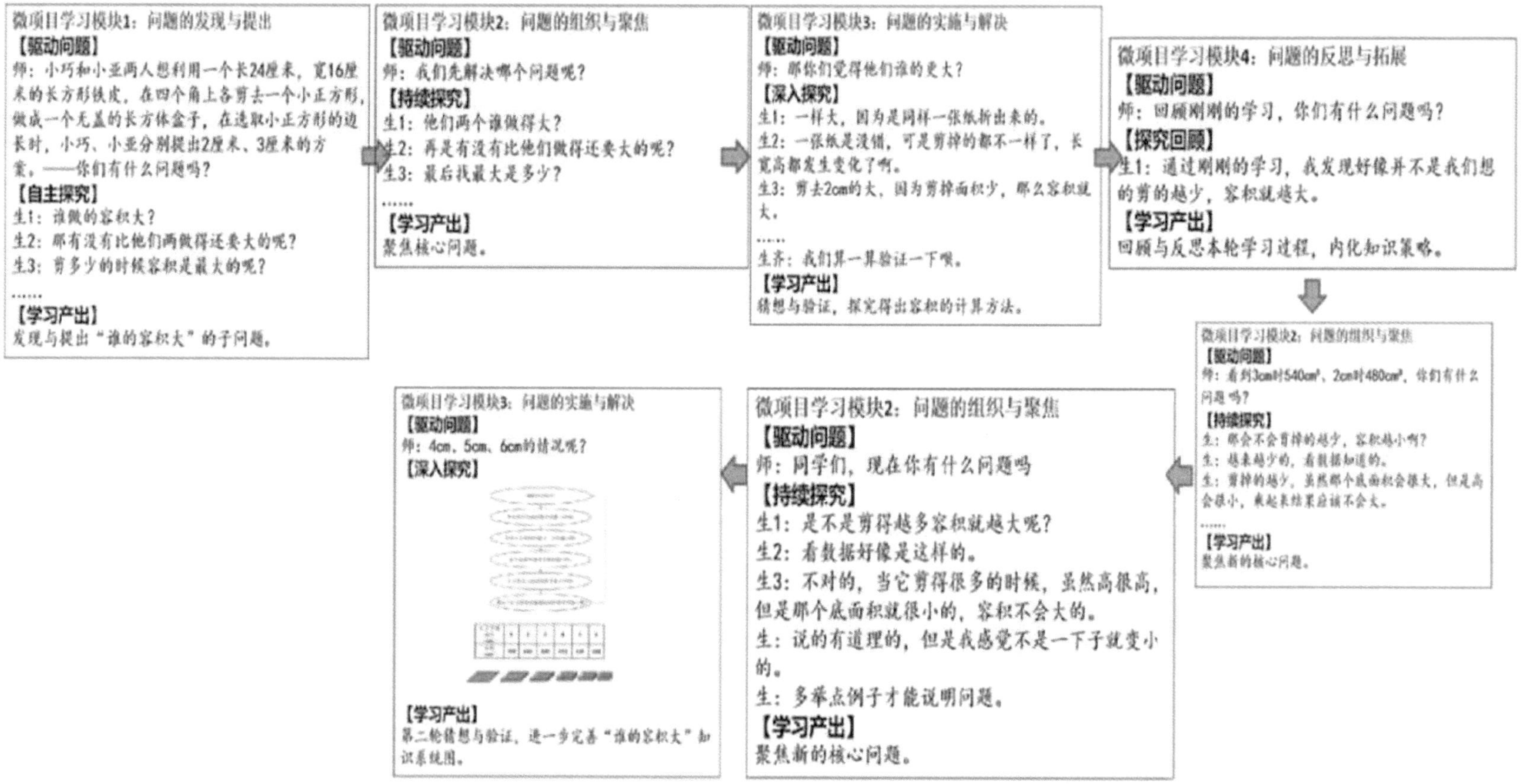

图 18-4　循环式微项目学习组合例选（“谁的容积大”）

三、小学数学“微项目学习组合”教学实施策略

课题组经过 7 所核心校及 29 所项目实验校课堂实践，形成彰显面向问题解决、鼓励持续探究、着眼学生自主构建特质的“微项目学习组合”教学实施策略。

（一）尊重学生，以学习为中心，培养学习逻辑

微项目学习组合以“统整+问题解决”为核心要义，“灵动组合学科教学方法”与“培养数学逻辑”，两者缺一不可，从简单的模块拼盘，转向问题解决的教学逻辑整合和价值关切，利用微项目学习的特点，尊重学生认知发展规律，给学生独立理解知识的时间和空间，让学生不是被动地接受，而是基于任务、情境，带有目的性地学习，把外在的学科逻辑转化为学生内在的学习逻辑，实现学生学习方式的根本性转变。

如“取近似数”的数学学科逻辑是厘清“四舍五入”“去尾法”“进一法”三种凑整方法。在课中，围绕“如何根据具体情境取近似数”这一问题展开，逐步聚焦核心问题“近似数越接近原数越好吗?”，学生在具体的生活实例中反复体验、思辨，修正了“越接近越好”的错误想法，围绕“什么是越符合实际越好”这一问题，学习“去尾法”与“进一法”。在经历观察、比较、合作交流等学习活动后，体会到要根据实际情况灵活、合理地选择“去尾法”“进一法”或“四舍五入法”取近似数。

（二）贴近生活，创建问题情境，连接学生经验

“微项目学习”强调课程内容与学生经验、社会生活的联系，强化教学方法之间的逻辑整合。建构主义倡导创建解决问题的学习环境，让学生开展情境认知、合作学习和意义建构。“微项目学习”也倡导学生的学习和具有现实意义的、真实的生活情境、社会情境和科学研究活动相关联，让学生能够有机会在真实的问题解决活动中，运用知识技能、思维和观念、工具等解决问题。

以图 18-5 为例，创设 586 斤大米装袋的问题情境，提供学生两个信息，由学生自己

586斤大米装袋

每袋能装100斤

看着这两个信息，你想到了什么问题?

图 18-5 “近似数”中所创设情境

想问题,并且根据这个问题灵活选用取近似数的方法。在这个情境中,用"进一法""去尾法"凑整的方法无痕地融入问题解决的过程中,体现情境对问题的整合,避免解决不同问题搭配不同情境的割裂感。

因此,在设计微项目情境时应确保在不脱离课堂的基础上尽量具有开放性和整合性,尽可能将知识嵌入使用和实践中,且微项目的情境都应来源于生活,体现以经验为中心,以学生为主体。本研究在实践中提炼优质情境设计的三要素及设计思路与指向(见表18-1)。

表 18-1　优质情境设计的三要素及设计思路与设计指向

优质情境要素	设计思路	设计指向
有较大的思维空间	把一问一答式的小问题串成大问题	引发学生自主思考与探究，为师生、生生的质疑追问创设条件
凸显数学思想方法	通过情境凸显数学思想方法，追击数学本质	使学生形成一定的数学学科逻辑与思维看待事物
关注不同层次学生	考虑情境蕴含的问题与任务能关照到不同层次的学生参与	让各层次学生在探究解决问题的过程中得到不同的发展

(三)适时介入,引导学生提出探究问题、梳理解决次序,聚焦核心问题

引导学生根据情境发现、提出探究问题,同时强调"以学习真实问题为起点"。因此,教师应让学生有机会提出自己真实的困惑与真正感兴趣的问题,通过有效的组织暴露与呈现学生真实的疑难,关注的不只是课开始时学生提出的问题,而是整个学习过程中生成的问题。同时,还应关注核心问题的建构,课堂核心问题要有统领价值,凸显大的思维空间与数学思考,并逐步培养学生聚焦与判断核心问题的能力、解决核心问题的思考路径与思维方法。

当学生提出的问题过于模糊、散点时,教师既要关注知识的内在逻辑结构顺序,又要关注学生的学习需求,对学生的问题进行梳理和归纳,重新表述、调焦与提示,引导学生梳理问题间的联系,组织学生讨论解决问题次序,使问题由零散到系统化、结构化,逐步聚焦核心问题。教师在实施操作时的注意点在于"是否基于学生的学习需求,是否基于学习目标,是否提高时间利用效率,是否重视学生的问题并把它整合成问题系统,是

否关注不同问题各自的独特价值”。

如“长方体、正方体的表面积”中，教师创设情境后，学生提出问题：什么是表面积，什么是长、正方体的表面积，怎样算长、正方体的表面积，学习长、正方体表面积有什么用处等（见图18-6）。学生提出的问题都是从学习内容角度进行思考，这有利于激发学生个体的学习动机。通过这些问题学生能知道这节课主要学什么，这有利于学生清晰学习目标，又能自觉地联动元认知，知道这节课“做什么”“怎么做”，在课一开始学生就锚定元认知，知道监控认知的范围与水平。

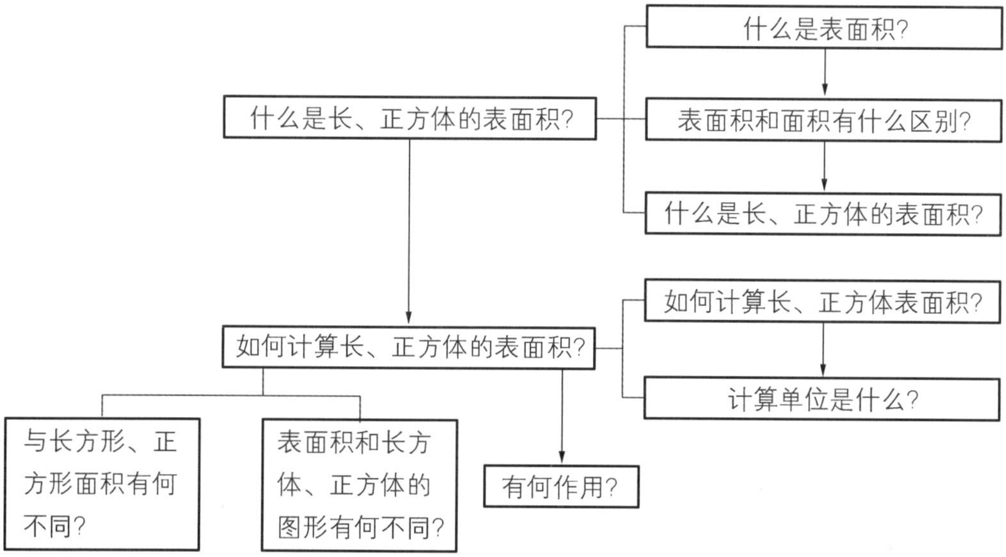

图18-6　“长方体、正方体表面积”学习问题

（四）有效追问，促进学生交流解决问题的方法，探究本质问题

当学生进行数学问题解决时，教师要鼓励学生先自主尝试，将解决问题的思维暴露出来，并将学生的思维差异转化成生成的教学资源，进行多轮的师生、生生追问互动，引导学生从知识结构或思维过程等角度说出自己的困惑、遇到的障碍，提出解决办法，经历深度学习，促进对问题的深入探究。

如“梯形的认识”教学中，教师提问：你们认为什么样的梯形叫直角梯形？有的学生认为：有两个直角的梯形叫直角梯形。引发出生生间的申辩，学生A说：我觉得不要马上下结论，也许我们有些地方没有考虑周到。为什么明明是两个直角，书本却要说一个直角呢？而学生B指出：做实验试试。（学生们开始在A4纸上画直角梯形并思考。）当学生尝试后，又有学生追问：会不会有反例呢？为什么第二个出现的直角总是在第一个直角的同侧呢？

利用学生间的认知冲突，基于层层追问引导学生自主寻找学习路径，激发学生综合、评价、创造等高阶思维参与，推动知识的有效建构、连续建构，发展数学思维与元认知，逐步培养学生持续探索与自我追问的能力。实践中逐步把"有效追问"的关注点从教师教的策略转移到学生学的行为，是我们课堂的特点。为让学生掌握追问技巧，研发了基于"五何"问题的TIPS表（见表18-2）。

表18-2 "五何"追问教师孵育策略和学生语言支架TIPS表

"五何"追问	学习情境	教师孵育策略	学生语言支架
追问"是何"	学生出现错误时	能不能向他提个问题，帮助他思考？	按你的想法……所得是什么呢？这样对吗？
追问"如何"	学生有新发现时	面对他的新发现，你有什么想法？	请解释一下你是怎么想的？
追问"为何"	学生的对话需要进一步深入时	如果要追根溯源，你们又想到了什么问题？	为什么是这样的结果呢？
追问"由何"	学生的回答很有价值时	对于他的回答，你们有什么想请教的吗？	请问你是怎么想到这样的方法……？
追问"若何"	学生的对话或探究活动需要进一步深入时	如果要进一步探究，你们还想到了什么问题？	要进一步研究我还想到了……的问题。如果是……的问题，我们该如何思考？

（五）反思拓展，引导学生回顾总结学习历程，发展元认知

在一个模块学习结束时，教师创设问题引导学生回忆学习过程，自我判断学习的掌握程度，检查和调节数学学习中的思维活动，监控学习的过程，评估学习的结果，并进一步提出学习问题。如教师可以用这样的问题来引导学生对问题解决的过程进行回顾：我们是怎么解决问题的？过程中遇到了哪些障碍？怎样思考才能很快地解决问题？关键是什么？用这样的方法还能研究什么新问题？在引导学生还原学习历程中进一步完善问题系统图式，提炼解决问题的思维方法，实现学习策略结构化，提升元认知水平。同时，引导学生提出探究拓展的新问题。

学生在短周期"微项目"学习中，亲历真实情境，开展持续探究，发展高阶思维，形成

学习产出，让“项目化学习”常态化、课堂化，实现项目化学习在小学数学学科中的本土创新性转化。学生学习参与度高，主动学习、深入思考、能综合运用学习策略解决问题成为常态。7 所核心校中的4所学校参加了2019 年度上海市小学学业质量绿色指标测试，学生在数学学科各能力维度的表现、高层级思维能力指数等多个指标在全市呈领先态势。因此，笔者深信，微项目学习组合教学在今后的课堂教学中能够逐渐被广泛应用。通过微项目学习组合，把教与学的方式变革落实于日常的每一节课堂之上，助力学生素养提升。

参考文献

[1]安桂清．论义务教育课程的综合性与实践性[J]．全球教育展望，2022(5)：14-26.

[2]中华人民共和国教育部．义务教育课程方案(2022 年版)[M]．北京：北京师范大学出版社，2022：15.

[3]苏西·博斯，约翰·拉尔默．项目式教学为学生创造沉浸式学习体验[M]．周华杰，陆颖，唐玥，译．北京：中国人民大学出版社，2020.11.

[4]刘景福，钟志贤．基于项目的学习(PBL)模式研究[J]．外国教育研究，2002(11):18-22.

[5]焦金金．常态教学中微项目的设计与应用[D]．上海师范大学，2011.

[6]Zhongbao Ji. Exploration and application of micro-projectlearning in SCM classroom teaching reform [J]. International Journal of Social Science and Education Research, 2020, 3(2): 71-76.

[7]Siyi Jia. Design and implementation of micro-project learning in furnishing curriculum of College [J]. Region-Educational Research and Reviews, 2019, 1(1).

[8]王磊，陈光巨．外显学科核心素养促进知识向能力和素养的转化——北京师范大学“新世纪”鲁科版高中化学新教材的特点[J]．化学教育(中英文)，2019，40(17)：9-19.

[9]喻平．数学教育心理学[M]．南宁：广西教育出版社，2015：112-113.

[10]郑毓信，梁贯成．认知科学建构主义与数学教育数学学习心理学的现代研究[M]．上海：上海教育出版社，2002：56.

[11]曹才翰，蔡金法．数学教育学概论[M]．南京：江苏教育出版社，1989：71.

基于学历案的项目化学习内涵构建[1]

◎上海南汇中学　赵一斌

[摘要] 通过论述学历案与项目化学习的研究现状，阐明学历案与项目化学习之间的关联，提出学历案与项目化学习之间共享一个核心结构以及形成一种互补结构。在此基础上，将学历案与项目化学习整合，提出了“基于学历案的项目化学习”这一概念，发挥两者优势，为深化学校课堂教学变革的具体操作提供方向。

[关键词] 学历案　项目化学习　内涵建构

学历案与项目化学习都是当前深化课堂教学改革的热点探索方向，两者都强调问题情境、真实学习、合作探究，有很多相似之处，又各有侧重。通过理论研究，有助于厘清学历案与项目化学习之间的关联，为具体实践提供指导。

一、学历案与项目化学习的研究现状

（一）学历案

学历案是指教师在班级教学的背景下，为了便于学生自主建构经验，围绕某一相对独立的学习单位，对学生学习过程进行专业化预设的方案。学历案来自对实践中的学案、导学案的总结与提升，是关于学习经历或过程的方案，是我国本土化的教育形式，是新课程改革背景下根植于我国本土教育环境下学习方式的变革。然而，在国外的一些教育理论和教育思想中也能够找到学历案的某些源头和踪迹，比如学历案设计的核心技术“教—学—评”一致性，强调首先确定学习目标，再设计评价任务，最后梳理教学过程，与格兰特·威金斯（Grant Wiggins）等所著《追求理解的教学设计》一书中提出的“逆

1 本文系上海市教育科学研究一般项目“基于学历案的项目化学习理论与实践研究”阶段性成果。本文发表于《上海课程教学研究》2020年第10期，收录时略有改动。

向设计”不谋而合。

2013年，在华东师范大学崔允漷教授带领的团队指导下，浙江省元济高中开展学历案课堂实践，此后江苏省南京一中等学校也开启了对学历案的探索实践。

（二）项目化学习

项目化学习是指学生在一段时期内通过研究并解决一个真实的、有吸引力的和复杂的问题、课题或挑战，从而掌握重点知识和技能。项目化学习的重点是学生的学习目标，包括基于标准的内容以及诸如批判性思维、问题解决、合作与自我管理等技能。国外关于项目化学习的研究成果丰富，理论已经基本成熟，实践成果也很多，尤其值得关注的是他们在应用方面取得的进步。从其发展来看，国外最初关注的是项目化学习的概念及其应用，然后逐渐关注项目化学习中信息技术的应用。当前国际主流的项目化学习更强调设计思维和核心知识的理解，在实践中理解概念，培养高阶思维，引发高路径、跨学科的知识迁移。

国内对项目化学习的研究起步较晚，大部分概念是从国外引入的。但是近几年，随着新高考改革方案的推行，以及对学生综合素质的日益重视，越来越多的学校投入项目化学习的实践探索中。因为高质量的项目化学习，被认为是提升学习素养的一种重要学习方式。2017年，项目化学习（PBL）联盟校开始招募。2018年，第一届“学习素养项目化学习峰会”在上海市举行，项目组推出了重要研究成果《项目化学习设计：学习素养视角下的国际与本土实践》一书，提出了一种带有课程意义的学习设计，创建了六个维度的项目设计框架，给出了大量项目化学习设计案例和辅助工具，为基础教育课堂教学改革指明了一个方向。

二、学历案与项目化学习之间的关联

（一）核心结构

学历案的提出者崔允漷教授界定了学历案教学的八大策略，而项目化学习也有八大准则，具体内容见表19-1。通过对比可以发现，很多表述是相近的。比如学历案“选择有挑战性的主题”和项目化学习“解决一个有挑战性的问题”，学历案“选择真实情境”和项目化学习“项目要有真实性”等。如果将项目化学习的准则稍作拆分及重整，就会和学历案的策略几乎一一对应。这些表述的相似性反映出学历案与项目化学习之间存

表 19-1　学历案策略与项目化学习准则

学历案八大策略	项目化学习八大准则
明确深度学习的目标	重点知识的学习和成功素养的培育
选择有挑战性的主题	解决一个有挑战性的问题
创设问题情境，激发学生兴趣或思考	持续性的探究
设计指向学科核心素养的任务	评论与修正
确定大多数学生跟得上的学习进阶	学生对项目要有发言权及选择权
提供合作探究、展示交流机会	成果的公开展示
选择真实情境，开展表现性评价	项目要有真实性
设计学后反思路径	学生和教师在项目中进行反思

在深层次的内在关联。

笔者分析这些策略或准则,发现它们主要分为两类:一类是促进学生“深度学习”的,另一类是促进学生“个性发展”的。它们都体现了学生作为学习者的主体责任,都强调在课堂中让更多学生投入真实学习中,所以学历案与项目化学习之间关联的两大核心是“深度学习”与“个性发展”。

深度学习的认知心理学基础是建构主义理论。实际在课堂上教师“讲了”不等于学生“听了”,“听了”不等于“听懂了”,“听懂了”不等于“学会了”,“学会了”不等于“理解了”。课堂存在不少假学习、浅层学习,而学历案与项目化学习都指向深度学习,运用建构主义理论,通过适当的策略和准则做深教学,实现课堂教学从浅层学习转向深度学习。个性发展的认知心理学基础是多元智能理论。学历案和项目化学习都倡导关注学生的个性发展,运用多元智能理论为学生创设多种多样的,有利于发掘、展现和促进各种智能的情境,激发潜在的智能,充分发展个性。

深度学习涉及自主建构,特别是社会建构,离不开学生的个性发展。一个无法与别人合作的学生,他的未来发展是很有限的。而个性发展如果脱离深度学习,也不会形成卓越的个人特质,甚至会出现人们并不希望看到的品性。也就是说,深度学习和个性发展是学生成长的两个重要方面,同时两者又是密切交织在一起的,相辅相成,相得益彰。综上所述,学历案和项目化学习的关联就是它们共享一个核心结构,这个核心结构包含深度学习和个性发展。

（二）互补结构

通过研究学历案和项目化学习的概念和特征，发现在技术层面，两者存在一种互补结构，使得学历案与项目化学习可以紧密结合，发挥出各自的优势。

1. 以项目化学习所长补学历案之短

从学历案和项目化学习的涵义来看，学历案的优势在于专业化预设，薄弱之处在于具体怎么学没有说清楚。学历案涵义中“围绕某一相对独立的学习单位”这种说法比较模糊，换成教案、导学案，也可以这样说，毕竟任何形式的教案总是围绕某一相对独立的学习单位展开的。在教学实践中，教师也有这样的困惑，学历案很规范、很专业，但是具体怎么学没有一个明确的路径，各个学科、不同教师都有各自的理解，这样不利于形成合力来提升学生的整体学习品质。

但项目化学习就很明确，就是研究一个真实的、有吸引力的和复杂的问题。这样的问题被称为“驱动性问题”。“真实的、有吸引力的”表明这个问题有趣，这样才能吸引学生，激发学生兴趣，来切入研究。“复杂的”要求这个问题要有效，要偏离舒适区，在学习区学习，这样才能让学生深入研究。也就是说，通过紧扣驱动性问题，可以为学历案教学，为学生自主或社会建构提供一条具体的、明确的路径。这是互补结构的第一点。

2. 以学历案所长补项目化学习之短

不管是何种形式的教案，都有一定程度的专业性，而学历案的专业性上升到了一个新的高度，具体表现在学历案有两种特性：一种是“六环节”规范性，每一份学历案都包含六个环节，即学习主题、学习目标、评价任务、学法建议、学习过程、学后反思。其中，学习过程又细分为课前预习、课中学习、课后检测。每一个环节的设计都是以学为依据的，是基于学情的，是为学生提供学习支架的。另一种是“教—学—评”一致性，即教学—学习—评价的一致性，根据课程标准确定学习目标，接着设定评价任务(以评价任务来衡量学生是否真的理解)，再根据评价任务、学生情况来确定学习方式，逆向设计，最后以学定教。这种规范性和一致性可以确保教学紧扣课程标准，聚焦核心知识，保障知识目标的收敛，促进深度学习。

项目化学习的目标就是要掌握重点知识和技能，而且明确是课程标准要求的学习内容。项目化学习非常强调持续探究，这意味着学生需要投入大量时间。为了保证探究的实效性，就需要一份专业化的、面向学生的预设方案来指导探究过程，这正是目前很多项目化学习实践还有欠缺的地方。在这一方面恰恰是学历案的优势所在，通过学历案的规范性和一致性，来进行专业化预设，指导学生开展项目化学习，掌握重点知识和技能（见图 19-1）。也就是说，学历案相当于一份认知地图，是课堂内外师生互动的载体，可以导航学生探究过程。这是互补结构的第二点。

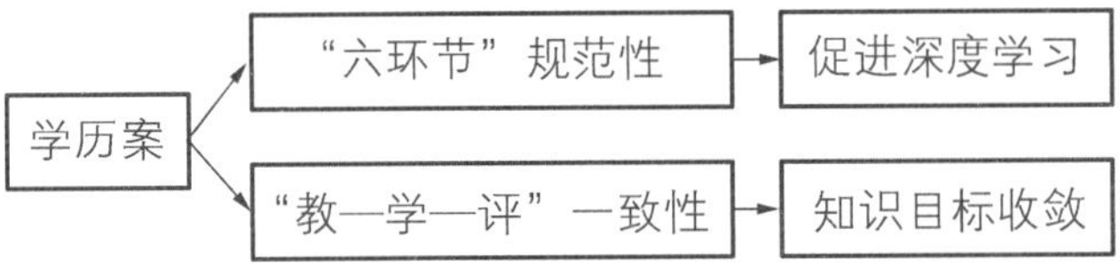

图 19-1　学历案的专业性体现

三、学历案与项目化学习的整合

学历案与项目化学习的内在关联，是两者整合的理论基础。学历案与项目化学习共享核心结构，又各有自己的长处和不足，形成了一种互补结构，将它们结合起来，可以扬长避短，充分发挥两者的优势。当前课堂教学改革要求教师从关注“教什么”“如何施教”转向关注“怎么学”“何以学会”，更多考虑学生个性发展与深度学习的需求。关注“怎么学”“何以学会”，并不是说要忽略“教什么”“怎么教”的问题，实际上如何施教是一个无法回避的问题。学历案与项目化学习相结合，就是既关注怎么教也重视怎么学。

学历案与项目化学习的整合有两种方式：一种是“基于项目化学习的学历案”，另一种是“基于学历案的项目化学习”，两种说法都成立，但是意义和内容并不相同。“基于项目化学习的学历案”中基于项目化学习是手段，重点在学历案，是教师设计学历案。“基于学历案的项目化学习”中基于学历案是手段，重点在项目化学习，面向的主体是学生。基于项目化学习的学历案告诉教师怎么设计学历案——紧扣项目化学习来设计学历案。基于学历案的项目化学习告诉学生怎么开展项目化学习——依据教师提供的学历案来进行项目化学习。

近两年来，上海南汇中学已经对“基于项目化学习的学历案”做了实践探索，要求全体教师先转变观念，设计符合要求的学历案。现在进一步提出“基于学历案的项目化学习”这一概念，并将其内涵界定为：学生在一段时期内研究一个真实的、有吸引力的、复杂的和有挑战性的问题或课题，通过真实的经历和体验，在教师及教师专业化预设的方案指导下，自主或社会建构经验，掌握重点知识和技能。通过基于学历案的项目化学习，引领教学实践，全面开展项目化学习，提升学生的学习素养。

学历案是本土概念，项目化学习是舶来品；学历案偏重理论规范，项目化学习偏重实践应用，两者结合，中西合璧，具有很强的互补性，通过对“基于学历案的项目化学习”这一实践路径的系统研究，进一步提升学校课堂教学改革的力度，促进师生、学校的整体发展。

参考文献

[1]尤小平，崔允漷.学历案与深度学习[M].上海：华东师范大学出版社，2017.
[2]夏雪梅.项目化学习设计：学习素养视角下的国际与本土实践[M].北京：教育科学出版社，2018.

工程思维引领下的长周期探究实践

——以“干鞋器的设计与制作”项目为例[1]

◎上海市松江区九亭小学　张如怡

[摘要] 技术与工程领域已成为小学科学课不可或缺的重要组成部分。依据学生工程思维的有序发展，架构了小学科学课工程思维教学模型，归纳出工程思维培育策略，开展技术与工程实践，并以“干鞋器的设计与制作”长周期工程实践项目学习为例，阐述工程思维培育的教学实践与初步经验。

[关键词] 工程思维　长周期探究　小学科学

一、问题的提出

在《义务教育小学科学课程标准(2017年版)》中，技术与工程作为独立学习内容首次出现在小学科学课教学中。《义务教育科学课程标准(2022年版)》(以下简称《2022版课标》)则将“理解技术与工程设计明确问题、设计方案、实施计划、检验作品、改进完善、发布成果等要素，具有初步的技术与工程实践能力”[1]作为科学课程总目标之一，小学阶段工程教育的地位日益凸显。

美国《K-12教育中的工程》报告指出：“工程教育应该促进工程思维习惯，工程‘思维习惯’是21世纪必备的技能之一。”[2]笔者发现，目前小学科学课工程领域教学研究大多集中于工程教学内容的设计与实践，而真正有益于学生核心素养形成并终身获益的工程思维培育的理论与实践研究相对较少。

二、小学科学工程思维培育的意义

工程思维是一种以比较权衡和系统分析为核心的筹划性思维[3]，是集合了决策、设

1 本文发表于《上海课程教学研究》2022年第12期，收录时略有改动。

计、实施和评价等多维度的综合性思维。小学生的工程思维,更多指向工程设计活动过程中形成的系统性思维和解决问题的能力。小学科学课实施工程教育的过程,应该是学生在“工程思维”引领下,经历从新手到“专家”思维发展的过程,形成一个关于解决工程问题定计划、想计策的图式,并能运用这个图式解决简单的实际工程问题。

(一)有助于知识迁移

工程思维是一种筹划性思维。在解决工程问题的过程中,往往会融合科学、数学、技术及工程等多个领域的内容,学生需要将已有知识进行甄别、联系和排除,提取关键要点应用于工程学习中。学生通过缜密筹划、数学运算、科学分析、比较权衡来设计符合实际的工程实施方案,在不断解决工程问题的过程中,达成跨学科知识迁移。

(二)有利于主动学习

筹划是工程思维的关键词之一,它集合了决策、设计、实施和评价等多个维度。在工程思维引领下的探究实践,需要学生制定工程项目进度,全程主导项目在规定时间周期内推进工程决策、工程设计、工程实施及工程展示等阶段,顺利完成决策工程任务目标及方案,创新设计产品功能与结构,规范实施产品制作,迭代设计与制作以及展示评价等工程活动,有计划地推动项目有序开展,这有利于学生养成主动学习的习惯,增强责任心与使命感。

(三)有益于实践创新

工程思维是一种理论与实践结合密切的综合性思维,更是一种创造性思维。学生在解决实际工程问题的过程中,不断进行头脑风暴,不断迸发灵感,设计富有创造性的实施方案,逻辑层层递进。学生思维的深刻性、灵活性、批判性、创造性等品质将得到质的提升,高阶思维也将有效发展。

三、小学科学工程思维培育策略

在《2022版课标》的指引下,笔者探索学生工程思维的有序发展,梳理工程教学活动,总结出小学科学工程思维教学流程(见图20-1)。

在技术与工程实践中,学生会经历明确问题、设计方案、实施计划、检验作品、改进完善和发布成果六项工程步骤,每一个步骤都进一步细化出若干个学生活动。在工程

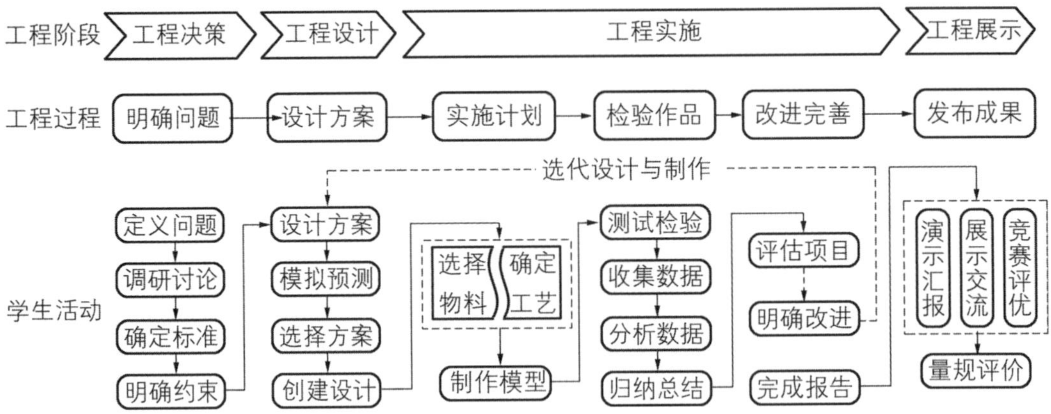

图20-1　小学科学工程思维教学流程

决策阶段，引导学生定义问题、调研讨论、确定标准、明确约束，培养学生的工程决策思维；在工程设计阶段，引导学生设计方案、模拟测试、选择方案、创建设计，培养学生的工程设计及决策思维；在工程实施阶段，引导学生选择材料工艺制作模型、测试检验、收集分析数据、迭代设计与制作以及完成报告等，培养学生的工程实施思维；在工程展示阶段，引导学生展示交流，完成量规评价，培养学生的工程评价思维。在学生活动中，不断解决工程问题，潜移默化地培育综合性工程思维。借助工程思维教学流程，在有效工程活动支架下，教师引导学生在技术与工程实践项目中，理解科学观念，发展工程思维，提升探究实践能力，培养团队合作意识和坚忍的意志品质。为了助推小学生工程思维培养，更有效地落实工程教学，笔者归纳出若干工程思维培育的策略(见图20-2)。教师运用工程思维培育策略，对应学生各工程阶段学习活动流程，有序开展工程教学。

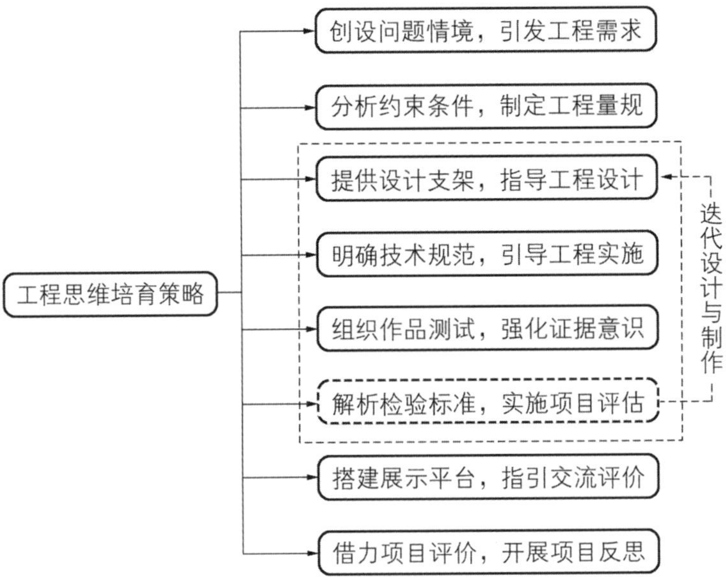

图20-2　小学科学工程思维培育策略

四、小学科学工程思维培育的教学实践

本案例阐述了教师运用工程思维培育策略，围绕长周期探究实践项目——干鞋器的设计与制作（以下简称“干鞋器”项目）引导学生开展技术与工程实践，强化学生团队合作意识，锻炼与强化迭代设计与制作等工程思维能力，走向深度探究实践。

（一）创设问题情境，引发工程需求

在工程决策阶段伊始，学生需要明确工程问题。教师可以结合学生日常生活，创设真实问题情境，引导学生明确要解决的工程问题。恰逢上海梅雨天气，常有学生在上学路上弄湿鞋袜，“如何快速又安全地把鞋子弄干”成了学生想要解决的问题。在完成一定范围内的“市场调查”，了解市面上干鞋器产品优劣势之后，学生分组形成的各工程团队逐渐明晰想要解决的工程问题，即设计并制作一个能在教室安全使用且方便携带的新型干鞋器。

（二）分析约束条件，制定工程量规

明确工程需求后，工程决策阶段还需要确定项目标准，明确约束条件。各工程团队都需要完成一份“设计概要”，包含问题陈述、设计要求、约束条件以及工程进度。学生制定团队公约，确定团队分工，包括“项目经理（统筹管理、汇报展示）”“设计工程师（绘图员）”“工艺工程师（开发制作工艺）”“测试工程师（数据测量及分析）”“采购工程师（教师担任）”等，同时明确项目目标，确定设计时间、制作周期、材料及预算和制造方法等。此外，教师在这一阶段需要制定项目量规（见表20-1），为确定最终项目成果的优劣确定评判标准，也是学生进行工程实践的“脚手架”之一。

在“干鞋器”项目中，教师引导学生确定项目设计要求及约束条件，在4周内用30元预算成本，利用KT板、小风扇、锂电池等常见材料，设计并制作一个安全、便携且功能性强的新型干鞋器。工程团队也明确项目目标，即“湿鞋在120分钟内达到室内相对湿度”为阶段目标，“湿鞋在60分钟内达到室内相对湿度”为量产目标，这为后续项目研究的顺利开展明确了方向。

（三）提供设计支架，指导工程设计

在工程设计阶段，教师提供有效的工程活动支架，鼓励学生头脑风暴，在已有约束

表20-1 工程项目各阶段评价量规

阶段一：工程决策			
评价项目	★	★★	★★★
定义问题	能发现生活中的问题	能主动提出相关问题	主动提出问题，并尝试寻找解决方案
调研讨论	在群体里完成一次调研	在群体里完成多次调研	在群体里完成多次调研，引发工程需求
确定标准	初步确定产品的标准	明确工程目的，确定工程进度、材料预算等	明确工程目的，确定工程进度、材料预算等，完成设计概要
阶段二：工程设计			
评价项目	★	★★	★★★
设计方案	能够小组合作，完成设计草图	有文字和图画说明，但是较混乱、缺少条理。基本能够选择合适的材料，完成可实现的干鞋器设计	文字和图画说明设计合理，对于设计结构的表述条理清晰，对每部分使用的材料进行了加工和用量的详细介绍；设计具备便携和速干的效果
发表看法	只有少数小组成员贡献观点，小组设计没有经过多数人的讨论	大部分成员参与了设计和讨论，个别成员没有发表看法	所有小组成员都参与了设计讨论，所有的观点看法都会被记录并标明是认可还是不采纳
选择方案	选择一个自己认为合适的方案	综合考虑各种条件，对项目进行打分	采用“选择矩阵”的形式，综合考虑各种条件，对项目进行打分，评选最佳方案
阶段三：工程实施			
评价项目	★	★★	★★★
实施计划	能够使用工具安全操作	能够熟练操作工具对材料进行加工	选择恰当的材料和工具；结构设计合理
收集分析数据	借助传感器收集产品数据	借助传感器收集产品数据，分析团队产品效果	借助传感器收集产品数据，分析比较各团队产品效果
项目评估	根据检测数据进行效果评估	明确解析检验标准，根据检测数据进行效果评估	明确解析检验标准，根据检测数据进行效果评估。必要时完成迭代设计与制作
改进完善	能够进行反复的尝试	能够通过反复尝试修改，改进装置	能够通过反复尝试修改，改进装置，提升效果
阶段四：工程展示			
评价项目	★	★★	★★★
实施计划	能够使用工具安全操作	能够熟练操作工具对材料进行加工	选择恰当的材料和工具；结构设计合理
收集分析数据	借助传感器收集产品数据	借助传感器收集产品数据，分析团队产品效果	借助传感器收集产品数据，分析比较各团队产品效果
项目评估	根据检测数据进行效果评估	明确解析检验标准，根据检测数据进行效果评估	明确解析检验标准，根据检测数据进行效果评估。必要时完成迭代设计与制作
改进完善	能够进行反复的尝试	能够通过反复尝试修改，改进装置	能够通过反复尝试修改，改进装置，提升效果

条件的基础上，以文字和图案的方式提出干鞋器的设计方案。团队成员必须聆听其他成员的想法，并提出自己的意见。无论是否被采纳，每位成员贡献的想法都需要记录在设计方案的表格中，并签上自己的名字，这也为项目迭代设计及后续研究提供了资料。

针对不同的设计方案，工程团队采用“选择矩阵”的形式（见表20-2），综合评判所设计的干鞋器的功能、结构、外观、成本等条件，对各方案逐项打分，评选出最佳的设计。当分数相等时，就按照约定的“投票”“组长决定”等方式选出最佳方案。在评选出最佳设计后，团队需将确定的设计方案定为实施方案，并对方案情况进行进一步细化和明确，同时再次明确或调整小组成员的分工。

表 20-2　干鞋器初步方案选择矩阵

方案	设计和制作考虑因素								总和（满分80分）
	功能性（10分）	零件数（10分）	便携性（10分）	结构稳定性（10分）	造价成本（10分）	制作耗时（10分）	组装难度（10分）	耐用性（10分）	
方案 1	8	9	8.5	9	9	9	8	9	69.5
方案 2	8	8.5	8.5	9	8.5	8.5	8	9	68
方案 3	8	8	9.5	10	6.5	9.5	9	9	69.5
方案 4	10	7	7.5	9	6	8	7	7	61.5

（四）明确技术规范，引导工程实施

在工程实施阶段第一环节中，融合了科学、技术、工程和数学等多个领域的内容，教师需要引导学生规范技术操作，按照“设计概要”选择物料、确定工艺，在工程进度规定的制作周期内，严格按照工程实施方案，利用已掌握的技术方法分工制作干鞋器模型。在制作过程中，教师还需提醒学生记录消耗材料的价格，以控制成本不超过“设计概要”的预算。

在“干鞋器”项目中，学生遇到了许多问题，比如尺寸不匹配、工具使用不当、电路连接不正确、拼接不契合和作品不牢固等，这考验了学生的动手能力、逻辑能力和筹划能力。经过多次尝试和返工之后，各工程团队完成了较为满意的初代“产品”。

（五）组织作品测试，强化证据意识

成品的测试数据，是体现产品效果的重要依据。在工程实施阶段的第二环节中，教师提供工程数据记录表，组织学生对“初代产品”进行产品测试，收集并分析产品数据，这也为后续项目评估做好准备。为保证数据的准确性，各工程团队需进行多次实验。

在“干鞋器”项目中，学生可以借助DIS湿度传感器或湿度仪测量相同时间、相同位置使用产品与不使用产品的湿度变化。由于产品测试时间较长，学生可以通过团队合作的形式，确定数据测试时间点，分工完成数据的收集。教师可以协助学生完成曲线图绘制，通过数据的分析与比较，可以清晰地呈现各团队干鞋器成品的功能性，学生实证意识得到进一步强化，示例见表20-3和图20-3。

表20-3　湿度测试表　（启明星团队）

探究项目名称	新型便携干鞋器（一代、二代）		
测试区域	鞋子内部	测试日期	2021年5月14日
室内温度（℃）	25	室内相对湿度	86.0%
时间	不使用干鞋器的湿度	使用干鞋器一代的湿度	使用干鞋器二代的湿度
8:10	100%	100%	100%
8:20	100%	100%	99.8%
8:30	100%	99.7%	99.2%
8:40	100%	98.4%	97.3%
8:50	100%	96.1%	96.2%
9:00	100%	95.5%	94.5%
9:10	100%	95.1%	93.7%
9:20	99.5%	94.2%	92.1%
9:30	98.3%	93.9%	90.7%
9:40	97.1%	93.2%	89.8%
9:50	96.7%	92.4%	88.3%
10:00	96.1%	91.2%	86.0%
测试组员	闵玥、余雯佳、李佳瑞、陈家智		
测试地点	自然教室		
测试结论	新型便携干鞋器具有实用性，有效缩短干鞋时长；鞋子浸湿情况下干鞋时长约为2小时		

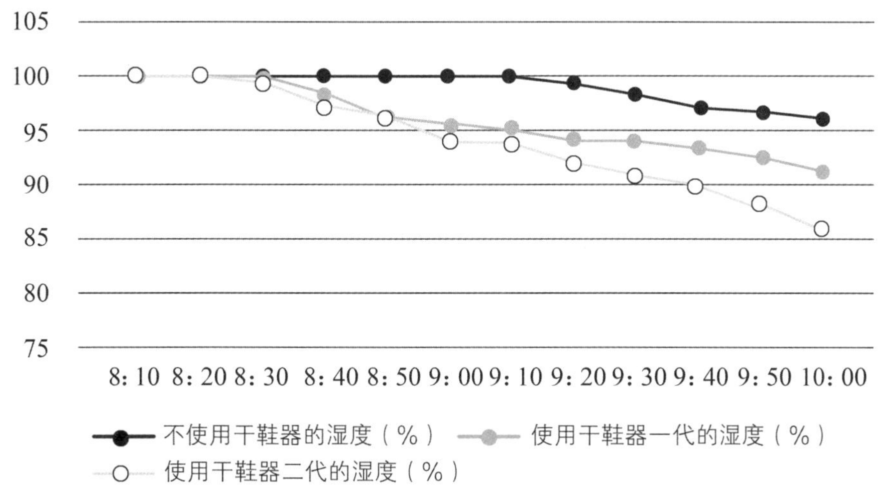

图20-3　产品数据分析示例

（六）解析检验标准，实施项目评估

在工程实施阶段第三环节中，教师需要引导各工程团队解析检验标准，回顾工程决策阶段制订的项目目标（阶段目标及量产目标），就检测数据进行效果评估。对于不符合标准的产品或有意愿做得更好的产品，工程团队需要改进设计，重新完成讨论，进一步完善设计方案，再次进行产品测试，最终完成干鞋器的迭代设计与制作。在产品迭代后，学生还可对干鞋器进行个性化艺术创作，呈现出最终产品。

在“干鞋器”项目中，有些工程团队的“初代产品”测试数据无法达到阶段目标，需要重新回到工程设计环节，罗列所有过程性资料，找出存在的问题，进行头脑风暴，改进工程设计方案，并再次完成产品的制作（修改）及数据测试分析。有的团队“初代产品”的测试数据已经达成量产目标，可以直接进入下一步，也可以根据团队意愿进一步完善设计方案，完成产品更新迭代。

（七）搭建展示平台，指引交流评价

在现实工程中，至此即可交付产品或参加竞标，而在小学生工程实践中，教师需要为学生搭建展示平台，通过演示汇报、展示交流、竞赛评优等形式，鼓励学生分享成功经验以及失败的教训等。团队“项目经理”需要在展示会中清晰表达产品设计，介绍项目制作周期、材料、预算、制作工艺及产品数据，介绍各团队成员的贡献，分享项目体会等，尽可能得到其他小组的认可。同时，其他团队也可对其产品以及现场展示效果进行投票,评选出最佳产品及最佳团队等,互相学习,共同成长。

（八）借力项目评价,开展项目反思

在工程展示阶段最后,教师需要组织开展“L&L”(Lessons Learned)总结会,引导学生完成项目评价量规。组长带领团队反思整个工程项目流程,包括回顾项目目标、对照项目结果、分析原因、制定下阶段目标等,借助评价量规实现有效的项目反思,吸取成功经验。会议中,教师还需要鼓励学生合作完成工程研究报告,包含“设计概要”“最初稿件”“设计方案”“最终版作品”等一系列过程性资料,整理纳入团队工程档案袋中。至此,一个在工程思维引领下学生的工程实践项目圆满完成。

五、小学科学工程思维培育形成的初步经验

（一）学生全程主导项目推进

在技术与工程实践活动中,学生以“工程师”的角色制定项目进度,全程主导项目推进,全身心投入探究实践活动中。团队成员分工明确,“项目经理”负责统筹管理与汇报展示,“设计工程师”提炼各成员想法并绘图,“工艺工程师”负责开发制作工艺,将团队实施方案转化成模型,“测试工程师”负责产品数据测量及分析。深度角色沉浸也有助于学生加强学习意愿,主动表达观点并接受他人建议,碰撞思维火花,释放学习内驱力。

（二）实践推动工程问题解决

学生工程思维的形成并非一蹴而就,需要教师运用有效指导策略,通过一定时间和数量的工程实践,在不断解决工程问题的过程中,逐渐形成并成熟。学生在真实问题情境的指引下,经历完整的工程流程,比较权衡完成多项工程决策,头脑风暴完成工程实施方案,克服工程实践中的诸多问题,收集分析产品数据,不断迭代更新产品,突破项目目标,展示项目成果,完成项目反思,逐步掌握运用所学科学知识与技能解决工程实际问题的思路和方法,工程思维得以有序发展。

参考文献

[1]中华人民共和国教育部.义务教育科学课程标准(2022年版)[S].北京:北京师范大学出版社,2022.

[2] Council T A.Engineering in K-12 education: Understanding the status and improving the prospects [M].New York: National Academics Press, 2009.
[3] 中华人民共和国教育部.普通高中通用技术课程标准(2017年版2020年修订)[S].北京:人民教育出版社,2020.

TPACK视角下初中数学微项目学习设计与实施

——以“函数在优化家庭储物空间中的应用”为例[1]

◎上海市尚文中学　龚　笛

[摘要] 教育数字化转型背景下,数字化技术深度融合数学教学成为大势所趋。TPACK理论为技术与数学教学融合提供了一个框架。从TPACK视角出发,以“函数在优化家庭储物空间中的应用”为例,探讨了初中数学微项目学习设计与实践的方法。通过问题解决的方式,帮助学生经历数学建模的一般过程,探索以核心素养为导向、以学生为中心的教学方式,引导学生主动探索和开展数学实践,促进数学理解和思维能力的发展。

[关键词] TPACK　微项目　核心素养

《义务教育数学课程标准(2022年版)》(以下简称《2022版课标》)中指出,要注重信息技术与数学教学的融合,重视大数据、人工智能等对数学教学改革的推动作用,改进教学方式,促进学生学习方式转变。TPACK模型作为信息时代教师所需的新知识框架,整合了技术、学科内容和教学方法,为教学改革提供了新的视角。初中数学作为一门基础学科,需要不断探索新的教学方式,以适应时代发展的需要。本文利用数字化学习平台,将技术整合到数学建模的过程中,提高教学效果和学习体验。以微项目引领、小组讨论、任务驱动的方式进行探究式教学,学生通过动手实验理解函数概念,构建数学模型得出解决方案,培养数据观念、模型观念和应用意识等数学核心素养。

一、基于TPACK框架的初中数学微项目学习设计流程

(一) TPACK框架简介

1985年,舒尔曼提出了PCK,试图从专业能力维度给出教师专业发展的一些重要指

1 本文发表于《上海课程教学研究》2024年第3期,收录时略有改动。

标。2005年,科勒与米什拉引入技术知识,指出需要结合特定的教学情境来理解教师的发展,特别强调了信息技术的重要作用[1],由此,TPACK框架成型。TPACK是一套符合信息技术时代教师专业发展需要的专业知识体系,它是由CK(内容知识)、PK(教学知识)、TK(技术知识)、PCK(教学内容知识)、TCK(技术内容知识)、TPK(技术教学知识)和TPACK(技术教学内容综合知识)七个部分组合而成,各个元素之间的关系见图21-1[2]。TPACK追求的是在学科教学的过程中,将信息技术与学科进行整合。TPACK框架下的数学教学,要求教师应以CK、PK、TK三个核心要素为基础,运用整合技术的数学教学知识(TPACK)进行教学[3]。

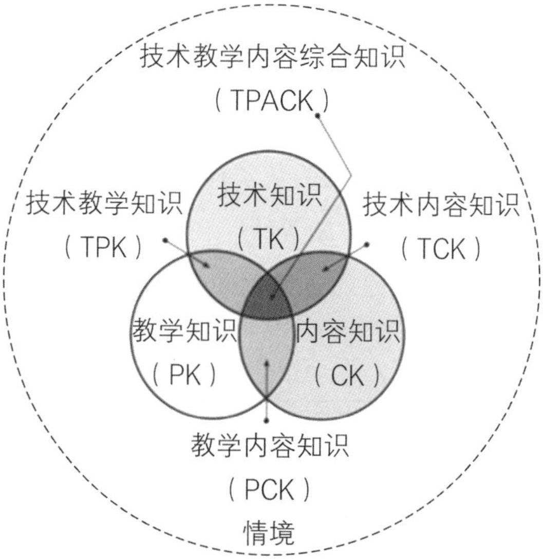

图21-1 TPACK框架图

为进一步提升教育现代化的水平与质量,上海市黄浦区在区域层面系统推进指向核心素养的项目化学习,引领学生走向真实的学习。在探索、实践、行动研究的基础之上,提出了实践层面的概念框架AKAI循环,即激活(Activation)—新知(Knowledge)—应用(Application)—整合(Integration)(见图21-2)[4]。

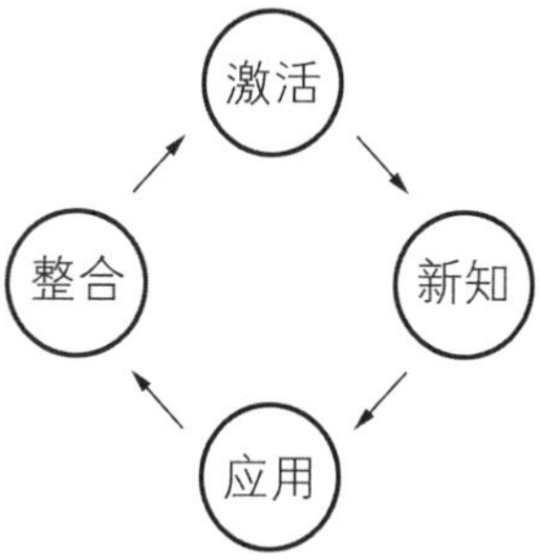

图21-2 概念框架AKAI循环

教师应用AKAI模型设计数学微项目时,先对微项目涉及的数学学科知识(CK)进行分析,确定以核心素养为导向的教学目标,再选择合适的教学法(PK)和信息技术支撑软件(TK)。接着对这三个要素进行整合,运用整合技术的数学知识(TCK)创设情境，提出问题，激发学生的学习兴趣和求知欲；运用学科教学知识(PCK)采用问题式教学和探究式教学，学生以实践操作、合作探究等形式在解决问题的过程中完成对新知的建构和理解；运用整合技术的教学法知识(TPK)提供更加丰富、灵活、个性化的学习方式和资源，改变教师角色，由知识的传授者转变为指导者，整合技术的学科教学知识(TPACK)确定教学环节，再进行教学实施和综合性评价，最后反思总结，具体流程见图21-3。

二、TPACK视角下的微项目学习案例教学设计解析

基于TPACK视角下的微项目学习设计的维度与流程，笔者在沪教版八年级数学教材第18单元“正比例函数与反比例函数”单元教学设计的基础上，设计以“函数在优化家庭储物空间中的应用”为题的微项目，进行深入的可行性分析与内涵研究。

《2022版课标》中有三个涉及模型的数学核心素养，分别是模型意识、模型观念、数学建模，它们是一个整体在不同阶段的等级。初中阶段的模型观念具有承上启下的作用，在平时的教学过程当中，主要是通过应用问题培养模型意识，问题的开放性都很低，而本设计基于单元整体教学，在模型观念的统领下，以正比例函数知识为背景，根据实

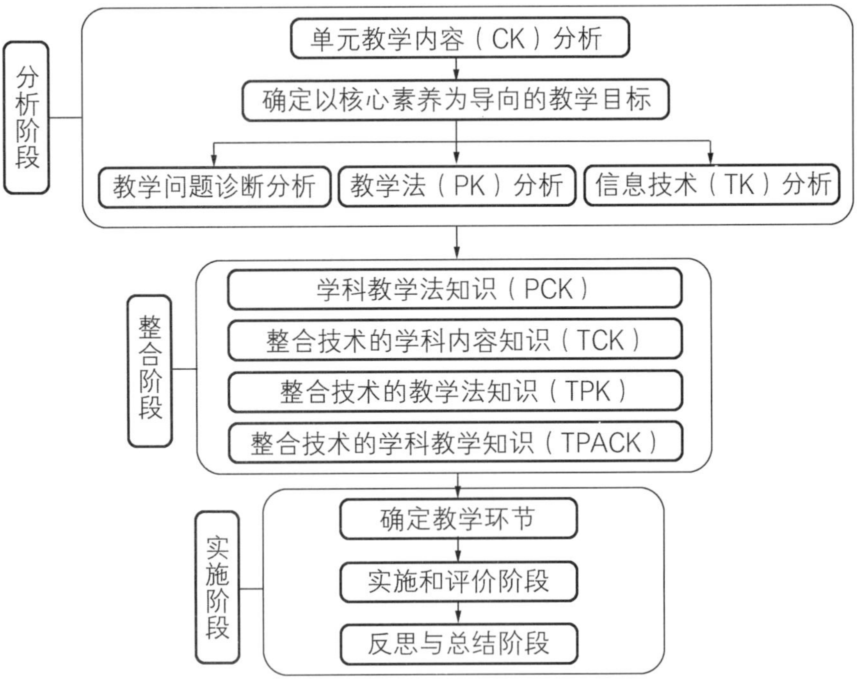

图21-3　基于TPACK的教学设计流程图

际情境提出开放性问题，通过教学过程的推进，完整体验数学建模的基本过程，为未来学习数学建模奠定基础。

《2022版课标》指出，应用意识主要是指有意识地利用数学的概念、原理和方法解释现实世界中的现象与规律，解决现实世界中的问题。也就是说，学生从数学的角度，用数学的语言、知识、思想方法描述、理解和解决各种问题，数学能力不仅仅在于掌握数学知识的多少、解决数学难题的多少，重要的是要看是否会利用数学知识和数学思维去解决实际问题，以及形成学习新知识的能力和适应社会发展的需要。

（一）学科内容知识的整合（CK）

本微项目的设计立足单元教学设计，进一步强化对函数概念的理解：函数是描述变量之间依赖关系的重要数学模型，是数学学习的基础；还需要了解函数的定义、函数的表示方法、正比例函数的相关知识等。在此基础上，实验阶段整合科学、物理学科的知识和技能，建模阶段整合概率统计领域知识，解决问题阶段注重与实际应用的联系，让学生感受到函数在实际生活中的应用价值。

（二）教学法知识的整合（PK）

微项目学习强调学生的主动性和探究性，因此本案例中采用实验探究、创设情境、任务驱动、动手实践、小组讨论等多种教学方法。先以一个真实的情境“根据家庭洗手液的使用量情况估计洗手液用完的时间，综合其他因素确定洗手液的补货时间，使得家庭储物空间最优化”贯穿始终，激发学生解决问题的兴趣。再以任务为导向，以知识点为纽带，将教学内容设计成多个具体的、可操作性强的任务，学生紧密围绕任务活动，在教师的引导下，实现知识的内在构建，提高学生真实问题的解决能力。

（三）技术知识的整合（TK）

本微项目的数学建模学习中，数据处理、图表绘制是基本能力，列统计表、画各类统计图、复杂的数值计算可以借助Excel、GeoGebra等软件快速、准确地解决。

（四）技术与学科的整合（TCK）

本微项目学习中学生通过收集实验数据、分析实验数据抽象出数学问题，用函数的方法研究洗手液累计使用量与实验天数两个变量之间存在的数量关系和变化规律；学生在引导下借助“墨水屏”终端上的GeoGebra数学软件绘制散点图，进而猜想得到正比例函数模型,利用统计学方法——最小二乘法建立优化的函数模型,并绘制函数图像,数字化学习平台将整个活动中的操作、思维可视化,形成模型观念,体验数学建模,这样可以让学生更加深入地理解函数的概念和性质,同时也可以培养学生的综合思维能力和实践能力。

(五) 教学法与学科的整合(PCK)

本微项目实践时,课前和课中学生在实验测量、数据记录、数据分析、绘制散点、建立模型、优化模型、检验模型等任务驱动下,经历运用函数这一数学学科知识概念,构建数学模型并给出相应的解决方案,发展数据观念、模型观念和应用意识等数学核心素养。

(六) 技术与教学法的整合(TPK)

本微项目在技术方面整合学生"墨水屏"终端和"人人通"学习平台,构建数字化学习环境。"人人通"学习平台可以连接教室希沃一体机,播放视频、课件等教学资源,也可以实现直接在平台上书写板书、推送板书、学生演示等功能。学生"墨水屏"终端支持获取板书、自定义笔记、资源共享、用GeoGebra软件绘制函数图像等功能。利用数字化技术提供更加丰富、灵活、个性化的学习方式和资源,使教师角色由知识的传授者转变为指导者。另外,通过数字化评估方式和反馈机制关注学生的学习过程,实现形成性和表现性评价,从而引导学生主动探究、实践创新。

三、TPACK视角下的微项目学习案例教学设计与实施

(一) 教学环节

【环节一】创设情境,提出问题

观看视频,提出问题:"你家洗手液应该什么时候购买,才能使家庭储物空间达到最优化呢?"

设计意图:引发兴趣和动机,激活前概念和既有经验;引入问题情境,组织头脑风暴。

【环节二】实验分享,分析数据

学生课前活动:实验记录每个学生家庭一周7天每天的洗手液使用量并计算累计使用量,完成"家庭洗手液使用量"实验记录表的填写,详见表21-1。

分享讨论:①你是如何测量的?实验过程中碰到的困难和解决方法是什么?②分

表 21-1 “家庭洗手液使用量”实验记录表

学生班级		**学生姓名**	
实验时间		**实验人数**	
实验名称	测量家庭洗手液使用情况		
实验目的：了解学生自己家庭一周 7 天每天的洗手液使用量和累计的使用量			
实验内容：测量、记录学生自己家庭一周 7 天每天的洗手液使用量，并计算出累计使用量			
实验过程中测量的方法：（提示：六年级科学学科中介绍的液体体积测量方法和固体质量测量方法）			
实验过程中碰到的困难及解决方法：			
实验数据：			

人数		洗手液原来质量（单位：克）	
	实验日期	洗手液使用量（单位：克）	洗手液累计使用量（单位：克）
第 1 天			
第 2 天			
第 3 天			
第 4 天			
第 5 天			
第 6 天			
第 7 天			

注：
（1）如果洗手液瓶上的单位是毫升的话，利用物理公式“质量 × 密度 × 体积”，近似认为洗手液的密度为“1 克 / 毫升”将单位转化为克。例如，250 毫升即 250 克。
（2）累计使用量指将前几天的使用量相加。例如，第 2 天的累计使用量 = 第 1 天的使用量 + 第 2 天的使用量。

析实验数据，你觉得有哪些规律？

设计意图：通过整合科学、物理学科的知识和技能进行实验测量、数据记录、数据分析，引导学生运用函数这一数学学科知识概念研究问题，培养学生数据观念。

【环节三】绘制图形，建立模型

(1) 小组讨论:如何用所学的函数表示法呈现洗手液累计使用量y(克)与时间天数x(天)之间的变化规律?

(2) 绘制散点图:①将7天实验数据形成的7个点标记在直角坐标系中,形成散点图;②预测第8天和第9天洗手液累计使用量对应的2个点的位置。

设计意图:学生尝试操作绘图,借助"墨水屏"终端上的GeoGebra数学软件绘制散点图,进而猜想得到正比例函数模型。

【环节四】交流讨论,优化模型

(1) 小组讨论:你觉得正比例函数模型$y=kx(k\neq0)$中比例系数k在本问题中如何确定呢?

(2) 简单介绍一种常用的统计分析方法——最小二乘法。

(3) 计算"一周7天平均每天的洗手液使用量",建立函数模型。

(4) 利用GeoGebra软件绘制所建立的正比例函数模型的图像,并观察讨论散点与所画直线的位置关系。

(5) 教师演示绘制基于整个班级实验测量数据建立的函数模型的图像,观察讨论散点与所画直线的位置关系。

(6) 归纳:更多的实验数据,可以更全面地揭示潜在规律,并有助于更准确地解释某些现象。

设计意图:利用最小二乘法建立优化的函数模型,师生共同运用GeoGebra数学软件绘制函数图像,数字化学习平台将活动中的操作、思维可视化,让学生形成模型观念、体验数学建模。

【环节五】数形结合,检验模型

(1) 计算第8、第9天洗手液的累计使用量和这瓶洗手液用完的时间。

(2) 描出第8、第9天2个点的位置,对比之前预测的2个点的位置。

(3) 讨论:你得到哪些结论?

设计意图:应用建立的函数模型求出结果并讨论结果的意义,从而对现实问题做出估计;并用GeoGebra数学软件验证之前的预测。

【环节六】应用模型,解决问题

通过"制订洗手液购置储存计划还需要考虑哪些问题呢?"这一小组讨论活动,交流解决问题的方案。

设计意图:整合多领域知识与应用情境适配性问题,为后续制订洗手液购置储存计划提出建议,发展应用意识。

【环节七】总结归纳，拓展提升

(1) 总结归纳：①数学建模的基本过程；②解决问题过程中涉及的数学思想方法；③数学建模的意义和价值。

(2) 讨论：本节课建立函数模型的方法能在其他现实情境中进一步推广吗？

设计意图：启发学生从各个方面自主小结；引导学生迁移知识，拓展数学建模的领域，为未来学习数学建模奠定基础。

【环节八】及时反馈，综合评价

利用学习平台，根据评价量表，进行综合评价，详见表21-2。

表 21-2 综合评价维度量表

一级指标	二级指标	分值	得分
知识的概念性理解	能从真实情境中抽象出数学函数问题	5	
	会建立函数模型表征真实问题	5	
真实问题的解决	实验过程中测量数据、解决问题	5	
	制订洗手液购置方案、解决实际问题	5	
真实表现	课堂活动的参与程度	5	
	现实问题的探究精神和创造力	5	

设计意图：运用数字化评价方式和反馈机制关注学生的学习过程，实现形成性和表现性评价，从而引导学生主动探究、实践创新，最后采用学习平台上的“课堂打分”功能及时直观反馈评价数据。

【环节九】作业布置，任务延伸

(1)课堂上通过建立正比例函数模型预测家中洗手液用完的时间，那么事实是怎么样的呢？请学生回家实验验证。

(2)测量、计算家庭洗手液储物空间，调查、确定各品牌洗手液最佳购置计划，进而制订洗手液购置储存计划。

(3)使用本节课所学的建模方法，选择家中其他日用品作为研究对象，进一步优化家庭储物空间。

设计意图：作业的设计是课堂的延续，也是后续优化项目设计的基础，借助数字化学习平台发布探究型任务，便于收集时间跨度大的作业；支持照片、视频等多形式的作业提交;统计作业结果、实现综合评价。

(二)教学反思

在实施过程中,我们采用了微项目学习的方式,以家庭储物空间优化为真实情境,通过建立函数模型,应用建立的模型求出结果并讨论结果的意义,从而对现实问题做出估计,提出解决方案,培养学生的数学应用能力和创新思维。

在本次教学实践中,笔者融合多种现代化的教学技术,如学习平台、GeoGebra数学软件、多媒体教学软件等,将抽象的数学知识与实际生活相结合,通过直观的图像和视频,帮助学生更好地理解函数建模的过程。数字化技术的运用,不仅提高了学生的学习兴趣,也增强了他们对知识的理解和掌握。

从课堂反馈来看,大部分学生对本次教学表现出浓厚的兴趣,他们积极参与到课堂讨论和项目中,对函数在储物空间优化的应用有了更深入的理解。同时,学生在解决实际问题的过程中,锻炼了团队协作能力和创新思维。

四、结语

本文从TPACK视角出发,探讨了初中数学微项目学习设计与实践,以“函数在优化家庭储物空间中的应用”为例,精心设计并实践了一种结合技术、学科和教学法的微项目学习模式。数字化技术支撑下的微项目学习能够有效提高学生的学习积极性和学习效果,通过实际操作和应用,学生能够更深入地理解和掌握数学知识,并在日常生活中应用这些知识解决实际问题,有效促进学习和提高问题解决能力。

当前,为跟进新课程的理念,教育数字化技术与数学课程正深度融合,本文不仅提供了一种新的视角来看待初中数学教育,也提供了一种新的教学方式。学生将现实情境数学化,用数学眼光观察世界;结合数学知识与数字化技术解决问题,用数学思维思考世界,用数学语言表达世界,深入培养对学生未来学习至关重要的创新思维和实践能力。

未来,笔者将进一步思考如何更好地将TPACK模型与微项目学习相结合,以实现教学效果的最优化;如何更好地利用数字化技术提高微项目学习的效率和质量;如何更好地培养学生的创新能力和实践能力等。同时也需要不断实践和总结经验,从而完善和提高TPACK视角下微项目学习的设计与实践水平。

参考文献

[1]徐章韬.信息技术支持下的学科教学知识:缘起、演化、结构模型及其教育意蕴[J].教育发展研究,2012(10):62-68.

[2]周莹,莫宗赵.我国TPACK研究的回顾、反思与展望[J].黑龙江高教研究,2019(10):59-64.

[3]高雅,周莹.TPACK视域下的数学概念教学设计——以“直线的倾斜角与斜率”为例[J].中学数学研究(华南师范大学版),2020(10):2-5.

[4]邢至晖.初中项目化学习的教学设计模型及实施研究——以上海市黄浦区为例[J].上海课程教学研究,2023(10):2-7.

以双向数字化的化学实验推动项目化学习的尝试
——以教室中二氧化碳含量超标报警为例[1]

◎上海市延安初级中学 褚 晶 程美芳

[摘要] 借助双向数字化的化学实验记录空气中二氧化碳含量的变化,若超过警戒值则转化为光和声的形式输出,提醒开窗通风改善室内环境。学生发现真实问题,通过前期调研后立项,通过小组分工合作突破复杂的、挑战性的问题后完成项目。在课堂教学中运用该装置发现并进行二氧化碳含量测定与报警,项目化学习发展了学生的创新能力,助力了学生素养的提升。

[关键词] 双向化 数字化 项目化学习

一、项目选择

项目化学习(Project based learning简称PBL)是一种以建构主义理论为指导,以学生为中心的教学方式,主张学生通过小组合作的学习方式来实施一个完整的项目,用以解决真实世界中某些复杂的、具有挑战性的问题。[1]

学生们发现自己所处的教室里,在冬天常常长时间门窗紧闭,待久了会有昏昏欲睡的感觉,而每次进出教室,总能感受到教室内外温度、气味等的巨大差异。同学们阅读化学课本后知道空气中二氧化碳的含量为0.03%,即300 ppm,不同浓度的二氧化碳对人体的影响各不相同(见表22-1)。于是同学们便对密闭教室内的二氧化碳浓度值,需

表 22-1 空气中二氧化碳浓度对人体的影响

空气中二氧化碳的含量(%)	ppm	对人体的影响
1	10000	人感到气闷、头昏、心悸
4-5	40000-50000	人感到气喘、头痛、眩晕
10	100000	人神志不清、呼吸停止,以致死亡

1 本文发表于《化学教与学》2022年第24期,收录时略有改动。

要间隔多长时间开窗透气的真实问题产生了兴趣。

经讨论，同学们和老师决定利用二氧化碳传感器、LABQUEST2数据采集器，观察数据的变化和曲线的变化。但通过实验发现教室空间大，二氧化碳的浓度短时间内上升不明显，实验花费时间很长，学生时刻观察数据采集器做实验很显然不切实际。而如果不观察，又容易错过二氧化碳的临界值以及错过开窗通风的时间。于是，同学们积极思考，寻找实现自动化的办法，即超过设定值之后可以自动报警。经过多轮实验摸索和讨论，基于化学和信息学科的研究冬天教室内二氧化碳含量超标报警的项目成立了。

二、项目研究计划

在数字化实验输出部分，同学们经过比较乐高、TI图形转换器、Arduino开发板的难易程度，最终决定选用Arduino 开发板。空气中二氧化碳的含量为0.03%，即300 ppm，若超过一定的值会使人产生不适。用二氧化碳传感器测定气体中的二氧化碳含量，编写程序输入Arduino开发板中，当传感器检测值超过设定值时，小灯亮起，蜂鸣器发出嘀嘀的报警。学生根据报警信号，及时采取开窗等措施改善空气质量。项目结束后，开发更多的Arduino与传感器在生活中更多的应用。

1. 核心知识

(1) 研究实验所要达到的功能，找到适合项目的双向数字化实验工具——Arduino开发板，学习编程软件，学习输入输出的方法。

(2) 选择合适的传感器，检测教室中的二氧化碳浓度，反馈环境质量。

(3) 根据装置的功能和目标，提出还可采用什么方式报警，报警之后怎么处理等问题，从而进行装置的进一步改进。

2. 待解决问题分析

(1) 了解数字化化学实验的趋势，思考如何实现化学双向数字化实验。

(2) 什么是Arduino开发板？如何编写程序？

(3) 传感器怎么与开发板相连接才能实现数据的输入输出？

(4) 完成实验后数据的处理分析，实验方案如何改进？

3. 研究流程(见图22-1)

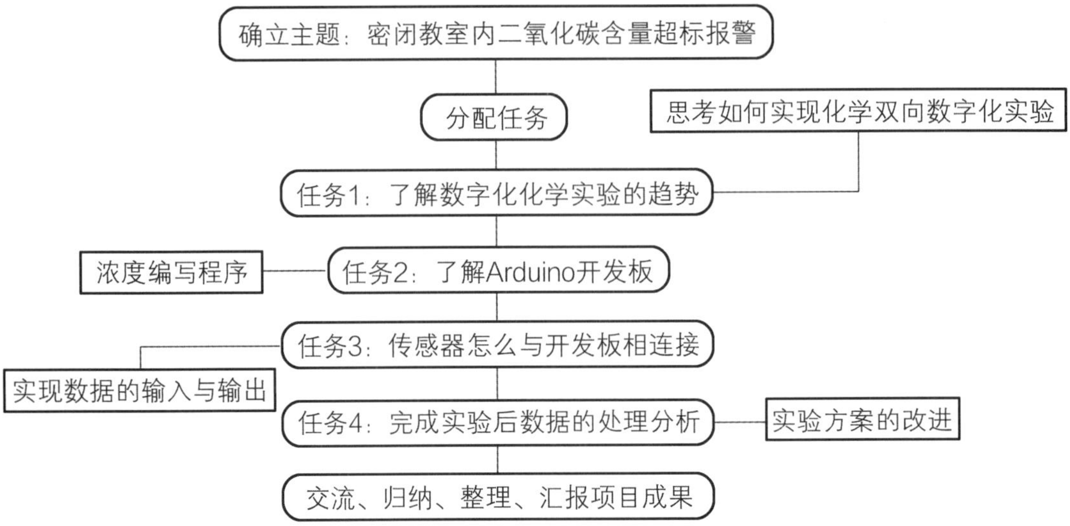

图22-1　研究流程

三、项目具体实施

任务1:查阅资料,了解数字化实验趋势,思考实验。

第一小组经过查阅文献形成了一份调查报告。只有在输入的单项数字化实验中,数据可以记录、处理,但形式只能以数字、表格、图像的形式呈现,无法输出动作,实验条件的控制还得实验者手动才能完成。"双向"化是指除了使用传感器来获取、输入信息,实验中还会涉及数字化信息的输出,输出的信息常以电、光、声等形式表现出来。在使用双向接口设备中,这些输出的动作就可以在程序的控制下通过相应的外围设备来完成。例如:电的输出表现为是否发光,还能在强度、颜色等方面有所变化[1]。资料查阅后,学生们选择了Arduino开发板和威尼尔二氧化碳传感器共同设计实验。

任务2:了解Arduino开发板,尝试编写程序。

第二小组的学生们对Arduino开发板(见图22-2、图22-3、图22-4)进行了进一步的研究,了解了Arduino开发板是由上层板和下层板组装而成的,它通过数据线连接电脑,通过Arduino程序编写软件在电脑上编写程序后,再通过数据线传输到Arduino开发板上,最后连接二氧化碳传感器进行二氧化碳数据的测量。该装置可以直接连接电脑,也可以连接外接电源,实现任何场合的二氧化碳含量的测量。同学们经过简单的学习后编程如下(见图22-5):

图22-2 Arduino开发板

图22-3 上层板

图22-4 下层板、数据线

图22-5 Arduino编程界面和编写的程序

任务3:解决传感器与开发板相连的问题,实现数据的输入与输出。

第三小组完成装置的搭建,装置1用于编写程序输入开发板,还可以用来实验,方便数据的记录和图像的观察。装置2中电脑改成外接电源,可以带到教室或者任意场合进行实验(见图22-6、图22-7)。

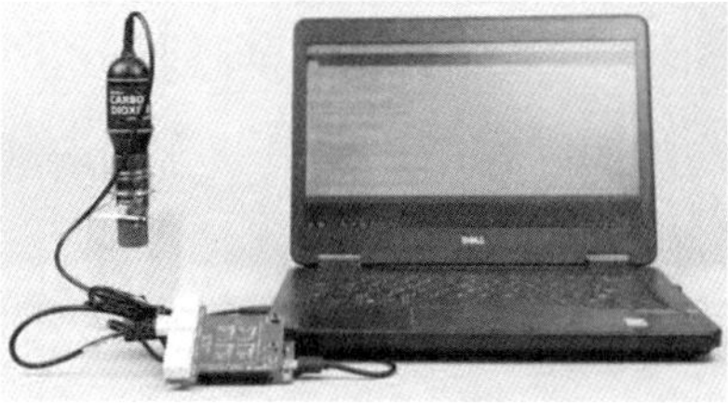
图22-6 装置1

图22-7 装置2

任务4:完成实验后数据处理。

第四小组进行数据分析(见图22-8),通过软件中的监视器读出当前的二氧化碳浓度,通过绘图器读出二氧化碳的浓度变化图。当小灯从暗到亮,说明样品中的二氧化碳超出了设定值,发出警报。

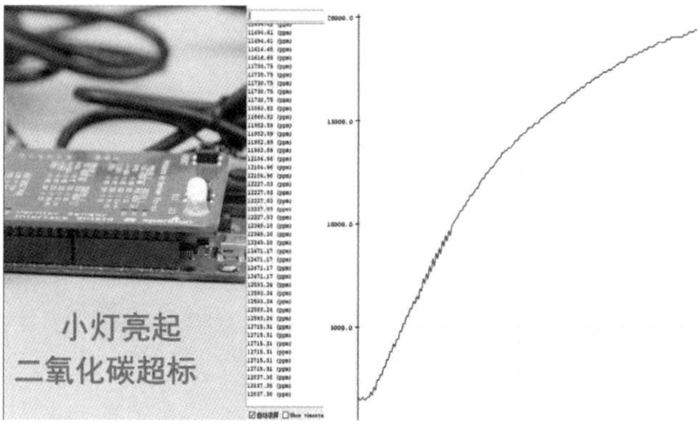

图22-8 实验数据分析

该装置如果连接的是电脑，可以观察记录二氧化碳的数据和图像。装置中如果连接外接电源，则适用于多种场合的测量。该装置中报警采用的小灯由暗到亮，可引导学生进行头脑风暴，讨论还有什么方式可以报警，报警之后怎么处理，如何进行装置进一步改进。结项时，同学们把这个项目设计的实验用视频的方式记录下来，完成项目的总结。

四、教学实录

教学片段一：实验验证二氧化碳的客观存在和含量。

教师：二氧化碳是无色无味的气体，有什么方法可以证明其存在呢？如何测定二氧化碳的含量呢？呼吸作用发生后，二氧化碳的含量会改变多少呢？

学生：小组讨论，用澄清石灰水证实了其存在，但是在定量确定浓度上遇到了一些问题：①氢氧化钙是微溶物，要完全吸收一定量空气中的二氧化碳所需用量大。②通入的二氧化碳即使增大了与澄清石灰水的接触面积，仍然不能完全吸收。③重量法在测定二氧化碳通入前后石灰水的质量差时，误差较大。④用浓的氢氧化钠溶液代替时，要考虑试剂的强腐蚀性、吸收的完全性、称量的准确性等问题。

教师：提出可以用威尼尔二氧化碳传感器来测定，学生动手实验测出空气中的二氧化碳，以及呼吸作用之后二氧化碳含量的变化。

设计意图：从定性、定量的角度分别认识二氧化碳，针对传统实验中出现的难点，用数字化实验解决问题，使学生感受数字化实验仪器的便捷与高效。

教学片段二：教室中二氧化碳超标的报警。

教师：我们这节课中使用干冰升华获得了气态的二氧化碳，请学生们阅读课本，讲一下二氧化碳含量过高，对人体有何影响。

学生：阅读课本后回答，含量高了之后气闷、头昏、心悸、眩晕，甚至窒息死亡。

教师：那我们如何实时检测教室中的二氧化碳的变化呢？

学生：介绍并使用双向数字化实验实时检测教室中的二氧化碳。

设计意图：Arduino 开发板与二氧化碳传感器相结合，实时进行数据采集并在数据超标后进行报警，省去长时间观测实验数据。让所有的师生第一时间知道，并采取开窗通风的措施。促使同学们关注身体健康，反思化学与技术、社会、环境的相互关系。促使学生思考空气中其他的污染物质的测量。

五、研究价值与启示

本研究中项目的确立是建立在解决真实问题的基础上的，教室中的空气质量如何，以及从理论上用氢氧化钙还是氢氧化钠吸收二氧化碳都是真实的问题。利用Arduino开发板和威尼尔二氧化碳传感器相结合，设计实验对数据采集以及超标后进行报警，是学生能够实现的解决问题的途径。该项目促使学生获得核心知识的同时，加深对生命教育的关注，通过小灯的亮起，指示空气中二氧化碳的浓度超过了设定值，避免了长时间观测实验数据的不便，让学生第一时间知道后采取开窗通风的措施，有助于保证大家的生命健康。

项目设定时，研究中问题围绕目标设计，活动指向目标达成，成果既包括目标的物化结果——数据记录及超标报警，也包括问题解决的思维模型的构建过程——用何种形式采集数据，反馈数据，解读数据。项目中学生经历发现问题，与原有的实验进行比较，到最后真正解决问题的过程，有利于激发学生的科学探究好奇心和创新热情，有利于培养学生解决实际问题的能力，更为如何将双向数字化实验有效运用于培养学生学会运用科学方法、求实精神和证据意识的教学实践提供了教学新尝试与新思路。

参考文献

[1] 徐睿. 中学化学数字化实验新趋势[J]. 化学教学，2020(6)：31-35.

以居家项目化学习架起“空中”与“生活”之桥

——以“微生物与人类”为例[1]

◎上海市闵行区七宝镇明强小学　刘依婷

[摘要] “空中课堂”与互动指导相结合的“双师课堂”成为居家模式下一种新的学习样态。对小学自然学科居家项目化学习的概念与优势进行分析，提出了小学自然学科居家项目化学习的基本流程，包括教师设计流程与学生学习流程，并构建了居家环境下开展项目化学习的保障体系。以“微生物与人类”一课为例具体阐述居家项目化学习的实践过程，以期为居家学习方式的变革提供有益的借鉴和启示。

[关键词] 居家学习　项目化学习　小学自然

一、问题的提出

“空中课堂”与互动指导相结合的“双师课堂”成为居家模式下一种新的学习样态。学生在家自行学习空中课堂，极易出现单纯地看“空中课堂”视频，只看不想或只看不做，使得空中课堂成为以教为主的“满堂灌”，学习效果自然大打折扣。在居家学习中，教师不能简单将传统课堂教学照搬到线上进行互动指导，而应根据居家环境来创新教学方式，充分发挥在线教学不受时空限制的优势，为学生居家学习提供随时随地的支持服务，提供针对性的泛在学习支持。

在居家在线学习的大背景下，如何促进空中课堂单向传递的学习方式转化为多向交互的学习方式，提升学生的居家学习效果？笔者认为把学科教学内容与学生居家环境结合起来，使其转化为项目化学习，引导学生在做中学是一种值得尝试的方式。

1 本文发表于《上海课程教学研究》2022年第5期，收录时略有改动。

二、对居家项目化学习的认识

（一）小学自然学科居家项目化学习的内涵

《在学科中进行项目化学习》一文中提出，"学科项目化学习是从某一个学科切入，聚焦关键的学科知识和能力，用驱动性问题指向这些知识和能力，在解决问题的过程中进行学科与学科、学科与生活、学科与人际的联系与拓展，用项目成果呈现出对知识的创造性、运用和深度理解"。[1]小学自然学科居家项目化学习，即围绕小学自然学科的一个或多个主题，与学生居家环境结合起来，聚焦主题中的关键概念和核心能力进行拓展、发散及综合延伸，在教师的线上指导、家长的线下支持和学生同伴的线上合作中，实施项目化学习的全过程，以促使学生建构对核心概念更为深化而全面的理解，发展科学思维，培育问题解决、批判性思维与沟通合作等重要的能力。

（二）居家项目化学习的优势

居家项目化学习是在解决真实问题过程中习得科学知识，进行探究实践，形成对科学观念、科学思维和科学态度的理解，促使学生实现居家学习的变革，包括学习情境从虚拟情境到真实问题的变革，学习动机从被动接受到主动参与的变革，学习方式从接受式学习到探究式学习的变革。居家项目化学习有利于学生有效串联零散的科学知识，从而建构起对科学大观念的认知体系；有利于学生将理论世界与现实生活连接，把死知识转化为活能力；有利于学生在解决真实问题中发展科学思维、形成批判意识、提高创造能力。

三、小学自然学科居家项目化学习的基本流程

笔者以建构主义学习理论、布鲁姆发现学习理论和加德纳的多元智能理论等为指导思想，依据小学自然学科课程标准和小学生的学情，提出小学自然学科居家项目化学习的基本流程。

居家项目化学习关注真实问题的解决，以促进学生的实践和体验为核心，需要教师和学生在双方协同的条件下开展，主要包括教师进行居家项目化学习的设计和学生居家项目化学习流程的确立两大部分，主要流程见图23-1。

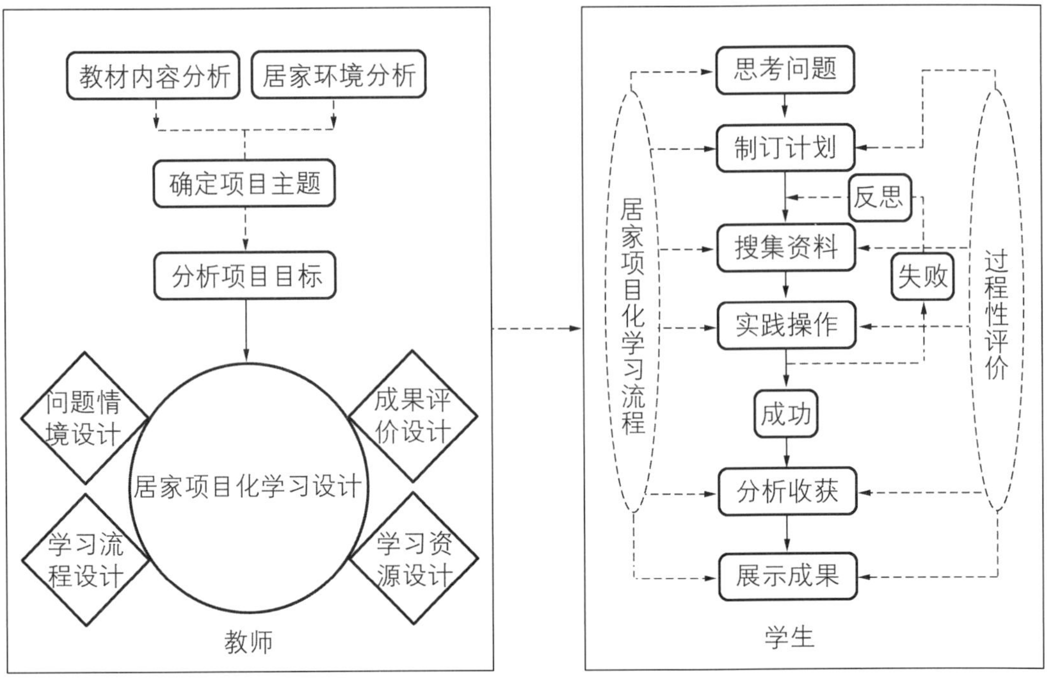

图23-1　居家项目化学习设计与学习主要流程

由图23-1可知,教师的居家项目化学习设计流程主要包括:基于教材内容分析和居家环境分析,确定项目主题,分析并确定项目目标,对问题情境、学习流程、学习资源和成果评价分别进行设计。学生的居家项目化学习流程主要包括:思考问题、制订计划、搜集资料、实践操作、失败后反思并继续实践、成功后分析收获并展示成果,在整个流程中进行过程性评价。

四、小学自然学科居家项目化学习的保障体系

在项目化学习中,学生需要解决复杂、真实的问题。虽然学生是项目化学习的主体,但他们没有足够的知识、技能和经验来完全独立地完成问题解决的全过程,在梳理项目学习的各个环节以及解决无法突破的障碍时,仍旧需要借助一定的学习支架。居家学习缺少了学校和班级情境中的学习氛围,缺少教师的监控和必要的辅导,没有了传统教学中常用的同桌研讨、小组合作等协助,学生容易出现学习方向偏离、持续推进乏力、学习进展受阻等问题。因此,在居家项目化学习中,须构建起教师线上指导、家长线下支持、学生同伴线上合作的项目化学习保障体系(见图23-2)。

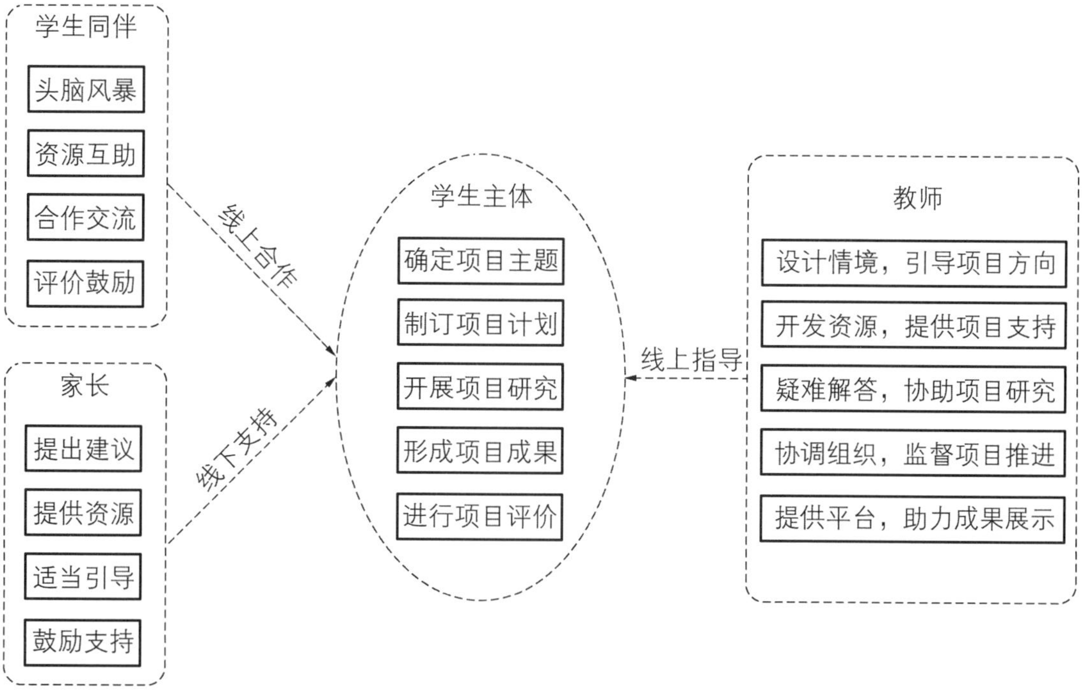

图23-2　居家项目化学习保障体系

五、小学自然学科居家项目化学习的实践

本文以科教版《自然》四年级第二学期第二单元“显微镜下的世界”的第四课“微生物与人类”为例进行实践探索，阐述如何通过开展居家项目化学习提高居家学习效果。

根据《上海市小学自然学科教学基本要求(试验本)》确定“微生物与人类”一课的教学目标为：知道微生物包括细菌、真菌、病毒等，说出人类利用微生物的一些实例；在交流人类与微生物关系的过程中形成辩证看待微生物的意识；具有探究微观世界的兴趣，感悟微观世界和生物科学的奇妙。居家学习“微生物与人类”一课的流程见图23-3，分

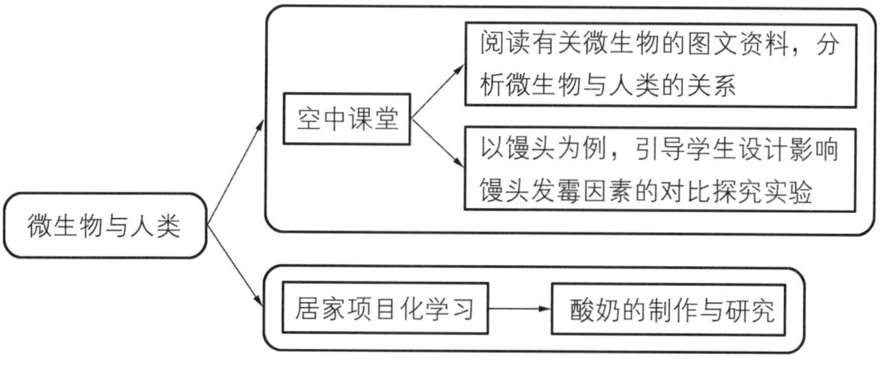

图23-3　“微生物与人类”一课的居家学习流程

为观看空中课堂和居家项目化学习两大部分，以下将具体阐述居家项目化学习部分。

（一）源自居家情境，引发真实问题

学生生活中常见的也是喜闻乐见的微生物是酸奶中的乳酸菌。“牛奶是怎么变成酸奶的？它是如何制作的？为什么制作前后食物会发生很大的变化？为什么牛奶是液态的，而酸奶不再是可流动的液体？酸奶为什么是酸的？酸奶是牛奶变质了吗？”这些都是学生在对酸奶和牛奶进行比较后产生的真实问题。依据学生已有生活经验和学习经历，确立以“酸奶的制作与研究”作为开展居家项目化学习的切入点。教师创设情境，引发学生产生疑问，这些真实的问题将进一步激发学生积极的探究欲望。同时，项目研究的材料是学生居家条件下较易获得的牛奶、酸奶、保温杯等，也是项目开展的有利条件之一。通过源自居家情境的真实问题引发的项目化学习，学生真正体验了从生活走向科学，从科学走向社会的过程，综合素养得到显著提升。

（二）聚焦项目目标，落实素养培育

本项目以微生物乳酸菌为主线，通过项目化学习的方式来推进实施，旨在提升学生的科学观念、科学思维、探究实践和态度责任等学科核心素养，依托学科基础又超越学科，具备实践性和综合性等特点。为落实学科核心素养的培育，本项目设立了以下目标。

一是建构科学观念。在“酸奶的制作与研究”项目实施过程中，学生需要从微观的视角观察微生物，探究微生物的形态与习性，关注环境条件对微生物的影响以及微生物与人类的关系。

二是培养科学思维。学生需要通过观察与思考，对实践过程与结果进行分析、归纳并得出结论，形成初步的推理论证能力；通过观察生活中和微生物相关的现象以及实践探究，提出自己的见解，培养质疑创新的意识。

三是开展探究实践。通过“酸奶的制作与研究”项目，学生发现生活中的问题，形成猜想与假设；通过设计、调查、实践和改进等活动，学会应用科学知识解决来自生活中的真实问题。

四是培养科学精神。通过“酸奶的制作与研究”项目实施，学生形成探索微观世界的好奇心和求知欲，发现知识与真实世界的联系，增强用科学知识解决生活中真实问题的信心。

（三）动态调整流程，促进深度学习

深度学习是学习者能动地参与教学的总称。[2]“酸奶的制作与研究”项目以驱动性问题为动力，引导学生在真实居家情境中运用多种工具和资源，通过动手动脑的自主性体验和探究性学习，尝试解决问题，将思维的层次推向高阶，将学习的层次推向深度，属于深度学习的范畴。本项目活动一般会经历以下学习流程（见图23-4）。

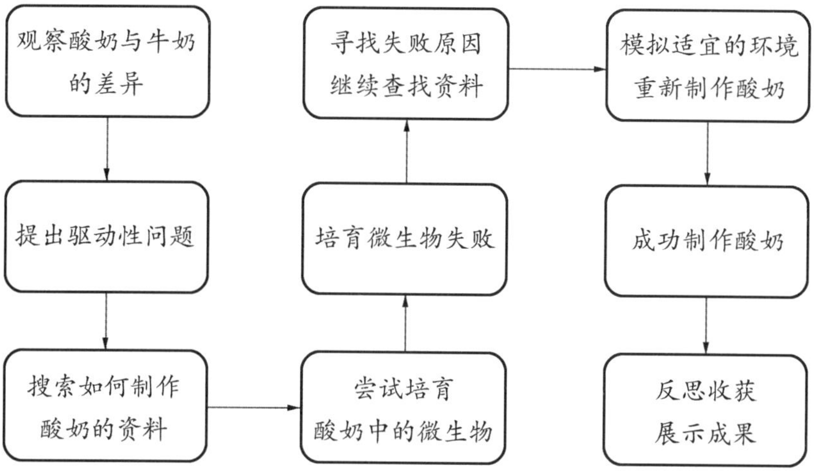

图23-4 “酸奶的制作与研究”项目化学习流程

项目化学习流程根据学生任务进展的情况进行动态调整，具有不确定性。不同学生在项目实施中可能会出现不同的问题。他们在自主解决问题的过程中，需将已有知识与自身经验链接起来进行思考，充分运用批判性思维，主动寻求资源和协助，在创造性的思考和实践中，基于证据展开推理并得出结论，从而加深对项目主题的理解并创造性地生成项目成果。在本项目动态调整流程的过程中，学生习得科学知识固然重要，但更重要的是能够运用知识与信息，拥有独立的思考能力，理解、综合、应用和分析，解决实际的问题，自主构建知识结构甚至创造新的观念，促进深度学习的发生。

（四）创设多样角色，提升多维能力

“我听了我会忘记，我看了我会记住，我做了我会理解。”在居家项目化学习中，尽可能地给学生提供各种不同的“做”的机会，提倡学生的多态化学习模式，让学生在体验多样角色中发挥个性化特征，从而培养综合能力。

1. 调查员：通过询问父母以及网上搜索等方式进行调查，搜集制作酸奶的资料。

2. 观察员：酸奶的制作属于长周期探究活动，需要通过一段时间的观察，记录食物发生的变化与现象。学生可以通过各种不同的方法进行观察：看——观察外形特征变化；闻——观察气味变化；摸——观察质地变化；尝——观察味道变化。

3. 记录员：用绘图、文字或拍照等多种方式记录从牛奶到酸奶的变化过程。

4. 讲解员：用语言描述自己观察到的现象，表述自己的探究发现。

5. 展示员：从酸奶制作过程发生的变化中探索科学原理与知识，通过多样化的形式来进行呈现和展示，形成公开的成果。

学生热衷不同角色的实践，在此过程中自主学习能力、语言表达能力、动手实践能力、问题解决能力、创作能力等均得到了提高。

（五）在线展示成果，感受成功体验

“酸奶的制作与研究”项目学习成果包括“怎样制作酸奶”调查报告、制作成功的酸奶、“酸奶的制作”实践报告以及图画、演示文稿等多种创意形式。学生撰写的报告虽然观点很稚嫩，文字很平白，结构并不严密，但只要是学生亲身参与实践的，是他们体验感悟到的真实想法，是他们现阶段认识的真实水平，就是非常值得展示的成果。利用钉钉平台“优秀作业”功能，将学生的学习成果在线展示出来，让学生感受收获的快乐。

（六）设置多元评价，提高学习效能

在本项目化学习中，既包括对学习成果的评价，又包括对项目化学习实施的整个过程进行评价，具体评价见表23-1。

合理多元的评价不仅能激发学生的探究能力和创新能力等高阶思维能力，而且能促进学生对项目化学习过程展开自我调控和改进。评价注重学生在项目化学习中的全面表现，不以单一的标准评价学生，注重引导学生心情愉悦、高质量地开展学习。评价的方法以过程性评价为主，主要通过教师评价、学生自评与互评等，同时征求家长对项目实施过程中学生表现的建议，使评价趋向多样化和人性化，从而提高项目化学习的有效性。

（七）构建保障体系，驱动学习推进

教师的线上指导、家长的线下支持和学生同伴的线上合作所构建成的学生项目化学习保障体系，为学生的学习搭建合适的脚手架，驱动居家项目化学习的有效推进。

1. 教师的线上指导：教师要给学生的活动搭建支架，帮助学生明确问题解决过程的通用环节步骤，对项目化学习的目标、问题、流程、资源和评价等分别进行设计和指导。

表 23-1 “酸奶的制作与研究”评价表

评价维度	具体要求	达成情况
思考问题	发现自己所要解决的问题，详细思考问题的核心方面，提出后续需要解决的一系列相关子问题	
制订计划	制订包括搜集资料、实践操作、分析收获、反思失败、修改调整、展示成果等项目开展计划	
搜集资料	运用信息工具，搜集资料；记录、分析数据并汇总整合信息；列出解决问题的实践操作步骤	
实践操作	实践操作完成酸奶的制作，观察物质变化的相关细节，用图文记录操作的过程和酸奶发生的变化	
分析收获	如酸奶制作成功，分析记录的过程数据，提炼成功的收获	
反思失败	如酸奶制作失败，分析记录的过程数据，反思失败的原因	
修改调整	根据失败的原因，实践调整策略和方法，重新进行酸奶的制作	
展示成果	用图画、照片、演示文稿等方式呈现成果，并用探究过程中收集的证据表达见解、交流分享	

教师要重视学习的结果，更要重视学习的过程，为学生提供学习单、研究方法指导，提供激励和协助等。

2. 家长的线下支持：居家环境的特殊性，导致教师无法给学生线下的支持和协助，此时就需要家长的参与。比如，家长可为学生提供实践所需要的材料和工具；当学生遇到挫折产生挫败感时，可对学生进行鼓励；根据实际问题，对学生进行更具针对性的个性化指导。

教师与家长在进行指导与支持时，需达成观念上的一致性，即指导与支持需要适时和适量。适时即在学生通过自身努力仍旧无法解决困难时提供指导与支持；适量即提供的帮助不可过多、不可代劳，仍旧须保留学生的思维参与度。在学生能力逐步增强的情况下，教师和家长提供的指导和协助会逐步减少，同时学生独立承担的责任将逐步增加。

3. 学生同伴的线上合作：主要包含学生讨论和互评这两种方式。同伴讨论呈现同伴的不同观点，使得学生可以参与到更多问题的解决过程中；同伴讨论是学生重组思考，将知识外显表达的过程，将有助于知识的建构；同伴讨论让线上的生生互动更为深入，课堂氛围更加民主。同伴互评促进学生间的沟通，让他们发现彼此的优点；互评的过程也是学习的过程，在互评中明确自己的学习路径，不断反思调整，找到自己的项目推进方向;同伴互评和鼓励能促进学生互助互学并提高学习积极性,发挥学生集体教育功能。例如,在完成"怎样制作酸奶"调查报告之后,有学生评价他人时写道:"我发现某某的调查报告不是大段的文字,而是表格式的,把原料、工具、步骤和注意事项一一列出,这样特别清楚。我要向他学习这种好方法。"这样的作业评价方式,既鼓舞了他人,也将会引领自己热爱学习、善于发现式学习,其提升效果是显然的。

六、成效与反思

(一)成效

在居家在线学习的大背景下,为促进空中课堂单向传递的学习方式转化为多向交互的学习方式,提升学生的学习效果,笔者充分挖掘居家素材,让教学目标挂靠在项目化学习活动上,将科学知识镶嵌于居家实践情境中,开展居家项目化学习。居家项目化学习始终以学生为中心,学生运用各种方法、结合不同领域获得对科学知识的更全面理解,把原本指向确定性的科学知识为主的学习向更创新开放的学习方式转变,学生的自主学习能力与综合能力在学习过程中得到充分发展。居家项目化学习从虚拟情境到真实问题,从被动学习到主动学习,从接受学习到探究学习,实现在真实问题的解决中学到科学知识、应用科学知识,逐步培育适应未来社会所需的关键能力、必备品格、价值观念,是深度变革学习方式的有益尝试。

(二)反思

"教师—家长—学生"三方协同是保障学生居家项目化学习质量的重要因素,上述三方需相互协调并通力合作。在实际工作的开展中,家长对居家项目化学习的态度和看法不一,导致家长支持缺失或指导过度的情况,因此学生的学习质量得不到保障。我们将进一步通过更多居家项目化学习的开展,帮助家长认识到项目化学习对学生的价值和意义,并通过家长课堂等方式引导他们愿意参与并逐步学会如何精准地进行适时适量的指导,从而更好地发挥居家项目化学习的作用,以架起"空中"与"生活"之桥。

参考文献

[1] 夏雪梅.在学科中进行项目化学习:学生视角[J].全球教育展望,2019,48(2):83-94.
[2] 钟启泉.深度学习:课堂转型的标识[J].全球教育展望,2021,50(1):14-33.

第五部分

评价伴随学习

强化学科项目化学习中教学评一体化设计与实施，以学生的学习活动为核心展开教学指导，体现以学定教、学教一体；将展示性评价、反思性评价融于项目推进过程，基于学生项目化学习的过程与成果进行表现性评价、描述性评价，体现融评于学、学评一体；基于学生个体学习情况和团队合作学习情况等学习诊断与分析，适时提供项目指导与教学改进，强化评价改进学习的功能发挥。

项目化学习的评价设计[1]

◎上海金山区世界外国语学校　王　云

[摘要] 项目化学习作为一种全新的创新学习方式，具有指向学生核心素养培养的重要优势，而评价设计是项目化学习能否有效实施的关键所在。从分析项目化学习的整体设计思路出发，阐述评价要素的地位和意义，并结合不同案例阐述了项目化学习中评价设计的关键策略，形成了项目评价设计的行动指南和重要依据。

[关键词] 项目化学习　核心素养　评价设计

进入21世纪，随着全球化进程的加速和数字化时代的迅猛发展，世界各国将教育的目标聚焦在核心素养上。项目化学习(Project Based Learning，简称“PBL”)作为一种全新的创新学习方式，具有指向学生核心素养培养的重要优势，不仅是国际教育潮流的大趋势，也是国内基础教育发展的新动向。

在项目化学习背景下，学生作为学习的主体，立足新的学习方式，才能顺势成长。以学生的现实诉求为基础，形成学生主体的教学方法，为不同学习背景、学习能力和学习状态的学生搭建项目化学习平台，将会产生意想不到的效果，实现指向适应未来社会核心素养的目标。

在项目化学习中，系统多元的评价方式既是学生在项目化学习中学习效果的检验策略，又能激励学生产生内部的学习动机，帮助学生有效调控自己的学习过程，增强自信心，形成合作精神。那么，我们应该如何设计指向学生核心素养的评价呢？笔者以上海金山区世界外国语学校小学部的项目化学习课堂教学为载体，观察透视项目化学习的课堂评价方式，聚焦项目化学习的评价设计策略。

1 本文发表于《上海课程教学研究》2021年第4期，收录时略有改动。

一、项目化学习的评价方式

项目化学习要求对学生完成项目的过程进行规范、全面的评价。因此，项目化学习的评价应涉及项目实施的全部过程，即实施全程评价，既包括对最终公开成果的评价，又包括对学生探究的整个过程进行评价。项目化学习的全程评价见图24-1。

- 项目化学习全程评价
  - 对探究过程的评价
    - 探究性实践评价量规
    - 社会性实践评价量规
    - 审美性实践评价量规
    - 技术性实践评价量规
  - 对公开成果的评价
    - 公开成果本身评价量规
    - 公开成果的报告/展示评价量规

图24-1　项目化学习的全程评价

（一）探究性实践评价量规

探究性实践评价量规着重对学生的探究能力这一维度进行多角度评价，比如对学生制订和实施方案，收集、分析和解释数据等方面情况进行评价。我们将探究性实践评价中的每个评价维度进行细分，以便在落实时更清晰、更明确（见表24-1 ）。

表24-1　探究性实践评价维度细则

探究性实践评价维度	提出和发现问题	提出自己想要知道的问题；发现自己所要解决的问题
	产生假设	根据已有的知识来对结果进行假设与推理
	实施运行	实施方案；运用数学、统计、模型等工具
	观察	运用所有的感官来关注相关细节
	记录	收集信息；记录数据；分析数据
	制订计划	设计方案；列出提纲；考虑技术可行性、成本、安全、美学以及合法要求
	修改调整	修改与完善；接近达到目标；根据实践调整策略和方法；审视自己的学习状况和习惯；不断完善并接近目标
	演示交流	用表格、图画、模型或多媒体等方式来交流分享；用探究过程中收集的证据有力地表达见解

（二）社会性实践评价量规

社会性实践评价量规着重对学生的社会性互动和沟通能力进行多角度评价，同时也考查学生是否在此过程中发展出相应的社会责任感。表24–2是“班级同学寻找游戏”项目的社会性实践评价量规。

表24–2　“班级同学寻找游戏”项目的社会性实践评价量规

评价维度	优秀	良好	待改进
礼貌地采访同学的特征	能利用“请问”“谢谢”等礼貌用语，清晰地采访对方	能较清晰地询问对方主要特征	能获取对方特征信息，但是忽略采访礼貌用语
清晰表达自己的特征	能用简洁的语言或者图画等方式，清晰、有条理地表达自己的特征	能通过语言较清晰地表达自己的特征	能表达自己的特征，但是语言不够简练清晰
与其他同学互相熟悉	熟悉班级同学特征	了解个别同学特征	不熟悉同学特征
理解同学之间的差异	理解同学之间的差异，并表达欣赏和赞美	认识到同学之间的差异	不能理解同学跟自己的差异

（三）审美性实践评价量规

审美性实践评价量规着重考查学生在项目化学习中对不同类型的项目化学习成果和报告内容进行的艺术性思考。比如，这个项目的过程和成果是否体现艺术性，完成的报告单和报告图是否具有合理的构图方式。图24–2是“生日会预算”项目中学生完成的报告单，显然左边的报告单更加符合审美性实践评价的要求。

图24–2　“生日会预算”项目的报告单对比

（四）技术性实践评价量规

技术实践性评价量规着重考查学生在项目化学习过程中是否运用多样的技术完成项目，比如不同的工具、软件。

表24-3是"隔空运输礼物"项目的技术性实践评价量规。

表24-3 "隔空运输礼物"项目的技术性实践评价量规

评价维度	优秀	良好	待改进
定滑轮的操作和使用	能灵活、正确地操作定滑轮，并与其他工具配合巧妙完成运输任务	能应用定滑轮运输礼物	不能正确使用定滑轮
动滑轮的操作和使用	能将动滑轮与定滑轮组合成一套巧妙的运输工具	能应用动滑轮运输礼物	不能正确使用动滑轮
斜坡的利用和调整	将斜坡坡度进行适度调整，实现了精准运输	对斜坡进行调整，礼物运输位置基本准确	没有对斜坡进行高度调整，没法实现礼物精准运输

二、项目化学习的评价设计研究

一个高质量的项目化学习应该满足五个典型的核心要素，即真实的驱动性问题、有持续的探究与实践、指向核心知识的再建构和思维的迁移、公开成果的展示和多元评价。在项目化学习的设计和实施中，我们经常发现，评价要素与项目化学习的其他要素之间存在本质和必然的联系。因此，在研究评价的设计策略之前有必要先认真分析各要素之间的紧密联系。本文结合"创建理想社区"这一项目化学习案例对评价设计进行探究。

（一）项目化学习中评价要素与其他要素之间的联系

1. 创设真实情境，抛出驱动性问题

假如你是一名社区建设者，如何根据社区的五大功能（管理、教育、服务、保障和安全稳定功能）创建一个功能齐全、布局合理的"理想社区"呢？

2. 展开持续探究过程

学生围绕驱动性问题展开了以下探究过程：调查社区—分析我国典型的优秀社区

建设案例—绘制“理想社区”蓝图—根据“理想社区”蓝图，自选并收集所需材料，小组合作共同搭建“理想社区”模型。

3. 核心知识的再建构

学生在探索创建“理想社区”时着眼于本项目活动的核心知识——社区的结构和功能，以创建一个功能齐全、布局合理，兼顾便利与安全和平衡发展与生态的社区。

4. 公开成果展示与多元评价

各小组展示“理想社区”模型，并分别基于核心知识和探究过程阐述设计理念和关键策略。学生重新回到项目最初的驱动性问题——假如你是一名社区建设者，如何根据社区的五大功能创建一个功能齐全、布局合理的“理想社区”呢？对本小组创建的“理想社区”模型进行TED演讲。

5. 全程评估、多元评价

学生重新回到项目最初的驱动性问题——假如你是一名社区建设者，如何根据社区的五大功能创建一个功能齐全、布局合理的“理想社区”呢？对本小组创建的“理想社区”模型进行TED演讲。

通过本案例我们可以发现，项目化学习的五个核心要素之间存在如下本质和必然的关系(见图24-3)。

见图24-3，项目化学习的整体设计思路表明，“核心知识的再建构”是设计“全程评估、多元评价”的重要依据，“公开成果展示”是设计“全程评估、多元评价”的关键载体，

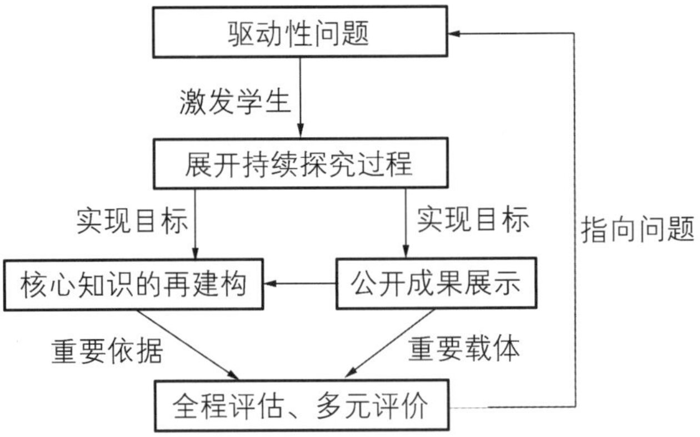

图24-3　项目化学习的整体设计思路

而“驱动性问题”是“全程评估、多元评价”的主要逻辑起点。

（二）项目化学习的评价设计策略

项目化学习评价的一个核心是客观真实地评价学习者在项目中体现的核心概念迁移能力以及问题解决能力，将学生对实际问题的解决过程和方法作为考查对象，聚焦应用、数据分析、建模和制订方案等高阶认知目标。基于以上认识，笔者认为在进行项目化学习评价的设计中应该着眼于以下四点。

1. 指向驱动性问题——评价设计的逻辑起点

项目化学习的评价应该是指向最初的驱动性问题，即最终的公开成果应该回答或解决了驱动性问题。如果一个项目活动结束都不能解决提出的问题，那么学生在项目中所形成的素养或能力将是零碎片段而无法迁移与应用。

在“创建理想社区”这一项目化学习活动的评价环节中，教师会组织学生重新回到项目最初的驱动性问题，让学生围绕“假如你是一名社区建设者，如何根据社区的五大功能创建一个功能齐全、布局合理的理想社区呢？”围绕这个问题，学生对本小组创建的“理想社区”模型进行TED演讲。每小组在进行TED演讲时，要求从社区的结构（布局）和功能两个核心概念方面细致阐述所创建的“理想社区”。

2. 着眼学生的探究过程——评价设计的关键环节

学生在项目化学习中展开的一系列探究过程是实现核心素养培养目标的重要环节，因此也是项目化学习评价的关键环节。着眼于学生的探究过程进行评价时，首先要确定所要评价的素养和能力。不同的项目化学习依据不同的探究过程，其所要评价的素养和能力也因此而不同。

在“寻找教室里的神秘人”这一项目化学习活动中，学生经历的探究和认知过程包括观察、采集、对比、数据分析、方案制订和结果表述等。相应地，本项目的过程性评价量规中包含了综合处理信息能力、决策能力、小组合作能力和分享交流能力等关键能力（见表24-4）。

3. 聚焦核心知识再建构——评价设计的重要依据

不能实现核心知识再建构的项目化学习就像没有灵魂的搏击赛，之后的一系列探究环节都会沦为一场没有意义的嬉闹。因此，核心知识的再建构成为项目化学习评价

表 24–4 “寻找教室里的神秘人”项目过程性评价量规

评价维度	评价内容	评分等级
核心概念	对身体脚印、身高、指纹和外貌特征有清晰的认识	☆☆☆☆☆
高阶能力	通过三条线索，收集到“神秘人”身体特征信息	☆☆☆☆☆
	能综合处理和分析身体的特征信息，锁定教室“神秘人”	☆☆☆☆☆
	制订明确的探究（侦探）方案	☆☆☆☆☆
	高效率地进行小组分工合作	☆☆☆☆☆
	清晰地分享探究（侦探）过程	☆☆☆☆☆
优秀品格	形成有责任心、有担当的优秀品格	☆☆☆☆☆

设计的重要依据，即学生在解决驱动性问题过程中，在展开持续探究的过程中，在公开成果的展示过程中是否体现了对核心知识的运用、转换和迁移。

“牙齿王国”这一项目化学习活动的核心知识是“牙齿的种类和功能”。依据核心知识，该项目活动在实施和评价过程中进行了两次迭代。

第一次，学生利用棉花糖和胶水等材料进行简单的拼搭，最终得到一个外观漂亮的牙齿模型。在评价环节中，学生通过呈现和分享牙齿模型的方式，阐述牙齿的数量和功能。

从以上项目的实施和评价环节中，我们似乎都看到了核心知识的影子，但是都只是简单地对核心知识进行了呈现或者展示，并未体现核心知识的应用和迁移。

第二次，学生围绕“如何通过教室里的牙齿模型判断动物的食性”这一驱动性问题，通过观察、分析、查阅和交流等探究过程，获取并理解了肉食动物、草食动物和杂食动物的牙齿结构和特征等信息，最终判断出教室里的牙齿是属于肉食动物的。在评价环节中，学生通过项目报告单的方式汇报本小组的研究过程和结果。

以上项目的实施和评价环节中，学生运用了本项目的核心知识“牙齿的种类和功能”，并将核心知识进行转化和迁移，产生了新的知识“牙齿结构与食性密切相关”。因此，在实施和评价环节都实现了核心知识的再建构。

4. 关注公开成果——评价设计的关键载体

项目化学习成果是指在项目化学习结束时产生的作品、产品、报告、模型等，具有指向驱动性问题和核心知识的重要特征。除此之外，公开成果往往并不只是指“产品”本身，同时还要求学生能够汇报本小组的探究思路和过程，而这些过程涉及分析、推理、调整、再设计与创造。因此，公开成果必然是项目化学习评价设计的重要载体。基于公开成果的评价将进一步促进学生关键能力和必备品格的培养。

在“搭建方舱”这一项目化学习活动中，学生围绕“假如你是一名建筑设计师，如何设计并搭建一个‘可防风’的方舱？”这一驱动性问题，展开一系列探究过程，包括查阅资料、分析给定材料、绘制方舱草图、尝试搭建并改进提高等，最终形成一个“可防风”的方舱。方舱便是该项目化学习的公开成果。我们设计了“方舱”这一公开成果的评价量规（见表24–5）。

表 24–5 “搭建方舱”项目案例公开成果评价量规

评价维度	优秀	良好	合格	待改进
设计的方舱能有效防风	能防风超过 5 分钟	能防风超过 3 分钟	能防风超过 2 分钟	能防风超过 1 分钟
搭建的方舱有一定改进措施	汇报时，提出改进措施，并在搭建的方舱中有所体现	汇报时，提出所设计的方舱缺点以及针对性的改进措施	汇报时，提出所设计的方舱缺点	汇报时，未提出任何缺点和改进措施
能清晰地分享方舱的设计和搭建过程	能分步骤地阐述本小组设计和搭建方舱的具体探究过程，并总结经验	能分步骤地阐述本小组设计和搭建方舱的具体探究过程	能简单地阐述本小组设计和搭建方舱的探究过程	未能清晰地分享设计和搭建方舱的探究过程

在项目化学习中，评价要素是其他要素有效实施的关键纽带，而其他要素也分别是评价设计的逻辑起点、重要依据和关键载体。因此，指向核心素养培养的评价设计应贯穿整个项目化学习的各大要素和各个环节之间。

笔者以“空气动力运输车挑战”这一项目化学习活动为例，阐述贯穿整个项目化学习各大要素的全程评价量规设计（见表24–6）。

见表24–6，指向核心素养的评价设计渗透在项目化学习的各个实施环节和各大核心要素之间。不同的核心要素和实施环节指向学生不同的关键能力和必备品格培养，它们共同组成了项目化学习的多元评价系统。

表 24-6 “空气动力运输车挑战”项目全程评价量规

项目实施过程	优秀	良好	合格	待改进
分析驱动性问题	详细思考问题的最核心方面，提出后续需要解决的一系列相关问题，并做出假设	思考了关于问题的各种可能观点，表明问题的核心方面，并提出后续相关细节问题	分析出驱动性问题的一个核心方面，但未分析出其复杂性，不能深入研究	只看到驱动性问题的肤浅方面或者一个面
展开持续探究	经历查阅资料、分析材料、制订方案、绘制草图、尝试搭建等系统探究过程，最终形成兼具有效性、准确性和创新性的产品	能整合信息以解决驱动性问题，并开展查阅资料、获取信息、尝试搭建、测试和改进等探究过程	尝试进行整合信息，考虑到解决驱动性问题的相关方法，但没有进一步尝试或者实施	无法分析给定材料，整合信息以解决驱动性问题
展示并分享公开成果	条理清晰地分享本小组产品的性能和结构，并指出探究过程中做出的改进和提高。用数据证明产品能创新性地回答驱动性问题	条理清晰地介绍本小组产品的性能和结构，分析优劣之处，并提出之后的改进措施	考虑使用小组合作的方式分享产品的性能和结构，并指出优点和缺点	单一地阐述产品的性能和结构，未能分析优点和缺点

三、总结与展望

（一）项目化学习的评价设计小结

项目化学习的评价设计，既要基于项目化学习本身的整体设计思路，又要指向项目化学习的各个核心要素以及具体的实施过程。合理多元的评价不仅能激发学生的探究能力和创新能力等高阶思维能力，而且能促进学生对探究过程展开自我调控和改进。教师作为学生学习行为的设计师，在进行项目化学习的评价设计时，应综合分析项目化学习的各大核心要素，让评价指向驱动性问题、着眼于学生的探究过程、聚焦核心知识再建构、关注公开成果展示，最终形成贯穿整个项目化学习的全程评价体系。

（二）项目化学习的评价设计展望

为了更好地发挥评价在项目实施中的指导和调控作用，让评价有效激发学生深层次的学习和理解，我们还应该关注项目化学习的评价设计具有逆向设计的特点。所谓逆向设计评价是指，在项目化学习实施之前，我们应该提前预设通过哪些具体特征、产品和成果来判断他们是否已经达到预期的效果，比如报告单、任务单、模型展示等都可以作为评价的重要载体。但是，在项目化学习的全程评价中，探究过程是评价的一个重要环节，那么在进行探究过程的评估中，我们如何设计评价载体才能精准、有效地评估学生的探究方法和探究能力呢？接下来，我们将致力于项目化学习的探究过程的评价载体研究，让评价设计更具象、更落地。

ICAP视域下语文项目化学习评价的逆向设计[1]

◎上海市进才中学东校　薛濛濛

[摘要] 高质量的项目化学习评价设计有助于发挥评价的导向、诊断、激励和调控等功能，促进“学”的达成。依托“反向”构建的教学思路，结合ICAP理论，通过前置评价量规、嵌入阶段评价、细化合作评价等方法，对“驶向科幻小说世界的星辰与大海——云端共读《带上她的眼睛》”语文项目化学习的评价体系进行精心的设计并收获高质量的学习成果。学习评价的逆向设计实质上进一步凸显了以生为本的理念，更有利于达成深度理解知识、发展能力、培育态度和价值观的素养目标。

[关键词] 评价改革　项目化学习　阅读教学　线上教学

《2023年上海市教育委员会基础教育工作要点》明确提到，要积极深化基础教育评价改革，撬动育人方式变革，引导学生全面发展。近年来，在以促进深度学习、培育核心素养为导向的课程改革背景下，项目化学习得到了广泛的关注与实践，各类理论研究和实践探索均呈现火热趋势。在项目化学习的推进中，项目化学习评价是一个非常关键的问题，因其同时涉及教学实践以及与之配套的支持体系的建设，故而成为诸多专家学者、一线教师的重要研究内容。

项目化学习的评价是与成果的产生和展示密不可分的。但当下不少项目化学习在设计与实施阶段仍存在一些评价上的问题。比如，评价与学习过程相脱离，致使项目化学习的开展与实施困难重重，收获甚微；又如，对合作学习引导不充分，组织不到位，致使出现“一言堂”“零互动”等现象，让项目化学习效率变得低下，没有呈现其应有的效果。那么，我们该如何优化项目化学习的评价，从而更好地发挥评价的诊断、激励、调控功能？本文将以“驶向科幻小说世界的星辰与大海——云端共读《带上她的眼睛》”项目化学习（以下简称“《带上她的眼睛》项目化学习”）为例，浅析ICAP视域下项目化学习评价的逆向设计要点，为优化项目化学习的设计和实施提供新的思路和可行路径。

1 本文发表于《上海课程教学研究》2023年第10期，收录时略有改动。

一、ICAP视域下项目化学习评价逆向设计的理论支撑

（一）ICAP理论

适配的学习理论框架不仅能为项目化学习设计提供一种合理且可行的思路，也能为高质量学习效果的实现给予相应的保障。“ICAP”是由美国亚利桑那州立大学季清华教授提出的一种学习方式分类理论，它由被动学习（Passive）、主动学习（Active）、建构式学习（Constructive）和交互式学习（Interactive）四种学习方式构成（见表25-1）。该理论对内衡量了学生认知过程中的知识变化，对外关注了学生外显的学习行为，为学生学习参与指向更高层次的活动提供了更多的经验。

表 25-1　ICAP 学习方式

分类 / 特征	浅层学习		深度学习	
	被动学习（P）	主动学习（A）	建构式学习（C）	交互式学习（I）
行为表现举例	听、看、观察、读、浏览、收集	计算、分类、记笔记、选择、描述	比较、概念图、评价、建构、创造	讨论、合作、分享、回答问题、辩论
知识变化过程	孤立存储	激活整合	反思推断	相互交流创造
预期知识变化	形成惰性知识	现有模式更加完整、突出	创造出新知识，现有模式更加丰富	共同创造出新知识，优化个人知识
预期认知变化	回忆：重复概念	应用：相似但不同的情境中应用	迁移：用于新的情境，解释新概念	共同创造：互相产生新想法、产品、程序
ICAP 学习结果	浅层理解	较浅层理解	较深层理解	深层理解

（二）逆向设计

有效的项目化学习评价要与整个学习过程紧密相连，既要反映学生学习过程中的真实表现，又要体现知识建构能力提升的过程。美国课程专家威金斯在《教育性评价》一书中指出，课程不能脱离评价，也不能先于评价，并由此提出“反向”构建教学思路，即先确定希望学生理解的东西和改进这种理解的评价任务，在此基础上才能决定如何更好地开发出帮助学生掌握有关学识和能力的一堂课的教学活动。实践证明，在设计项目化学习

的过程中，巧妙地结合ICAP理论与逆向设计的理念会收获更高质量的项目成效。

二、ICAP视域下项目化学习评价逆向设计的实施要点

（一）前置评价量规，让学习方向更明确

为了避免教与学的割裂、学与评的割裂，逆向设计的评价是以“目标—评价—教学”的思路进行的。需要注意的是，这一设计并非仅仅将学习结果放在教学设计的首位，而是对学习结果的评估同时优先考虑，把原本用来检测教学效果的评价任务提至教学活动之前进行设置，特别强调评价的地位和作用。这就需要教师打破原有的课堂设计思维，通过前置性评价的逆向设计打造课堂流程，让学习更有方向性。

《带上她的眼睛》选自统编语文教材七年级下册第六单元第24课，这是学生在初中学段第一次在教材中接触科幻小说，也是整套教材中唯一一篇承载了“科幻”主题学习任务的文本。结合上海市进才中学东校的全国航空特色品牌，我们将驱动性问题设置为：我校作为全国航空特色学校，即将举办“插上科学翅膀，畅游未来世界”线上主题探究活动，本班正好负责其中的科幻小说推荐部分。请试着以领航员的身份，带领观众乘坐“地航2号”去探索《带上她的眼睛》中的未来世界，感受科幻小说之美。根据“课程标准—单元目标—课时目标”与ICAP理论，设定了本项目的具体目标(见图25-1)。项目初期，我们拟定了前置评价量规(评价主体与评价得分细则略)，对学生已有的知识储备和能力水平进行了初步诊断。

本项目前置性评价量规(见表25-2)帮助师生重新定义了“高质量”的学习，其逆向

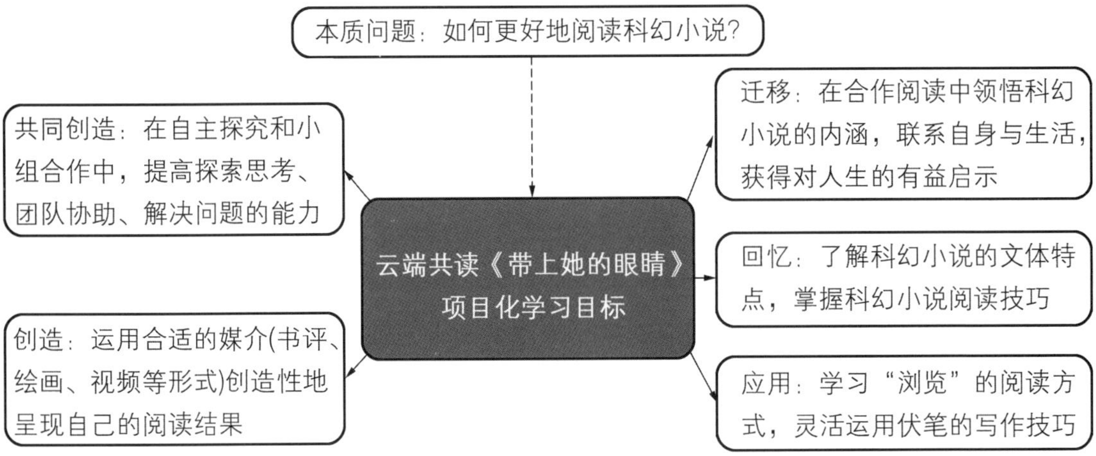

图25-1 《带上她的眼睛》项目化学习目标

表 25–2 《带上她的眼睛》项目化学习前置性评价量规

评价维度	评价标准	已有知识储备或能力水平			学习分类			
		完全可以	基本可以	不可以	被动	主动	建构	交互
阅读与鉴赏	掌握“浏览”阅读法，明确科幻小说“软与硬”的特点				√			
	能运用跨媒介进行阅读；能够系统、完整、精练地整理阅读笔记					√		
	阅读文本后能有自己的情感体验，初步领悟作品的内涵，从中获得有益启示						√	
想象与创造	能灵活运用伏笔写作技巧；合理想象，能以书评、绘画、视频等形式，创造性地呈现自己的阅读结果						√	
表达与交流	能正确、流利、有感情地合作朗读课文							√
	能简明、连贯、声音洪亮、自信大方、准确具体地向他人描述小说情节、人物特点，语言符合领航员身份							√
合作与探究	通过团队合作，能够根据需要选用合适的媒介呈现探究结果							√

设计要点有三个：第一，发挥评价的导向作用。在后续的项目化教学中，教师要始终聚焦前置评价量规中所涉及的维度，以便真正发挥评价的“指挥棒”作用。第二，规范评价量规的使用。在入项之前，教师就要向学生介绍量规的评价标准与使用方法，并对量规的使用提出严格的要求，尤其是生生互评时要求尽可能客观、公正，避免出现太随意、太

主观等情况。另外,对量规的使用时间也要有明确的规定,要求学生只能在课上、项目活动中完成评价。第三,重视评价反馈。评价的受益对象既包括学生,也包括教师。在每次评价诊断之后,要及时进行反馈。学生通过评价反馈,可以明确下一步的努力方向;教师通过评价反馈,也可以有针对性地整改优化后续的教学手段与教学内容。

(二)嵌入阶段评价,让学习过程"看得见"

评价产生了可靠的证据来描述和刻画学生在项目化学习中的成长。学生在项目学习中的行为表现、学习路径、作品呈现等均可理解为指向目标达成的证据。一个个阶段性评价的嵌入有助于让师生能够真正"看见"学习的过程,在认知爬坡中实现学习的进阶。

本项目把驱动性问题分解为三个活动,即"用声音链接文本世界""用文字描绘地心世界""用画面呈现未来世界"。我们设想在项目的实施过程中,学生能够扮演科幻小说的朗读者、思考者、续写者等多重角色。通过这些活动,不断加深学生对科幻小说的理解与认识,感受以《带上她的眼睛》为代表的这类小说人文关怀与科幻凌冽相交织的魅力,获得审美体验,进而在整个阅读过程中不断提高自身的阅读能力,开阔视野,培养独立自主的精神和理性思辨的思维方式,激发探索未知世界的兴趣。

阶段性评价是项目化目标达成的重要证据链,它使项目化学习的路径和展开的形式更加明晰。基于设想,我们将过程性评价分为两个部分,其一是针对核心知识(技能)的评价,其二是针对学习实践的评价。表25-3就是本项目实施部分(即第二阶段)的评价量规。

嵌入阶段评价,其逆向设计要点有两个:第一,不要固化过程性评价。过程性评价没有固定的格式与形式,形成的量规也可以是多种多样的,只要能够反映出师生在项目化学习过程中认知与能力水平所发生的变化即可,可以是限制式的表现性评价,如朗读评价量规(见表25-4),也可以是开放式(或扩展式)的表现性评价,如学生的学习日记、作品分享展示会等。其二,彰显学生学习的主体性。学生是学习和发展的主体。在评价的过程中,教师应把评价的权利还给学生,可以采取教师评价、生生互评、自我评价等多元评价方式,以此调动学生学习的积极性,促进学生自我反思、自我发展。此外,教师也可尝试邀请学生对照前置性评价参与过程性评价量规的部分设计,如教师拟定"评价维度",学生通过实践总结"解决问题"的经验并将其纳入核心技能的评定中,使得过程性评价更具有针对性。在边实践、边细化、边改进的过程中,学生的设计思维、批判思维、共创思维等也会得到进一步的锻炼与发展。

表25-3　《带上她的眼睛》项目化学习第二阶段评价量规

活动环节	活动内容	活动目标	学习支架	评价维度	
				核心知识（技能）	学习实践
用声音链接文本世界	1. 学生聆听教师配乐范读课文 2. 教师出示“朗读要求” 3. 家长与学生配乐共读《带上她的眼睛》，并上传至云端共读圈子 4. 依据云端课文朗读评价表，发起线上评比活动	能正确、流利、有感情地朗读课文，加深对课文的理解	资源支架： 教师示范朗读音频、媒体平台、电脑、手机等	评价指向：提高表达与交流能力	评价指向：提高合作能力、创造能力、问题解决能力，培养反思意识
			元认知支架： 评价量规“云端课文朗读评价表” 实践支架： “朗读技巧”	评价内容：评价朗读课文时正确、流利、有感情这三个方面的达成度	评价内容：评价朗读活动中的参与度、认真度、创造性、协调性、反思性等
用文字描绘地心世界	1. 学生发挥想象，为小说续写结尾 2. 学生互评作品，小结科幻小说创作的要点，修改作品	发挥合理想象，续写小说，在修改与交流中，提升写作能力	资源支架： 续写背景、电脑等 元认知支架： 学习笔记、科幻小说创作要点	评价指向：提高想象与创造能力	评价指向：提高合作能力、创造能力、问题解决能力，培养反思意识
			实践支架： 续写要求	评价内容：评价在续写过程中对科幻小说文体特点落实的达成度，包含语言、内容、形式等方面	评价内容：评价续写活动中的参与度、认真度、创造性、协调性、反思性等
用画面呈现未来世界	1. 学生小组合作选择合适的媒介，发挥想象，完成作品 2. 学生互评作品，教师点拨，修改作品 3. 针对本阶段的学习情况，进行自评、互评	通过团队合作，运用合适的媒介（绘画、视频等形式）创造性地呈现自己的阅读结果，提升想象与创造、合作与探究能力	资源支架： 手机、电脑等 元认知支架： 学习笔记、阶段评价量规	评价指向：提高想象与创造、合作与探究能力	评价指向：提高合作能力、创造能力、问题解决能力，培养反思意识
			实践支架： 小组分工协议、视频剪辑教程等	评价内容：评价作品与课文之间的关联度、创造性、艺术性等	评价内容：评价该活动中的参与度、认真度、创造性、协调性、反思性等

表 25-4 《带上她的眼睛》云端课文朗读评价量规

朗读者：×× 及 ×× 家长				
评价项目	评价内容（打√）	自我评价	同伴评价	教师评价
正确	A. 朗读课文时字音正确，吐字清楚，不错字，不漏字			
	B. 朗读课文时字音较为正确，吐字较为清楚，错字、漏字情况不超过 3 次			
	C. 朗读课文时，错字、漏字情况超过 3 次			
流利	A. 朗读语句流畅，节奏自然，不顿读、唱读，长句中和段落间停顿处理恰当，不读破句			
	B. 朗读语句较为流畅，节奏较为自然，顿读、唱读、读破句、停顿处理不恰当等情况不超过 3 次			
	C. 朗读课文时，顿读、唱读、读破句、停顿处理不恰当等情况超过 3 次			
有感情	A. 声音响亮，态度自然大方，能通过不同的语气、语调、节奏、准确表达课文的思想感情			
	B. 声音较为响亮，态度较为自然，能通过不同的语气、语调、节奏，较为准确地表达课文的思想感情			
	C. 语气、语调、节奏与课文的思想感情不协调			
加分项	1. 朗读合作和谐 2. 伴奏音乐恰当 符合一项加一个“S”			
总评：__A__B__C+__S				

（三）细化合作评价，让学习交流更有效

有学者指出，合作是PBL真实性的一部分，它反映的是人们在诸多领域中解决问题的真实状态。互动性是项目化学习的重要特征之一，互动的有效性直接影响着项目过程的推动，也影响着项目成果的质量。然而在目前很多的项目化学习中存在着对合作学习引导不充分、组织不到位的问题，致使“一言堂”“零互动”等现象出现。这一系列问

题的出现归根结底是在项目设计的过程中没有足够重视实践评价的建构，缺乏对合作规则的细化与把控。凡是有价值的学习结果都应得到评价的肯定，合作也是学习的一部分，完善与细化合作评价是十分有必要的。

在本项目中，我们基于ICAP理论，从合作态度、团队贡献、沟通能力、共情能力、创造能力五个维度设计了衡量学生在合作学习过程中队内贡献及社会性表现的评价量规（见表25-5）。“一切为了每个学生的发展。”教学应当是有温度的，本项目中评价既追求科学性，又力求有温度。合作学习团队不仅仅是学习共同体也应是关怀共同体。我们此次专门将共情能力作为一项评价维度，一方面是由于近年来在各个领域中常被提及的“共情”具有弥合人际隔阂、社会隔阂的作用，需要引起教育者的重视；另一方面是想借此纠正学生以自我为中心的思维习惯，培养换位思考的意识，提高合作能力，增强团队的凝聚力与向心力。

表25-5 《带上她的眼睛》项目化学习社会性表现评价量规

评价维度	学习分类			
	被动学习	主动学习	建构式学习	交互式学习
合作态度	消极被动	主动参与	积极提出新观点	共同激发新认知
团队贡献	无法按时完成团队分配的任务，没有遵守团队协议	能够按时完成团队分配的任务，遵守团队协议	高质量按时完成团队分配的任务，遵守团队协议，能够为他人提供帮助	高质量按时完成团队分配的任务，遵守团队协议，能够主动为他人提供帮助，解决具有挑战性的问题
沟通能力	从不沟通交流；不考虑他人意见	能够表达自己的想法	主动表达自己的想法；能够听取他人意见	主动表达自己的想法；能够听取他人意见并在团队沟通中建构新的想法
共情能力	在他人表达时随意打断或心不在焉	安静、耐心地聆听他人意见；给予眼神、动作等细微的回应	安静、耐心地聆听他人意见；经过他人同意后友善地提出自己的观点	安静、耐心地聆听他人意见；经过他人同意后友善地提出自己的观点，在互相交流后修改自己的想法或成果
创造能力	全盘接收信息，没有一点创造	能够根据要求或者他人的指点进行一定的创造	能够在情境中利用自己所学进行自我建构和创作	主动与团队成员沟通交流后，进行共同创造

细化合作评价的逆向设计要点有两个:其一,提前拟定团队协议。在项目正式启动前,我们需要对学生进行分组,分组可以由教师在参考学生的意见后综合决定。分组之后,需要队员合作起一个队名、设计一个队标、分配团队分工,并拟定一份团队协议书,帮助团队形成一种同盟感。其二,实时监测和反馈合作情况。根据教师的实时课堂观察与每一次社会性表现的评价结果(包含自我评价、生生互评、教师评价等),要求学生进行反思,写下自己目前在团队合作中存在的优点与缺点,及时调整。如若出现普遍性问题,可根据具体情况,适当调整合作规划,如优化教学内容、协调组员分工等。

三、总结与反思

本项目的产生与学校的校本课程(航空特色)、时下热点(阅读素养、线上教学)以及"双新"背景都息息相关。经历一个月,总计15课时的线上项目化学习,师生们都收获良多。

在反思总结环节中,我们发现,本项目的顺利开展和高质量成效的获得与我们精心设计的评价量规是分不开的。在整个项目的进程(见图25-2)中,评价贯穿始终并发挥了重要的作用。

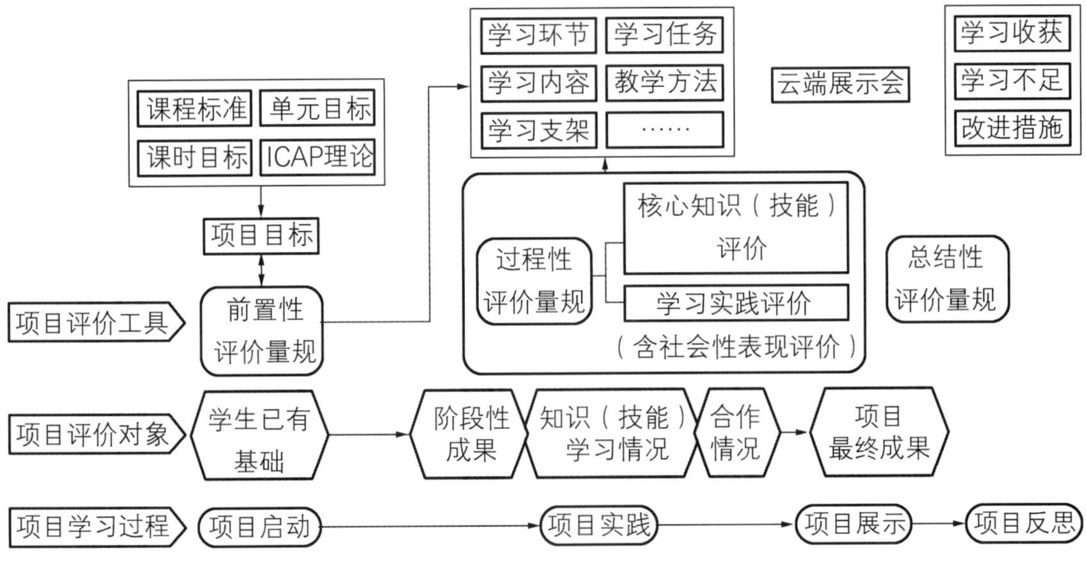

图25-2 《带上她的眼睛》项目化学习流程

（一）前置评价定航向

评价本身就是促进学生反思与深化学习，优化教师教学的载体。项目初期，我们拟定了前置评价量规，对学生已有知识储备和能力水平进行了初步诊断。结果表明：学生对科幻小说的认识普遍少且浅；对学生来说，跨媒介阅读、跨媒介呈现探究成果、做“小小领航员”等活动虽然有一定的挑战性，但他们充满了参与的兴趣。

本项目中评价量规的前置，清楚地展示了评价学生学习的方式和学习结果的预期，让学生明确自身“缺什么”，接下来要“学什么”，以便随时依据标准，不断调整、改进自己的学习，知道“如何做”才能达到这些预期，从而增强学习的自主性，激发学习的热情；也让教师对学生已有知识储备、能力水平有了一个认知，明确接下来应该着重“教什么”“怎么教”，为后续具体学习活动过程的设计，以及项目最终的成效衡量提供了重要的参考依据，极大地提升了项目的质量与成效。

（二）阶段评价注活力

我们将过程性评价贯穿了整个项目实施的始终，梯度式的目标导向设计，即不同的活动环节其评价量规指向了不同的核心知识（技能）与实践要求，这也就意味着每个环节对学生学习能力的要求是呈螺旋递进式的，促使学生转变学习方式，学会从被动学习转向主动学习、建构学习、交互学习，从而带动着认知实现从应用到迁移，再到共同创造的跃升。此外，在阶段评价的导向、激励之下，学生呈现的阶段性成果的质量也更高。

（三）合作评价提效率

在本项目的实施过程中，我们也安排了针对合作学习的相关调查（见表25-6）。结果显示：通过有序的合作学习，学生充分认识到了团队合作的巨大力量，团队合作的产出成果往往比个人单独完成的作品具有更高的质量。总而言之，合作不仅是一种相互分享、相互欣赏的学习形式，更是一种在真实情境中高效解决问题，实现自我提升的意识与手段。基于此，在本项目的终结性评价中，我们也适当加入了对“合作能力”的衡量，再次强化了合作的重要性。

相信日后在解决实际问题的过程中，学生也会更乐意以合作的思维方式去思考问题，解决问题，从而达成深度理解知识、发展能力、培育态度和价值观的素养目标。

学习评价的逆向设计实质上改变了传统的评价设计指导思想，凸显了以学生为本的理念。同时，这也是对教师的教学素养在更高层次上的一次检验与衡量。作为一线

表 25-6 合作学习情况调研问卷表

<table>
<tr><th colspan="5">合作学习情况调研问卷</th></tr>
<tr><td rowspan="4">实行小组合作学习前</td><td>1. 上课参与状态</td><td>A. 积极</td><td>B. 基本不思考</td><td>C. 精力根本没在学习上</td></tr>
<tr><td>2. 学习效果</td><td>A. 优秀</td><td>B. 一般</td><td>C. 差</td></tr>
<tr><td>3. 学习兴趣</td><td>A. 积极主动</td><td>B. 应付</td><td>C. 厌学</td></tr>
<tr><td>4. 学习成果 / 作业</td><td>A. 优良等第较多</td><td>B. 合格等第较多</td><td>C. 不合格等第较多</td></tr>
<tr><td rowspan="4">实行小组合作学习后</td><td>1. 上课参与状态</td><td>A. 积极</td><td>B. 基本不思考</td><td>C. 精力根本没在学习上</td></tr>
<tr><td>2. 学习效果</td><td>A. 优秀</td><td>B. 一般</td><td>C. 差</td></tr>
<tr><td>3. 学习兴趣</td><td>A. 积极主动</td><td>B. 应付</td><td>C. 厌学</td></tr>
<tr><td>4. 学习成果 / 作业</td><td>A. 优良等第较多</td><td>B. 合格等第较多</td><td>C. 不合格等第较多</td></tr>
<tr><td colspan="3">你最喜欢的小组合作是怎样的？</td><td colspan="2"></td></tr>
<tr><td colspan="3">在小组合作中你认为有什么不足或不喜欢的地方？为什么？</td><td colspan="2"></td></tr>
<tr><td colspan="3">未来，当你遇到问题时，你会选择什么样的方式来解决问题？单人完成还是合作完成？为什么？</td><td colspan="2"></td></tr>
</table>

教师，我们不仅要深入学习《深化新时代教育评价改革总体方案》，着力转变评价理念，更要学会科学构建评价标准，创新优化评价工具，积极实践，不断探索，在教育教学中尽可能发挥评价的“指挥棒”作用，提升教育的精度、温度、效度，进一步落实立德树人根本任务。

参考文献

[1] 吕虹.小学语文项目化学习评价的逆向设计[J].七彩语文，2022(12):91-94.
[2] 于家宁.指向深度学习的项目化学习设计改进研究[D].上海：华东师范大学，2021.
[3] 卢臻.评价在场：逆向教学设计的关键[N].中国教师报，2021-01-20(004).

小学数学项目化学习中表现性评价的设计与实施

——以“我们的十岁生日”为例[1]

◎上海市实验学校东校　苏佳怡

[摘要] 在核心素养导向的教育背景下，教育评价亟待走向一个更加综合及多元的评价体系。推进表现性评价就是实现这一转变的重要举措之一，而在项目化学习中嵌入表现性评价，在提升项目化学习总体质量的同时，还能更好地达成育人目标。在小学数学项目化学习活动“我们的十岁生日”的开展过程中，教师围绕表现性评价的三个核心要素即目标、表现性任务、评分规则进行设计与实施，体现了数学学习的价值，促进学生数学应用意识与实践能力的形成，落实学科核心素养的培育。

[关键词] 表现性评价　小学数学　核心素养　表现性任务　项目化学习

《义务教育数学课程标准(2022 年版)》确立了核心素养导向的课程目标，提出要设计体现结构化特征的课程内容，探索发展学生核心素养的有效路径。数学课程要培育的核心素养主要包括以下三个方面：会用数学的眼光观察现实世界，会用数学的思维思考现实世界，会用数学的语言表达现实世界。每一个方面都有其具体表现，而小学阶段数学核心素养主要有11个表现，侧重对经验的感悟[1]。表现性评价是促进核心素养形成的重要途径，设计能够培育核心素养的目标、表现性任务和评分规则是推进表现性评价的重要步骤。

一、小学数学项目化学习中表现性评价的内涵

（一）表现性评价的核心要素

表现性评价是在尽量接近现实的情境中，运用评分规则对学生完成复杂任务的过

1 本文发表于《浦东教育》2023年第10期，收录时略有改动。

程表现或结果作出判断。完整的表现性评价有三个核心要素:一是目标,二是表现性任务,三是评分规则[2]。这三个核心要素之间相互关联,其中表现性评价的目标需通过任务来落实并加以检测,而表现性任务和评分规则又必须与目标匹配并一致。

1. 目标

设计表现性评价,要先从评价目标入手。评价目标是指希望学生达成怎样的学习结果。表现性评价是学生完成任务的能力的一种展示,因此表现性评价的目标应是复杂的、基于课程核心的、需要长期理解的目标,也就是学生学习的重点内容,是那些具有价值的大概念,学生必须通过主动发现、分析与探索才能达成这些目标[3]。明确了这点,也就明确了教师教的重点是什么,这样的学习目标必然能为学生未来的发展和核心素养的养成铺下基石。

2. 表现性任务

设计表现性任务(即学生需要完成的任务或作业)指教师在创设的真实情境下诱发学生核心素养的行为表现,进而收集学生表现情况,作为了解和评价学生学习结果的凭证。数学学科中表现性评价的任务绝不是简单运用数学知识或技能去解答题目,而是综合运用相关知识、方法,去解决复杂的、具有挑战性的问题。首先,表现性任务提供的是有趣的任务情境,学生能积极投入并对知识作出丰富、主动的“建构反应”;其次,它不提供答案,学生不必去推敲唯一的答案,而是专心于任务提出的问题,尝试多元综合的解决策略,也不必拘泥于展示方式的限制。在此过程中,学生能充分展示数学素养、关键能力、意志品质以及价值观等,因此表现性任务是具有培育学生数学核心素养的功能的[4]。

3. 评分规则

由于表现性评价的任务没有统一、固定的方式和答案,所以需要开发评分规则对学生的表现作出判断和解释。评分规则需要体现素养目标形成的路径,体现它是沿着怎样的轨迹发展与形成的。基于这一理念,我们认为,评分规则是对学生行为表现结果和过程的双重评价,能够更深入地为核心素养的形成提供方向。

正是因为表现性评价具有任务的真实性、情境性、复杂性和所需时间及评分的主观性,所以它评价的是复杂的学习结果,而不是简单的选择反应。这一评价方式弥补了传统纸笔测试的局限,是一种更适合检测高阶思维的新型评价方式。在这一评价方式的引领之下，学生主动、深度参与到真实情境的任务中，并通过评分规则获取有效反馈，明确素养目标、现阶段的认知水平等问题，最终通过自我反思实现核心素养的落实[4]。

（二）小学数学项目化学习中的表现性评价

项目化学习以解决现实问题为重点，引导学生用数学方法解决现实问题，积累数学活动经验，体会数学知识的价值。在经历发现、提出、分析、解决问题的过程中，学生发展创新意识、应用意识、实践能力等。可见，项目化学习和核心素养的方向是一致的[5]。

项目化学习是学生为表现性评价做准备的最佳途径，而在小学数学项目化学习中嵌入针对核心素养的表现性评价体系能提升项目化学习的总体质量，从而更好地达成育人目标。为了行之有效地践行这个理念，可以设定各维度各层级的表现性任务，让学习目标更清晰，为学生进行数学思考提供更广阔、更有挑战性的空间，既能够培育学生核心素养，也能为评估学生核心素养的现状提供证据。

二、小学数学项目化学习中表现性评价的设计

为了有效实现核心素养的落地，在小学三年级学生正值人生非常有意义的生日之际，笔者设计了以“我们的十岁生日”为主题的数学项目化学习活动，以“如何策划一场有意义的十岁生日会”为驱动性问题，与学生共同制定一系列表现性任务与评分规则，真正让学生当家作主，成为自己的生日策划者。

在表现性评价的引领之下，整个策划的过程中学生展现出了极高的学习热情。他们积极主动投入创设的学习情境中，由现实问题一步步抽象出数学问题，解锁一个个表现性任务，并通过评分规则获取反馈，促进了数学应用意识和实践能力的形成，真正落实和发展了数学核心素养。

（一）依托课程标准，设计评价目标

表现性评价必须指向复杂的核心素养目标，而核心素养是高度概括的课程目标，其养成是一个长期的过程。设计“我们的十岁生日”项目化学习活动需要在充分了解课标要求的基础上，结合实际学情，制定相对具体、清晰的教学目标（见表26-1）。

表26-1 “我们的十岁生日”项目化学习评价目标设计

<table>
<tr><th colspan="2">子问题串</th><th>素养目标(主要涵盖)</th><th>评价目标</th></tr>
<tr><td colspan="2">分组与任务分配</td><td rowspan="6">数学素养:
量感、符号意识、运算能力、几何直观、空间观念、创新意识、模型意识、应用意识
共通素养:
人文底蕴、学会学习、责任担当、实践创新、科学精神、数字素养</td><td>提升团队合作与交流能力</td></tr>
<tr><td colspan="2">制作生日邀请函</td><td>1. 了解并知晓邀请函的格式,提升信息检索与书信表达能力
2. 会用多种方式表示年、月、日,发展数学的符号意识</td></tr>
<tr><td colspan="2">采买生日会商品</td><td>1. 了解单价、数量、总价的含义,探索单价、数量、总价的数量关系,形成模型意识
2. 能运用单价、数量、总价的数量关系解决实际问题,体会数学的应用价值</td></tr>
<tr><td rowspan="2">布置生日会现场</td><td>排兵布阵</td><td>1. 探索并掌握长方形与正方形的面积计算公式,形成模型意识
2. 认识面积单位:平方米
3. 通过测量长和宽的操作活动,计算出课桌和教室的面积,形成量感和初步的几何直观</td></tr>
<tr><td>张灯结彩</td><td>1. 理解周期性问题的结构特点,形成初步的模型意识和应用意识
2. 探索并发现简单周期现象中的排列规律,能根据规律确定某个序号代表的是什么物体或图形,能正确计算按周期规律排列的某类物体或图形共有多少个,感受提出问题进行研究的乐趣</td></tr>
</table>

(二)基于教材和认知,设计表现性任务

要在项目化学习中设计高质量的表现性评价任务,教师除了要理解课标要求,还要深入分析教材,了解学生的现有认知水平。因此,在整个项目化学习开始之前,教师和学生们畅谈“我们的十岁生日”该如何策划。师生、生生共同探索,形成思维碰撞,发现一系列的子问题串,结合小学三年级要学习的数学知识将这些子问题串进行串联和整合后,本次数学项目化学习活动就锁定为以下三个板块:

板块1:撰写邀请函,涵盖书信格式、年月日和地址的正确书写;

板块2:购物体验,包含单价、数量、总价以及乘法、加法计算等;

板块3:布置教室,包括测量长度、面积计算、周期问题等。

在这三个板块中蕴含着丰富的数学核心素养和知识,其外显形式主要表现为学生的实践活动和表现性任务两部分。本文就本案例中表现性任务的设计与实践进行详细的罗列与阐述说明。

1. 任务一:分组与任务分配

基于项目化学习的要素之一是以项目化小组的方式进行学习,故本案例的前期工作即为分组与任务分配:设定5—6 人为一小组,组队成功后,选出一位组长。

为了确保每个学生都能用心思考、深度参与各个表现性任务,避免出现能力强的学生在小组中"独领风骚"而其他学生无事可做的现象,每个学生都要根据自身水平选择工作岗位,比如数学能手、文字编辑、设计美工、口才担当、资料管理员等。

2. 任务二:制作生日邀请函

本表现性任务的设计逻辑来源于信息技术飞速发展的时代背景下,对学生日渐薄弱的书信表达能力的思考。

十岁生日当天,大部分学生提出要邀请自己的父母一起参加,为了表示尊重和诚意,生活中通常会采用"邀请函"的形式。可邀请函该如何书写?需要有哪些要素?用什么来制作?这些问题就构建了一个新的表现性任务。学生们随即以小组的形式展开了热烈的讨论,还从网上搜索邀请函的模板,经过信息加工处理,最终形成自己小组特别的生日邀请函。这项任务让学生体会到符号的使用是数学表达和思考的重要形式,同时感悟到文字的艺术性,学会区分信息的有效性,提升学习内化能力。

3. 任务三:采买生日会商品

在邀请了重要的长辈后,本次项目化学习进入学生们最感兴趣的环节:购物体验。学生要思考:生日会要买哪些商品?如今线上和线下购物平台如雨后春笋般纷纷涌现,每个平台又各有千秋,怎样购买才最划算?面对五花八门的包装,该怎么提高性价比?在采买时,又会涉及哪些数学知识?最终能用怎样的方式呈现?

在这些子问题串的铺垫过后,学生采用实地考察、在线对比、虚拟购物的形式,先明确商品的单价和数量,再计算总价。可如何得出总价?这一问题提出后,学生们开始对本学期课本上的相关知识有了极大的兴致。在学生们充分预习课本知识,并有了实际生活中的感知体验后,教师抓住此契机进入这节课的学习,数学核心知识瞬间变得格外有趣和简单。学生通过探究,发现了单价、数量、总价三者之间的数量关系。由此可见,数学项目化学习中表现性评价的任务具有现实意义,而非仅仅是枯燥的公式。教师通过引导学生分析并表达数量关系,启发学生结合实际思考数学语言,反过来用数学语言来表达现实问题,进一步培养学生们的模型意识与应用意识,真正实现核心素养的落地。

4. 任务四:布置生日会现场

十岁的生日会现场当然还需要温馨的布置。在布置教室这个表现性任务中同样也能挖掘到非常多的数学核心知识。

(1)“排兵布阵”:空间的测量与再造

布置教室时,课桌排列就不能像上课一样规规整整,最好能给表演节目的小演员们留出一定的空间,所以首先要进行的是“排兵布阵”。在“排兵布阵”前,学生们发现还需要准确测量教室和课桌的长、宽,这样才能合理地进行布局。还有小组提到,重排了课桌后,还可以适当地在桌子上铺上桌布,这样不仅能保护学习用的课桌,还能提升生日会的氛围感。如何选择桌布的尺寸?这就需要每个小组在独一无二的“排兵布阵”后再进行长、宽的测量以及面积的计算,还需要结合生活实际:一般桌布都要比课桌略大一点,因为有垂坠感才更美观。解决此项表现性任务之际,教室里出现了许多“平面设计师”,他们不断测量着、构思着、设计着……

(2)“张灯结彩”:空间的设计与点缀

“排兵布阵”后,天花板还是空荡荡的,还需进一步装饰,比如挂气球。那就“张灯结彩”吧。这时很多小组就有疑惑:该怎么挂气球才能兼具美观性和规整性?挂好的气球应该具有一定的规律性,怎样才能找到这种规律?第n个气球是什么颜色?需要购买几个不同颜色的气球?学生们纷纷联想到这就是“周期问题”。周期问题就是规律问题,其规律表现为一种周而复始、循环出现的结构。这个板块再次激发起了学生对数学学习的兴趣和主动性。参照本学期“数学广场”中周期问题的学习,学生们自主探究,很快发现:按照相同的排列方法进行若干次重复排列的,就是周期性问题。只要寻找到周期问题中的1个周期,就能用除法算式简洁、便利地解决这一类问题,也能用乘法算式正确计算按周期规律排列的某类物体或图形共有多少个。可见,这项任务能培养学生发现规律、遵循规律、利用规律来解决实际生活中一些简单问题的意识。

不难发现,这项表现性任务的两个分支有异曲同工之妙,即对创新意识循序渐进的引导和强化。培养创新意识并非一蹴而就,需要学生主动从现实生活、学习情境中找到有意义的问题，发现数学规律后提出数学命题或猜想，并加以验证。创新意识培养了探索的勇气，培养了独立思考、质疑权威的科学态度，更培养了理性思考的精神。

（三）围绕素养形成，制定评分规则

1. 任务一评分规则

小组分工不仅让每一个学生参与思索，而且实现了信息共享和思维碰撞。每个小组成员完成自己承担的任务之后，还要参与全面讨论，集思广益，决定下一步该如何深入推进。后期将从“积极参与”和“合作默契”两个维度进行自评和组长评，旨在提升学生的团队合作力、协作力及交流能力（见表26-2）。

表26-2　分组与任务分配评分规则

组员		自评		组长评
	积极参与 积极参与且活动热情高，有多项活动成果（3☆） 参与积极性一般，愿意完成部分任务，有一些成果（2☆） 偶尔参与，完成少量任务（1☆）	☆☆☆	合作默契 与组内成员合作默契，齐心协力，解决问题能力强（3☆） 愿意与组员合作，偶有不配合（2☆） 不太愿意与组员一起合作，自说自话（1☆）	☆☆☆
		☆☆☆		☆☆☆
		☆☆☆		☆☆☆
		☆☆☆		☆☆☆
		☆☆☆		☆☆☆
		☆☆☆		☆☆☆

2. 任务二评分规则

对邀请函的制作情况主要从是否了解邀请函的基础格式、年月日简写格式，是否有个性化内容（如绘制学校地图），是否美观等方面进行评价（见表26-3）。

表26-3　制作生日邀请函评分规则

内容	评分规则（每项1☆）	自评	互评	师评
制作生日邀请函	年月日简写格式正确 邀请函要素齐全 有个性化内容 兼具美观性	☆☆☆☆	☆☆☆☆	☆☆☆☆

3. 任务三评分规则

应当从采买生日会商品的合理性、数学信息的齐全性、应付金额的正确性、购物小票的美观性等方面进行多维度的自评和互评。有理有据的评估能确保学生深度参与，并能充分利用学生素养表现信息来促进教与学(见表26-4)。

表26-4　采买生日会商品评分规则

内容	评分规则(每项1☆)	自评	互评	师评
采买生日会商品	采买商品的合理性 数学信息的齐全性(包含数量、单价、总价) 应付金额的正确性 购物小票的美观性	☆☆☆☆	☆☆☆☆	☆☆☆☆

4. 任务四评分规则

从测量单位与方法、测量结果的表示与运用、创意这几个维度确定评分规则，促进学生的量感和空间观念等核心素养的发展(见表26-5)。

表26-5　布置生日会现场评分规则

内容	评分规则(每项1☆)	自评	互评	师评
布置生日会现场 1. “排兵布阵”	测量数据的正确性 桌椅分布的合理性 兼具创意性	☆☆☆☆	☆☆☆☆	☆☆☆☆
2. “张灯结彩”	气球分布合理 提出周期性数学问题，并能正确解答 兼具创意性	☆☆☆☆	☆☆☆☆	☆☆☆☆

三、小学数学项目化学习中表现性评价的实施建议

为了保证表现性评价在小学数学项目化学习中的有效实施，笔者经过实践总结了几点建议供同行参考。

（一）深入挖掘核心概念，让学生向所期望的发展目标靠拢

在小学数学项目化学习活动设计之初，教师必须先根据课程标准，锁定数学核心知识，聚焦数学核心概念。小学数学项目化学习可以依托和发展的核心概念就是核心素养的11个具体表现，但由于11个具体表现比较抽象，需进一步挖掘数学核心概念和各个真实领域项目化学习之间的联系。将数学项目化学习中的本质问题放入真实情境，形成驱动性问题，通过真实情境的身份代入，让学生对核心概念产生足够的兴趣，逐渐向所期望的发展目标靠拢。

（二）充分搭建脚手架，让学生真正理解任务的要求

开展项目化学习时学生在真实情境中要有亲身实践，这一系列的实践要有深度思考，而小学阶段学生理解能力没那么完善，因此，在项目正式实施阶段，教师需要为由驱动性问题分解成的每一个表现性任务提供与之对应的脚手架，即"学习单"，让每一个学生都能真正理解任务的要求。教师也可请学生用自己的话阐述他们所领会的任务是怎样的，或者通过提问来确定他们是否真正理解。教师对于不同层次的小组还可进行适时的任务指导。

（三）公开明确评分规则，让学生有机会进行反思

清楚地知道自己要做什么后，教师还要让学生了解任务的评分规则。评分规则能帮助学生从懵懂走向成熟。在任务开始之前教师就与学生共享、交流评分规则，甚至可能的话让学生参与评分规则的制定，还可以配上不同水平标准的样例，让学生能更准确、更形象、更具体地理解评分规则。最后以各小组开展全班交流、全校范围展览等方式进行公开成果展示。只有真实的观众才能为学生带来动力，并促进反思。

设计、实践一次具有表现性评价的项目化学习活动实属不易，但笔者真真切切地感受到学生们的热情，他们有商有量地合作、策划，结合数学知识去思考、去探索。这样的数学项目化学习活动拓宽了学生的数学视野，培养了学生的数学思维，也使学生切身感受到数学知识在生活中的具体应用，体会到数学知识的价值和意义。以素养为导向的表现性评价增强了数学项目化学习的趣味性及吸引力，丰富了学生的数学学习体验，优化了学生的数学学习效果，发展了学生的数学学习素养。

参考文献

[1] 中华人民共和国教育部.义务教育数学课程标准(2022年版)[S].北京:北京师范大学出版社,2022:5-7+31.

[2] 周文叶,毛玮洁.表现性评价:促进素养养成[J].全球教育展望,2022,51(05):94-99.

[3] 周文叶.中小学表现性评价的理论与技术[M].上海:华东师范大学出版社,2014:187-188.

[4] 刘琳娜,刘加霞.素养导向的数学表现性任务:内涵、功能及教学实施[J].小学数学教师,2022(11):13-14.

[4] 周文叶,毛玮洁.表现性评价:促进素养养成[J].全球教育展望,2022,51(05):94-99.

[5] 周文叶.项目化学习:从构建表现性评价体系开始[J].教育家,2022(07):22-23.

素养本位的初中劳动项目“智能花架”表现性评价设计[1]

◎上海市建平中学西校　高金丽

[摘要]《义务教育课程方案(2022年版)》指出，在课程设置上要聚焦核心素养，在评价方式上推进表现性评价。以初中劳动项目“智能花架”为例，着眼劳动素养，设计表现性评价。通过设计评价目标、评价标准以及表现性任务，形成以学科核心素养为导向的表现性评价设计表。实践表明，基于学科核心素养的表现性评价在一定程度上能促进学生的发展。

[关键词] 核心素养　表现性评价　设计流程　劳动项目

近年来，“核心素养”成为课程改革的热词[1]。以新型评价方式助力核心素养培育，是实施课程改革的必经之路。《义务教育课程方案(2022年版)》(以下简称“新课程方案”)指出，义务教育课程建设应遵循“聚焦核心素养、面向未来”的原则[2]，注重培育学生终身发展所需的必备品格和关键能力。这标志着我国义务教育正式迈入核心素养本位的课程改革新时代。

关于目标和评价，这两者是共生的，打一个形象的比喻——目标解决的是“我要到哪里”的问题，而评价则解决的是“如何判断我已到达目的地”的问题。新课程方案建议“推进评价观念、方式方法的改革，改进结果评价，强化过程评价，推进表现性评价”。[2]而表现性评价是指在近乎真实的情境中，运用评分规则对学生完成复杂任务的过程表现做出判断的评价方式[3]，它创造解决真实问题的机会，引导学生积极投入任务中并进行意义建构，同时还支持学生根据评分标准自我调节学习，其内涵与核心素养中的“必备品格和关键能力”是一致的。

---

1 本文发表于《上海课程教学研究》2024年第4期，收录时略有改动。

一、表现性评价设计要素分析

为进一步促进学生核心素养的培育、落实时代新人的培养要求,教师该如何设计与之相应的表现性评价呢?接下来笔者对学科核心素养和表现性评价进行阐述,为下一步初中劳动项目“智能花架”的表现性评价设计提供理论支持。

(一)劳动素养的构成

核心素养是一种在特定情境中综合运用知识、技能和态度解决问题的高阶能力[4]。核心素养的落地生根需要以学科为抓手,即形成学科核心素养。以义务教育劳动课程为例,劳动课程要培养的核心素养为劳动素养,主要包括劳动观念、劳动能力、劳动习惯和品质、劳动精神四个维度。

笔者在设计“智能花架”项目的表现性评价时,需要分析该项目培养哪些维度的核心素养,并将核心素养分解成不同的目标。

(二)表现性评价的要素及设计流程

在实施过程中,评价者对解决问题过程或产品制作过程进行主观评判,从而衡量学生真实展示知识、技能和过程的能力。表现性评价的三要素分别是评价目标、成功标准[1]和表现性任务。在设计流程上,国内外学者形成了较为一致的观点,即设计评价目标、成功标准和表现性任务。

1. 评价目标

素养本位的表现性评价评的是居于课程核心的、需要持久理解的目标(即“大观念”),而这些大观念又是组成核心素养的微小单元。埃里克森(Erickson)在“概念、大观念、核心能力”的评价上做了一定的探索,提出了KUD课程目标模式[2]。参照这一模式,笔者归纳出评价目标设计的步骤为:首先提取单元/项目内容中的核心概念,由核心概念构成大观念,再根据大观念对活动进行分解,列出各个分活动所需的知识、能力及核心素养。

2. 成功标准

成功标准,又称评价标准、评分规则等,是表现性评价区别于其他学习评价的核心要素,也是表现性评价落实的难点。就其作用而言,教师能参照成功标准对学生的表现

1 源自Success Criteria,多数学者将其直译为成功标准,也有部分学者译为评价标准、评分标准等。本文中出现的“评分标准”“评价标准”“评分规则”等术语与“成功标准”意思完全相同。

2 U即概念性理解、大观念;K与D分别指项目探究中用到的知识与能力。

进行评价,学生则能参照成功标准了解优秀的表现是怎样的。成功标准将评价目标具体化,并分成不同的等级水平。关于成功标准的不同水平的划分,国内学者郭元勋以SOLO理论为基础开发出了用于设计成功标准的工具。本文则运用这一工具,将成功标准分为单点结构、多点结构、关联结构和抽象拓展结构四个等级。

3. 表现性任务

指向核心素养的表现性任务应具体、生动且具有挑战性。表现性任务的类型有纸笔任务、项目调查、演说、辩论、操作、实验、作品展示等。教师可根据需要选择适切的任务类型。另外,在设计具体表现性任务时,教师可参照威金斯的GRASPS工具[1],从目标、角色、受众、情境、表现、标准等方面对表现性任务进行分解。

综合以上分析,本文中表现性评价的设计过程见图27-1。

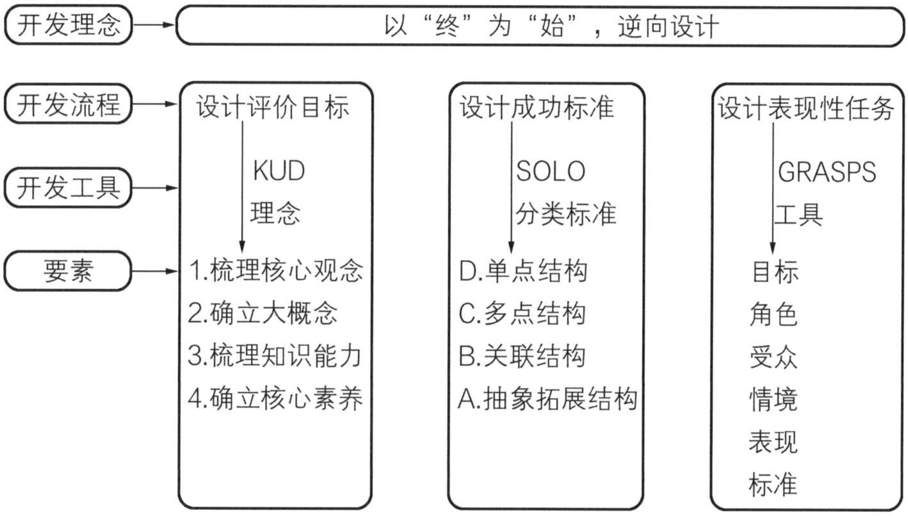

图27-1 表现性评价的设计过程

二、“智能花架”劳动项目中的表现性评价设计

《义务教育劳动课程标准(2022年版)》(以下简称《2022版课标》)指出,课程的实施要以劳动项目为载体,7—9年级的任务群包含“新技术体验及应用”和“工业生产劳动”。综合上述两个任务群的要求,笔者设计了“智能花架”项目。

以本项目为例,依照上述流程设计表现性评价。首先是设计评价目标,在KUD目标理念指导下,确立学生需要掌握的大观念,并提取各模块中学生所需的核心素养。其

1 GRASPS,即目标(Goal)、角色(Role)、受众(Audience)、情境(Situation)、表现(Performance)、标准(Standards)的首字母缩写。

次是设计评价标准，依照SOLO分类理论，将评价标准定为A（抽象拓展结构）、B（关联结构）、C（多点结构）、D（单点结构）四个等级，并描述各等级所代表的具体水平。最后，根据GRASPS任务开发工具，从目标、角色、受众、情境、表现和标准等方面阐述各个模块的任务，最终形成“智能花架”项目的表现性评价表。

（一）要素设计

基于表现性评价的三要素，分别从评价目标、成功标准、表现性任务三个方面介绍设计过程。

1. 评价目标的设计

评价目标设计的基本流程为：①着眼核心素养，提取核心概念；②确立大观念；③列出各个活动所指向的具体素养。

“智能花架”项目共包含三大模块内容：花架结构设计与制作、花架的智能控制设计、作品交流与展示。其中，花架结构设计与制作模块关联的是《2022版课标》中7—9年级任务群6“工业生产劳动”。按照课标要求，学生要具备按需设计、绘制草图、合理利用材料加工成产品的劳动能力和追求品质、精益求精的劳动精神。

综上所述，笔者设计评价目标时首先提炼本模块的核心概念“设计”“草图”“材料”“加工”。接着，根据核心概念确定学生需要掌握的大观念“用草图表达设计方案，选择材料加工成产品”。最后，将活动进行分解：按需设计花架，绘制草图，选择材料，加工并组装成花架，分析各活动所需的核心素养。最终的评价目标设计（部分）见表27-1。

按照同样的方法，分析“花架的智能控制设计”和“作品交流与评价”模块的核心概念，确立评价目标。

表27-1　“智能花架”项目评价目标的设计（部分）

模块	目标	对应内容
模块1 花架结构的设计与制作	核心概念	设计、草图、材料、加工
	大观念	用草图表达设计方案，选择材料加工成产品
	知识能力	花架草图的绘制、材料的选择、加工工艺
	核心素养	具备按需选择合适的材料和工艺加工成产品的劳动能力，养成追求质量的劳动精神
模块2	……	
模块3	……	

2. 成功标准的设计

借鉴郭元勋开发的成功标准设计工具，笔者将成功标准分为A、B、C、D四个等级。等级A即抽象拓展结构，代表不仅能完成全部任务，且能迁移，与任务之外的知识、经验建立联系；等级B即关联结构，代表能完成任务的各个部分，且各部分能协同运行；等级C即多点结构，代表能完成任务中的各个部分，但各部分是离散的，不能协同运行；等级D即单点结构，代表只能完成任务中的某些部分。“智能花架”项目中模块1的评价标准见表27–2。

表 27–2　“智能花架”项目评价标准的设计（部分）

等级划分	核心素养体现（劳动能力）	核心素养体现（劳动精神）
A	能按需设计草图、合理选择材料和工艺，完成花架的制作，且花架有拓展空间（如可调节植物生长环境中的光照强度等）	结构稳定，能顺利通过斜面上的倾倒实验测试，接头处光滑无毛刺
B	能设计基本的草图，制作一个完整的花架	花架结构能在平面上保持稳定，大部分接头处光滑，少部分接头有毛刺
C	能设计并制作出花架的各个部分，但不能合理安排各部分的位置	结构不够稳定，偶有倾倒，接头处有较多毛刺
D	能设计并制作花架的某个/某些部分（如储水罐、盆托、电路板支架）等，但不能组装成完整的花架	结构很不稳定，易倾倒，接头处有很多毛刺

3. 表现性任务的设计

笔者参照威金斯的任务设计开发工具GRASPS，从目标、角色、受众、情境、表现和标准等方面阐述各个模块的表现性任务。以模块1花架结构的设计与制作为例，设置的任务情境是：当前很多家庭都有养桌面绿植的习惯，但目前市面上的花架多数尺寸较大，他们需要结构稳定、尺寸合理的桌面级花架。学生的角色定位是产品设计师，产品对象是喜欢桌面绿植的人。任务目标是综合运用产品设计、材料加工相关知识，设计草图、选择合适工艺加工材料，制作一款桌面级花架，标准是要求能放得下2—3盆绿色植物，尺寸在30 cm×30 cm×30 cm以内。

（二）表现性评价设计

笔者在分析评价目标、评价标准、表现性任务的基础上，经过两轮的迭代设计，最终设计出“智能花架”项目的表现性评价设计表（见表27–3）。

表 27-3 “智能花架”项目表现性评价设计表

<table>
<tr><th>模块</th><th colspan="4">内容</th></tr>
<tr><td rowspan="5">模块1
花架结构的设计与制作</td><td colspan="4">评价目标
劳动能力：按需设计、绘制草图，合理利用材料加工成产品
劳动精神：追求品质，精益求精</td></tr>
<tr><td colspan="4">表现性任务：当前很多人喜欢养多盆桌面绿植，但市面上的花架尺寸太大（情境）。作为产品设计师（角色），请为桌面绿植喜好者（受众）设计并制作（表现）一款美观、稳定的桌面级花架（目标），要求能放得下 2—3 盆绿色植物，尺寸在 30 cm×30 cm×30 cm 以内（标准）</td></tr>
<tr><td rowspan="3">评价标准
水平 A 能按需设计草图、合理选择材料和工艺，完成花架的制作，且花架有拓展空间，如可调节植物生长环境中的光照强度等（劳动能力）；结构稳定，能顺利通过斜面上的倾倒实验测试，接头处光滑无毛刺（劳动精神）
水平 B 能设计基本的草图，制作一个完整的花架（劳动能力），花架结构能在平面上保持稳定，大部分接头处光滑，少部分接头有毛刺（劳动精神）
水平 C 能设计并制作出花架的各个部分，但不能合理安排各部分的位置（劳动能力），结构不够稳定，偶有倾倒，接头处有较多毛刺（劳动精神）
水平 D 能设计并制作花架的某个 / 某些部分（如储水罐、盆托、电路板支架）等，但不能组装成完成的花架（劳动能力），结构很不稳定，易倾倒，接头处有很多毛刺（劳动精神）</td><td>自评</td><td>互评</td><td>师评</td></tr>
<tr><td></td><td></td><td></td></tr>
<tr><td colspan="3">备注：</td></tr>
<tr><td rowspan="5">模块2
花架的智能控制</td><td colspan="4">评价目标
劳动能力：运用智能控制技术实现自动化
劳动观念：技术创造美好生活</td></tr>
<tr><td colspan="4">表现性任务：很多人有养桌面植物的习惯，但常常由于忘记浇水或者多浇水而导致植物枯萎（情境），作为有编程技术的园艺师（角色），请为桌面绿植喜好者（受众）对已制作出的花架编写程序（表现、目标），要求能检测土壤湿度，并根据植物的生长习性自动浇水（标准）</td></tr>
<tr><td rowspan="3">评价标准
水平 A 能编写程序实现全部功能，且留有拓展空间（如当检测到下雨时，自动浇花功能关闭等）（劳动能力），能畅想智能控制技术在花架中的拓展应用（劳动观念）
水平 B 能编写程序实现花架的全部功能，各功能互不影响，能多线程运行（劳动能力），能感悟智能花架为生活带来的便利之处
水平 C 能编写程序实现花架的全部功能，但各部分功能逻辑上有冲突，如自动浇花和显示当前土壤湿度不能并行进行（劳动能力），能在一定程度上体会到智能花架带来的部分便利（劳动观念）
水平 D 能编写程序实现智能花架的部分功能（劳动能力），难以说出智能花架为生活带来的便利之处（劳动观念）</td><td>自评</td><td>互评</td><td>师评</td></tr>
<tr><td></td><td></td><td></td></tr>
<tr><td colspan="3">备注：</td></tr>
<tr><td>模块3</td><td colspan="4">……</td></tr>
</table>

三、表现性评价的个案实践

经过为期半年的劳动课程学习，经历设计花架、绘制草图、修改草图、加工PVC管材、组装花架、电路连接、编写调试程序、撰写项目报告、作品展示等步骤，S同学完成了智能花架的设计与制作。

在学习“花架结构的设计与制作”模块后，教师、学生和小组对该同学的表现进行打分，自评、互评和师评的等级分别为A、A、B，备注内容为“花架结构牢固，做工细致，但由于储水罐重心太高，容易倾倒”。此后S同学听取建议，重新设计储水罐的位置。继续学习模块2、3后，S同学的表现记录见表27-4。

表27-4 S同学表现性评价记录表

模块	自评（10%）	互评（30%）	师评（60%）	备注
模块1	A	A	B	花架结构牢固，做工细致，但由于储水罐重心太高，容易倾倒 （说明具有追求质量的劳动精神，评定等级A，且有较强的劳动能力，评定等级B）
模块2	B	B	B	能实现自动浇水功能 （说明具备技术改变生活的劳动观念，评定等级B）
模块3	C	D	D	不能正确整理工具材料，团队协作能力有待加强 （说明劳动品质和习惯有待提升，评定等级D）

根据表27-4，笔者借助信息技术工具，形成S同学的劳动素养雷达图（见图27-2）。

表现性评价是一种注重学习过程的评价方法，它在劳动教育过程中具有重要的意义。在该个案中，学生根据同伴和教师的反馈，修改了花架的结构，这表明表现性评价为学生修正学习行为提供了可参照的范本。此外，经过三个模块的评价之后，形成了个

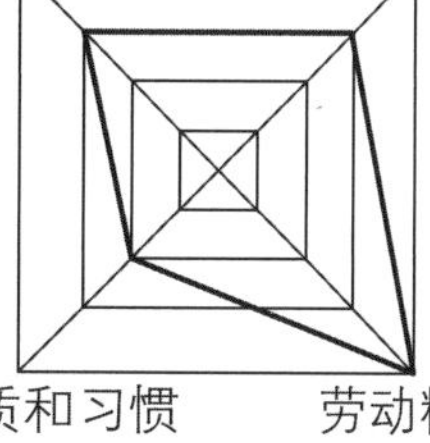

图27-2 S同学劳动素养雷达图

体的劳动素养雷达图,它能清晰反映学生在劳动能力、劳动观念、劳动品质习惯及劳动精神等方面所达到的发展水平,为后续劳动素养的培养提供参考方向。

笔者在分析评价目标、成功标准、表现性任务的基础上,开发出基于核心素养的表现性评价表。表现性评价评的是居于课程核心的、需要持久理解的目标,这些目标需要在真实问题中落实并检测。学生在解决问题的过程中,需要建构和创造,需要调动习得的能力和品格。更重要的是,学生需要利用评分规则修正自己的学习行为,进行自我反思、自我改善。表现性评价不仅仅是一种学生发展评价方式的选择,更意味着深层次的评价理念的转变。

参考文献

[1]崔允漷.追问"核心素养"[J].全球教育展望,2016(5):3.

[2]中华人民共和国教育部.义务教育课程方案(2022年版)[M].北京:北京师范大学出版社,2022:4,14.

[3]周文叶.中小学表现性评价的理论与技术[M].上海:华东师范大学出版社,2014:53.

[4]张华.论核心素养的内涵[J].全球教育展望,2016(4):18-19.

探索·链接·深化:培育历史核心素养

——以“汉武帝巩固大一统王朝”为例探索初中历史项目式作业设计

◎上海市实验学校　王瀛智

[摘要] 在新课标背景下,初中历史教学在不断探索新的教学模式和评价方式,项目式作业设计作为一种新型的教学方式,能够有效培育学生的历史核心素养。为此,本文将探讨以统编版中国历史第一册“汉武帝巩固大一统王朝”为例的初中历史项目式作业设计,旨在培育学生的历史核心素养。首先,聚焦文本知识探索,通过创设主题教学项目,引导学生深入理解汉武帝时期的历史背景与事件;其次,通过设计项目作业链接,将课堂学习与课后作业有机结合,形成系统的历史认知体系;最后,通过深化多维评价体系,全面评估学生的历史知识和素养,促进学生历史核心素养的全面发展。

[关键词] 初中历史　项目式作业设计　历史核心素养　教学实践

一、引言

《义务教育历史课程标准(2022版)》明确指出,历史课程的核心素养主要包括唯物史观、时空观念、史料实证、历史解释和家国情怀五个方面。在新课程标准的指导下,初中历史教学需要转变传统的教学方式,以培养学生的核心素养为目标,探索更有效的教学模式和评价方式。项目式作业设计作为一种新型的教学方式,具有较大的潜力和优势,能够有效激发学生的学习兴趣,培养学生的自主学习能力和历史核心素养。因此,教师应该积极尝试和探索项目式作业设计在初中历史教学中的应用,以帮助学生更好地理解和掌握历史知识,提高他们的历史核心素养。

二、聚焦文本知识探索,创设主题教学项目

在不断推进的教育改革中,历史课程的教学模式应以核心素养为导向,充分展现课

程的本质,体现现代教育理念,明确课程的培养目标。以“汉武帝巩固大一统王朝”为例,教师可以设计一个主题为“汉武帝的宏伟一统蓝图”的教学项目,引导学生围绕这个主题进行深入的学习和探讨。

在课堂教学前,为了能够更好地引导学生进行课前预习,教师设计了以下的预习单(见图28-1):

“汉武帝巩固大一统王朝”预习单

一、学习目标

1.了解汉武帝时期的历史背景和社会环境。

2.理解汉武帝为巩固大一统王朝所采取的主要措施。

二、预习内容

1.回顾秦朝和西汉初年的历史发展,思考为何汉武帝能建立千秋伟业。

2.列举汉武帝为巩固中央集权所采取的政治、经济、文化、军事等方面的措施和影响。

三、预习作业任务

1.个人思考

(1)你认为汉武帝为何能成功巩固大一统王朝?

(2)在你看来,汉武帝的哪些措施对后世影响最大?为什么?

2.小组探讨

(1)与小组成员讨论,总结汉武帝时期的历史特点。

(2)小组内部分享对汉武帝措施的看法,并达成共识。

图28-1 “汉武帝巩固大一统王朝”预习单

本课时的核心内容是解析汉武帝在位期间,为强化中央权威、维护国家统一而实施的一系列关键策略。在政治层面,教师将引导学生剖析“推恩令”的精妙之处,让学生理解这一政策如何巧妙地削弱了地方诸侯的势力,加强了中央对地方的控制。在思想文化领域,教师将深入讲解“罢黜百家,独尊儒术”的深远影响,使学生认识到这一举措在统一国家意识形态、塑造国家文化认同上的重要性。在经济政策上,教师会重点介绍盐铁专卖制度的建立,以及统一货币、稳定物价等措施,以此说明这些政策如何有效地抑制了豪强的扩张,增强了国家的经济实力,为西汉的扩张提供了坚实的物质基础。在军事战略上,教师将引导学生关注汉武帝时期对匈奴的反攻,分析这些军事行动如何守卫了边疆安全,扩大了汉朝的领土范围。

通过全面、立体地分析和讨论汉武帝的一统政策，帮助学生深入理解这些措施在构建和巩固西汉盛世中的关键作用，同时也培养他们的历史思维能力、批判性思考能力和文化传承意识。

三、设计项目作业链接，形成历史认知体系

项目式作业设计的核心在于将课堂学习与课后作业有机结合起来，形成系统的历史认知体系。为了让学生更好地理解和掌握"汉武帝巩固大一统王朝"这一课题，教师可以结合"汉武帝的宏伟一统蓝图"的主题教学项目，设计以下项目式作业链接（见图28-2）：

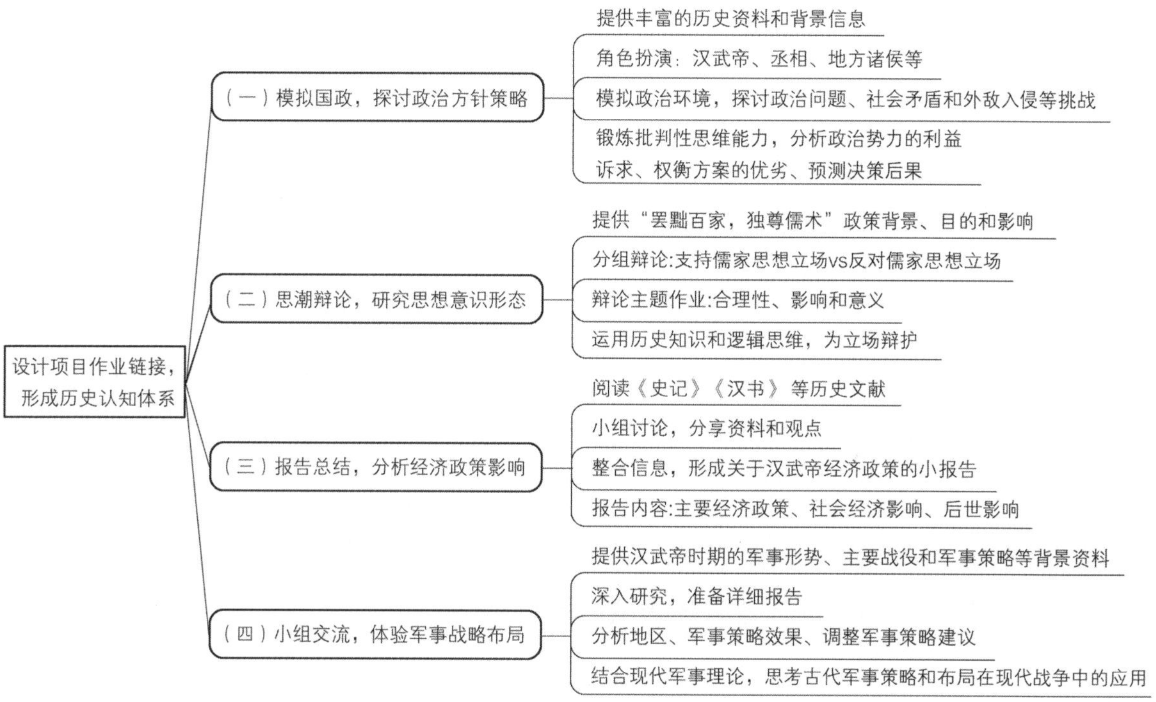

图28-2 "汉武帝的宏伟一统蓝图"项目式作业设计

（一）模拟国政，探讨政治方针策略

在"汉武帝的宏伟一统蓝图"项目式作业设计中，教师可以巧妙地设计一项模拟国政的活动，这一活动将带领学生们穿越历史长河，亲自体验汉武帝时代的政治舞台。通过这一特殊的教学方式，学生不仅能够身临其境地了解历史，还能锻炼自身的批判性思维和决策能力。

在活动开始之前，教师可以为学生们提供丰富的历史资料和背景信息，帮助他们了解汉武帝时期的政治环境、社会背景，以及各个历史人物的性格特点和政治立场。这样，学生们在模拟国政的过程中，就能更加准确地把握历史人物的心理和行动动机，使得模拟讨论和决策更加真实可信。与此同时，为了更好地引导学生进入情境状态，教师可以设计以下具有引导性意义的随堂小作业，如：

1. 如果你是汉武帝，你会如何巩固中央集权，防止诸侯势力过大？

2. 作为丞相，你会如何协助汉武帝推行各项政策，确保国家长治久安？

3. 作为地方诸侯，你会如何应对汉武帝的“推恩令”和其他中央集权政策？

在活动中，学生们将被分为不同的角色，如汉武帝、丞相、地方诸侯等，他们需要在模拟的政治环境中，针对当时的政治问题、社会矛盾以及外敌入侵等挑战，展开激烈的讨论和决策。这样的活动设计，不仅让学生们更加深入地理解汉武帝时期的政治方针和策略，还能让他们体会到作为历史人物的责任和担当。

此外，通过模拟国政活动，学生们还能锻炼自己的批判性思维能力。在模拟讨论中，他们需要分析各种政治势力的利益诉求、权衡各种方案的利弊，以及预测不同决策可能带来的后果。这样的过程，无疑会让学生们的思维更加敏锐和全面，从而提升他们的历史核心素养。

因此，通过“汉武帝的宏伟一统蓝图”项目式作业设计中的模拟国政活动，学生们不仅能够更加深入地理解汉武帝时期的政治环境和方针政策，还能锻炼自己的批判性思维能力、决策能力以及团队协作和沟通能力。而且这样的教学方式无疑会让学生们的历史学习更加生动有趣，同时也为他们的全面发展提供了有力的支持。

（二）思潮辩论，研究思想意识形态

在“汉武帝的宏伟一统蓝图”项目式作业设计中，为了更好地引导学生们了解汉武帝在思想文化领域所实施的“罢黜百家，独尊儒术”的政策，教师可以组织学生进行一次“思潮辩论”比赛，这样的活动不仅可以让学生深入了解历史背景，还能锻炼他们的逻辑思维和表达能力。

在活动开始之前，教师可以先为学生们提供必要的背景资料，解释“罢黜百家，独尊儒术”政策的背景、目的和影响。然后，将学生们分成两组，一组代表支持儒家思想的立场，另一组则代表反对儒家思想的立场。为了增强辩论的趣味性和教育性，教师还可以邀请一些历史学者或教师担任评委，提供专业的指导和点评。在此期间，教师可以设计以下的辩论主题作业，如：

1. 汉武帝为何选择“罢黜百家，独尊儒术”作为他的思想文化政策？

2. 儒家思想在当时的社会背景下有哪些优势，使得汉武帝能够采纳并推广它？

3. 如果你是当时的士人，你会支持还是反对“罢黜百家，独尊儒术”的政策？请给出你的理由。

通过这些辩论主题作业，学生们可以从不同的角度和层面去思考和探讨“罢黜百家，独尊儒术”政策的合理性、影响和意义。同时，他们还可以通过辩论来锻炼自己的思维能力和表达能力，提高他们对历史事件的理解和分析能力。

在辩论过程中，学生们需要运用所学的历史知识和逻辑思维，为自己的立场辩护。支持儒家思想的学生可以强调儒家思想对于社会稳定、道德建设和文化传承的积极作用；而反对儒家思想的学生则可以提出儒家思想的局限性，如过于强调等级制度和礼教束缚等。

通过这样的“思潮辩论”比赛，学生们不仅能够更加深入地了解汉武帝时期的思想文化政策，还能提高他们的批判性思维和公共演讲能力。同时，这样的活动也有助于激发学生们对于历史和文化的兴趣，促使他们更加积极地参与到学习中来。

（三）报告总结，分析经济政策影响

在“汉武帝的宏伟一统蓝图”项目式作业设计中，为了引导学生们分析汉武帝在经济领域的影响，教师可以让学生们进行深入研究和课外资料的收集等，并将其总结成一份小报告，以便能够通过这个过程，让学生掌握历史研究的基本方法，锻炼他们的分析、归纳和总结能力。

作业设计的第一步，除了结合“汉武帝巩固大一统王朝”课时内容，教师还可以引导学生们去阅读《史记》《汉书》等历史文献，让他们从原始资料中提炼出关于汉武帝经济政策的信息。同时，鼓励他们利用现代网络资源，查找相关的学术论文和研究报告，以获取更为深入和专业的理解。为了让学生们更有目的性地去寻找答案，在该教学项目中，教师可以设计以下的小作业，如：

1. 汉武帝时期的经济政策有哪些？这些政策对当时的社会经济有何影响？

2. 汉武帝实行盐铁官营、均输等经济政策的原因是什么？这些政策在实施过程中遇到了哪些困难？又是如何克服的？

3. 汉武帝的经济政策对后来的历史发展产生了哪些深远的影响？这些影响是否在今天的社会中依然存在？

通过这样的小作业设计，学生们可以有针对性地去阅读和研究历史文献，深入了解汉武帝的经济政策及其背后的原因和影响。同时,他们还需要利用现代网络资源,查找相关的学术论文和研究报告,以获取更为深入和专业的理解。在这个过程中,学生们不仅可以掌握历史研究的基本方法,还可以锻炼他们的分析、归纳和总结能力,提高他们的历史素养和综合素质。

接下来,教师可以组织学生们进行小组讨论,让他们分享各自找到的资料和观点,通过交流和讨论,不仅可以拓宽他们的视野,还可以培养他们的团队合作和沟通能力。在这个过程中,教师也要给予适当的引导,确保讨论的方向和内容符合教学目标。

与此同时,学生们需要将这些信息和观点整合起来,形成一份关于汉武帝经济政策的小报告。这份报告应该包括汉武帝实施的主要经济政策、这些政策对当时社会经济的影响,以及这些政策对后世的影响等几个方面。在撰写报告的过程中,学生们需要运用他们所学的历史知识,进行深入的分析和归纳。

此外,教师可以组织一次报告分享会,让学生们向全班同学展示自己的研究成果,这不仅可以锻炼他们的演讲能力,还可以让他们从其他同学的报告中学习到新的知识和观点。

(四)小组交流,体验军事战略布局

在“汉武帝的宏伟一统蓝图”项目式作业设计中,为了让学生们更加直观地体验汉武帝时期的军事战略布局,教师可以设计一次小组交流活动。在这个活动中,学生们将被分成若干小组,每个小组代表一个不同的军事力量或地理区域,例如匈奴等。每个小组需要深入研究自己所代表的军事力量或地理区域的地理、政治、经济和文化等方面的特点,以及汉武帝针对这些地区所采取的军事策略和布局。

在活动开始之前,教师可以先为学生们提供必要的背景资料,包括汉武帝时期的军事形势、主要战役和军事策略等。然后,让每个小组进行深入研究,并准备一份详细的报告,包括对自己所代表地区的分析、汉武帝的军事策略及其效果,以及如果自己是汉武帝会如何调整军事策略等。与此同时,为了引导学生更好地进行体验,教师可以设计以下项目式作业,如:

1. 作为匈奴的代表,你认为汉武帝为何会选择对你们地区采取军事行动?他的军事策略有哪些优点和不足?

2. 如果你作为汉武帝的军事顾问,面对匈奴的威胁,你会提出怎样的军事策略?请说明你的理由。

3. 汉武帝在军事战略布局中如何平衡内政与外交的关系?你认为这种平衡对当时

的统一大业有何重要意义?

通过这些项目式作业,学生们可以更加深入地了解汉武帝时期的军事战略布局,并从多个角度进行分析和思考。在小组交流活动中,每个小组可以向其他小组展示自己的研究成果,并进行讨论和交流。而且这样的活动不仅可以让学生们更加直观地体验汉武帝时期的军事战略布局,还可以培养他们的团队合作和沟通能力,提高他们的历史素养和综合素质。

此外,教师还可以结合现代军事理论,引导学生们思考如何将这些古代的军事策略和布局应用到现代战争中。通过这样的教学方式不仅可以让学生们更好地理解历史与现实的联系,还可以培养他们的创新思维和跨学科整合能力。

四、深化多维评价体系,培育历史核心素养

在“汉武帝的宏伟一统蓝图”项目式作业设计中,多维评价体系是培育学生历史核心素养的重要保障,所以这一评价体系不仅需要关注学生的知识掌握情况,还需要注重他们的思维能力、情感态度、价值观以及团队合作能力等多方面的表现。因此,教师可以设计多维评价量表(见表28-1)。

表28-1 “汉武帝的宏伟一统蓝图”项目式作业设计的多维评价量表

评价维度	评价指标	评价标准	评价等级
知识掌握	历史事件	了解汉武帝时期的重大历史事件	☆☆☆☆
	历史人物	认识汉武帝时期的重要历史人物	☆☆☆☆
思维能力	分析问题	能够分析历史事件背后的原因和影响	☆☆☆☆
	解决问题	能够提出解决历史问题的方案	☆☆☆☆
情感态度	历史认同	对汉武帝时期的历史有认同感	☆☆☆☆
	历史反思	能够从历史中吸取教训,反思现实	☆☆☆☆
价值观	历史价值观	能够树立正确的历史价值观	☆☆☆☆
	现实价值观	能够将历史价值观与现实价值观相结合	☆☆☆☆
团队合作能力	团队协作	能够与团队成员有效协作完成任务	☆☆☆☆
	团队领导	能够担任团队领导角色,组织协调团队工作	☆☆☆☆
综合结果			( )☆

通过这样的多维评价体系，教师可以更加全面地了解学生在“汉武帝的宏伟一统蓝图”项目式作业设计中的表现，从而为他们提供更加有针对性的指导和帮助。同时，这种评价体系也可以激励学生积极参与历史学习，培养他们的历史核心素养和综合素质。

五、结束语

总而言之，“汉武帝的宏伟一统蓝图”项目式作业设计旨在通过多维度的学习活动，让学生深入了解汉武帝时期的政治、思想、经济、军事等方面的内容，培养他们的历史核心素养和综合素质。通过丰富多彩的教学活动，学生可以更加直观地感受历史，提高分析、归纳和总结能力。同时，多维评价体系的应用也能更全面地评价学生的学习成果，促进他们的全面发展。与此同时，这种项目式作业设计不仅有助于学生对汉武帝时期历史的深入理解，更能激发他们的学习兴趣和热情。通过亲身参与和体验，学生可以更加深入地理解历史与现实之间的联系，从而更好地传承和发扬中华民族的优秀历史文化，并有效实现立德树人的目标。

参考文献

[1]薛丽花.“以学习者为中心”的初中历史作业设计初探[J].中学历史教学参考，2023(35):23-25.
[2]何南方.核心素养视域的初中历史实践性作业设计[J].中学历史教学参考，2023(31):48-51.
[3]陈旭.学科核心素养视域下的初中历史作业设计[J].福建教育学院学报，2022,23(03):57-59.
[4]吴松钦.“双减”背景下的初中历史单元作业设计[J].福建教育学院学报，2022,23(02):20-23.
[5]范太峰.基于学科核心素养的初中历史作业设计策略[J].历史教学问题，2021(03):139-142.

大概念统整下项目化学习作业的设计与实施[1]

◎上海市实验学校东校　仇虹豪

[摘要] 作业是连接课程、教学和评价的关键一环。大概念统整下的项目化学习作业是提高作业质量、减轻学生课业负担、落实学科核心素养的重要抓手，对促进学生核心素养的发展具有重要意义。大概念统整下的项目化学习作业具有系统性、真实性、实践性的特征，实践策略包括厘清大概念，梳理单元目标；构建驱动问题序列，设计项目活动作业；设计系统性作业评价，基于反馈优化调整。以此培育学生综合素养，并提升教师评价素养。

[关键词] 大概念　项目化学习　作业设计

作业是连接课程、教学和评价的关键一环，是学校课程教学改革不可或缺的重要领域。学校可从学科组、教研组等层面积极探索作业改革实施路径，践行大概念统整下的项目化学习作业实施，通过项目化学习对学科作业进行系统性设计，指向单元核心目标达成，多元呈现项目成果。大概念统整下的项目化学习作业是学校减轻学生负担的重要尝试，以学生发展为本，以学科大概念为锚点，聚焦单元整体教学设计，以项目化学习为依托，以真实的生活情境为抓手，以驱动性问题为引领，让学生在完成作业的过程中理解运用、体验实践、迁移创造，进而落实学生学科核心素养的发展，实现减负增效的育人目标。

一、大概念统整下项目化学习作业的内涵与特征

《义务教育课程方案（2022 年版）》和各学科课程标准明确提出“提升作业设计质量，增强针对性，丰富类型，合理安排难度，有效减轻学生过重学业负担”[1]。从学生的学习本质来看，大概念是深层次的、有意义的、可迁移的核心观念，指向学科知识背后更

1 本文发表于《浦东教育》2024 年第 3 期，收录时略有改动。

为本质的内容，体现学科的思维方式和核心观点[2]。以大概念为锚点开展学科学习，符合当前聚焦学科核心素养的课程改革理念。项目化学习具有学科大概念统整、聚焦单元整体、驱动问题引领、指向核心素养的特点，一般以真实性项目为载体，在大概念统整下有机整合单元内容，围绕学科大概念整体建构知识体系和作业架构，精简作业总量，精心设计作业内容，让学生在真实性问题的驱动下进行自主探究、交流合作，跨情境迁移运用学科知识完成项目作业，最终产生项目成果。因此，大概念统整下的项目化学习作业具有系统性、真实性、实践性，是提高作业质量、减轻学生课业负担、落实学科核心素养的重要抓手，能够对学生的核心素养发展产生有效的助益。

（一）系统性

传统作业倾向于在学科内部对单一知识点反复训练，通常缺乏整体性和关联性。项目化学习作业却能引导学生连接已有的知识点，建立知识之间的内在逻辑，在解决真实问题、完成项目作业的过程中搭建知识框架，逐渐建构学科大概念。因此，在设计项目化学习作业时，教师需要综合学科课标要求、教材单元内容、学生学情以及学科核心素养进行整体性设计。除此之外，项目化学习中的作业设计深度链接到项目化学习的整体性评价之中。教师在进行项目化学习系统设计时，构建作业评价维度、评价标准，根据学习内容、评价对象等选择合适的作业评价路径，让作业与评价融入学习活动之中，使其不仅是项目化学习的有机组成部分，也是适合于学生核心素养发展的一种评价手段。

（二）真实性

传统作业一般以学科知识点的夯实为导向，追求知识技能技巧的练习与强化，而项目化学习作业主要是围绕学科大概念，将单元目标进行结构化设计，并尽量采用贴近实际生活的真实情境，把学生引入具有探究性的问题中，激发学生完成作业的欲望。例如，小学自然学科开展项目化学习“一起吃出免疫力”时，聚焦于如何通过营养健康的三餐有效地提升人体免疫力，项目的驱动性问题是“如何利用家中的食材为家人制作‘营养餐’？”，让学生为家人提供力所能及的帮助，引导学生培养家庭责任感、形成社会服务意识。与传统作业相比，项目化学习作业为学生创设了驱动性问题情境，进而发挥作业的最大价值，提升学生完成作业的原动力和学习潜能。项目化学习作业的“真实情境迁移”特征、运用知识解决真实问题的特征得到进一步凸显。

（三）实践性

传统作业的最大弊病是学生习得的知识只适用于考试,在生活情境中却无法迁移。与之相比,大概念引导下的项目化学习作业力求贴合实际生活，主张学生围绕真实情境中遇到的驱动性问题层层探究、反复试错。例如,小学英语“植物艺术家”项目,学生对于植物主题的兴趣被充分激发。为了完成项目任务,他们会主动分析问题、解决问题，学生小组合作共同利用植物或者花卉的部位进行科学探究和艺术创作，在实践探究中迁移应用学科知识、技能和思维,在问题解决过程中不仅理解和掌握了植物主题的词汇和语言运用，还完成了作业,实现了素养的跃迁。

二、大概念统整下项目化学习作业的实践策略

（一）确定大概念,梳理单元学习目标

大概念是项目化学习作业的“整合器”。各学科课程标准为学科单元作业目标确定了基准,为运用大概念设计项目化学习作业提供了依据。因此,项目化学习作业设计伊始,教师需要通过对单元教学内容进行深入的剖析和分解，优先确定单元大概念。

例如,《义务教育科学课程标准(2022年版)》中提出“科学课程设置13个学科核心概念,是所有学生在义务教育阶段应该掌握的科学课程的核心内容”[3],这里的“学科核心概念”,亦即本文所指的大概念。本校小学科学教研组在深入研究13个科学核心概念的基础上，将其作为项目化学习中高度凝练的学习内容，同时也是连接科学观念与核心素养的中介。教师基于对科教版《自然》五年级下册中第五单元“营养与消化”相关内容的分析和提炼，选择了该教学内容所反映的大概念“生命体的稳态和调节”来设计项目化学习“一起吃出免疫力”。在科学大概念和跨学科概念的基础上，本项目构建了层级清晰的项目科学概念体系(见表29-1)。

表29-1 “一起吃出免疫力”学科核心概念(大概念)体系

<table>
<tr><th colspan="3">学科核心概念6:生命体的稳态和调节
学习内容6.2:人和动物通过获取其他生物的养分来维持生存</th></tr>
<tr><th>具体概念1</th><th>具体概念2</th><th>具体概念3</th></tr>
<tr><td>糖类、蛋白质、脂肪、维生素、水和无机盐是食物中的主要营养成分</td><td>不同食物中的营养物质不单一且含量不一样</td><td>人体通过均衡膳食提供满足生长发育所需的能量和各种营养物质</td></tr>
</table>

在“一起吃出免疫力”这个项目中，教师对科学学科核心素养、课程标准和内容标准中的目标体系事先进行了系统性分析，进而确定了单元学习目标和针对性的项目活动作业（见表29–2），并将每个学习活动与本单元的具体概念相对应，引导学生在完成项目活动作业的过程中逐渐理解和掌握科学概念，进而落实学科大概念的建构。

表29–2 “一起吃出免疫力”项目的学习活动作业和目标

学习活动	具体概念	活动作业	学习目标
营养餐我思考	具体概念1	参考《中国居民膳食指南》，制作图文并茂的营养餐思维导图	掌握食物的主要营养成分及其作用，感知食物营养的丰富性和差异性，提升学生均衡饮食的意识
食物营养我知道	具体概念1	设计、实施检验食物营养物质的实验，通过照片、视频呈现实验过程	自主探究过程中培养科学假设、基于事实证据进行解释得出结论的科学思维，提升方案设计、问题解决等探究能力
食物情况我调查	具体概念2	科学分析家中食物储备状况及其营养，形成调查分析报告和调查视频	培养分析和判断各类信息、注重事实和搜集证据的科学思维，提升调查分析和归纳总结能力
营养餐我来做	具体概念3	设计符合家人需求的营养餐并将其付诸实践，通过多样化的方式进行展示	在解决真实问题的过程中建构关于食物与营养的核心知识框架，提升自主探究、倾听与交流、批判性思维等学习素养

（二）构建驱动问题序列，设计项目活动作业

在项目化学习中，驱动性问题能够引导学生跨情境迁移运用所学知识、技能来完成作业，进而深化对学科大概念的理解和学习。驱动性问题的解决过程就是学生通过作业或活动达成大概念学习要求的过程。

以科教版《自然》教材五年级上册中“生物进化”单元为例，基于本单元的教材内容与学科大概念，教师设计了“校园生物进化展览会”项目。该项目立足学科核心素养，在深入分析单元学习内容、学生学情的基础上，按需设计项目驱动性问题序列，即按照学科大概念的发展路径转化为关联紧密的并列式问题串，这些子问题将抽象、去情境化的学科大概念细化成一个个真实性的作业活动，并在问题呈现的过程中充分展示了单元学习目标（见图29–1）。在该项目中，作业不仅仅是书写类型的作业，也是学生的一

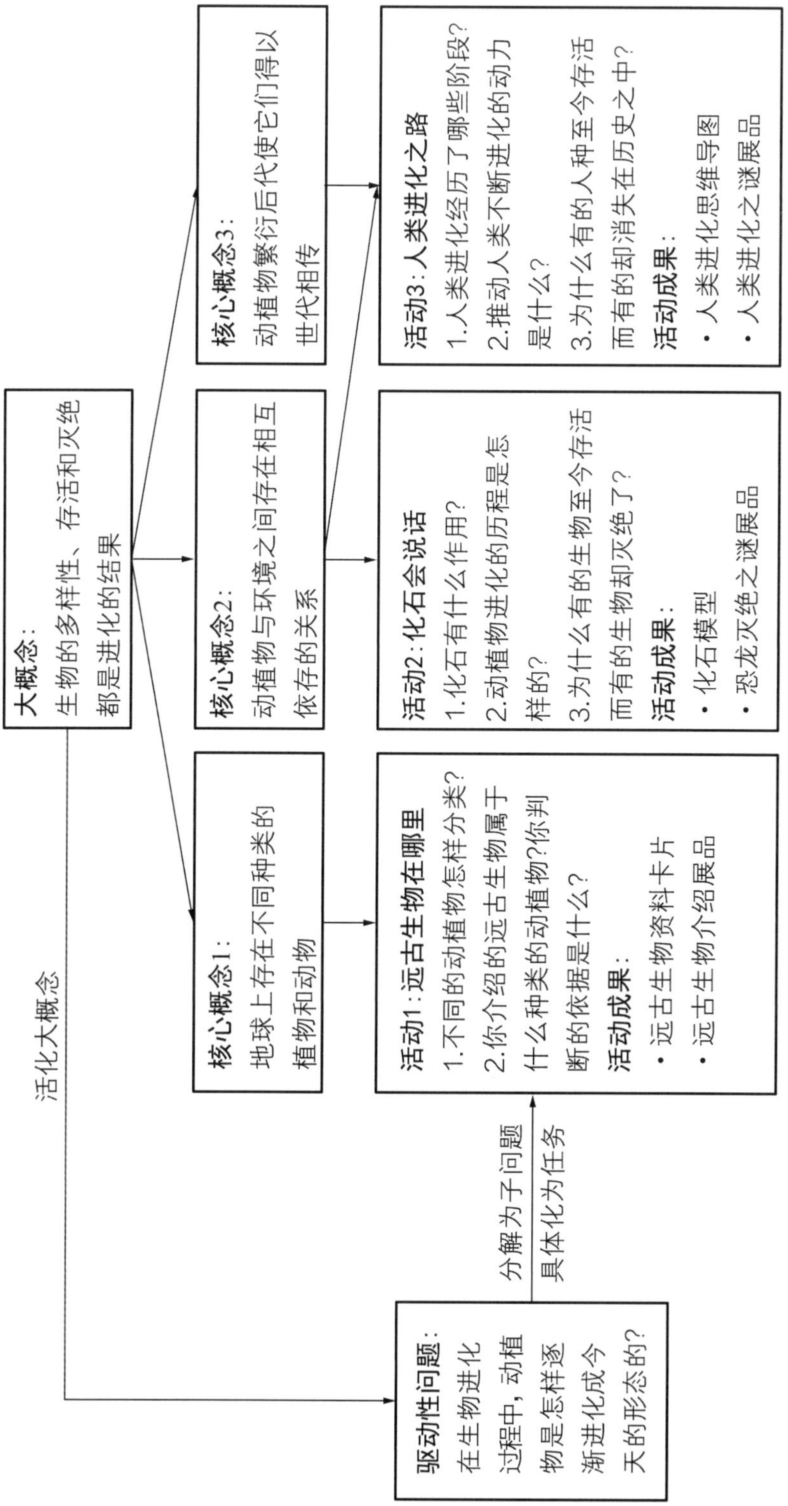

图29-1 “校园生物进化展览会”项目的问题序列和项目活动作业设计

种体验、一种探究、一种学习实践活动。这种将作业嵌入项目表现性任务的做法,不仅让作业概念拥有了更广义的诠释,而且能够让学生在真实性、驱动性问题中主动探究。学生在解决每个学习问题、完成项目活动作业的过程中,主动建构学科大概念,掌握核心知识,提升思维与能力,进而指向核心素养的发展。

(三)设计系统性作业评价,基于反馈优化调整

在项目化学习中,学习评价是检验学生项目化学习效果、推进学习进程的重要策略,能够激发学生的内部学习动力、帮助学生有效调控学习过程。学校各个教研组根据大概念构建项目化作业评价的过程中,始终坚持评价主体多元化和维度多样化,通过表现性评价以评促学。

1. 多样化的评价维度

在项目化作业设计与实践中,作业不仅是课堂学习知识巩固和延伸的方式,更是学生实践探究、解决问题、展示作品的重要途径,在作业完成的整个过程中多维的学习评价伴随其中(见表29-3)。例如,在英语项目化学习实践中,教师不仅要对学生在英语单元主题下项目化作业中的语言知识与技能、兴趣以及习惯方面进行评价,还需要对学生完成项目作业过程中所展现出来的表达能力、思维能力、探究能力、创新能力等学

表29-3 小学英语项目化学习作业评价设计

评价内容	标准要求	教师评价	学生自评	学生互评	家长评价
语言知识与技能	能够正确运用单元知识展示,能正确使用词汇、语法等知识技能,能流利地用口头或者书面方式对作业成果进行阐述	☆☆☆☆	☆☆☆☆	☆☆☆☆	☆☆☆☆
探究能力	能够勇敢提出问题,通过不同渠道收集资料和信息,有效进行社会调查,进行归纳和分析	☆☆☆☆	☆☆☆☆	☆☆☆☆	☆☆☆☆
思维能力	能对新事物有探知兴趣,能对驱动性问题有明确的认识,能在项目化学习中有审视和质疑的勇气	☆☆☆☆	☆☆☆☆	☆☆☆☆	☆☆☆☆
创新能力	能对已知的知识进行贯通、迁移和运用	☆☆☆☆	☆☆☆☆	☆☆☆☆	☆☆☆☆
审美能力	能对自己的作品进行美化和完善,能将自己的成果进行优美的呈现	☆☆☆☆	☆☆☆☆	☆☆☆☆	☆☆☆☆

习能力和核心素养进行综合评价。

2. 多元化的评价主体

项目化学习的评价主体除了教师之外，还有学生自评、同伴互评、家长评价等。学生是积极主动的评价参与者，教师需要引导学生根据自我评估和同伴反馈改进学习表现、完善项目作品，对自己的学习实践负责任。例如，小学英语教研组开展项目化学习时，除了教师进行评价，学生和家长也参与其中，表29-3中的五个评价维度就是由师生一起商讨、共同确定的。在学生围绕项目进行实践探究的过程中，教师评价指导学生推进项目作业，学生的自评和互评则是反馈作业问题，引导学生自行调整优化成果。

三、大概念统整下项目化学习作业的实践成效

大概念统整下的项目化学习作业不仅是“双减”背景下减轻学生课业负担的重要抓手，更是发展学生综合素养和提升教师评价素养的推进器。

（一）学生综合素养发展

项目化学习作业具有系统性、真实性和实践性的特征，学生综合素养在完成项目作业的深度探究实践中得以发展。首先，项目化学习作业通常涉及多个学科，需要学生整合跨学科知识，迁移运用解决实际问题。通过这样的作业，学生可以提升跨学科综合能力。其次，项目化学习作业要求学生独立思考、自主探究，针对实际问题进行调研、分析和解决。这种作业任务提升了学生理解问题、分析问题、解决问题和反思优化的能力。最后，项目化学习作业通常需要学生与其他同学一起合作完成，在作业实践中培养协作与沟通能力。在团队合作的过程中，学生需要学会如何与他人有效合作，并在合作中主动沟通、共同协作解决问题。

（二）教师评价素养提升

项目化学习作业的设计与实施有助于提升教师评价素养。首先，项目化学习作业设计通常要求学生进行探究实践，因此教师可以采用多种评价方式对学生的可视化行为表现或者作品进行评价，如观察学生在项目中的表现、听取他们的演示报告、评估他们的作品成果等。教师可以从不同角度全面评价学生的能力和素养，而不是仅仅将评价局限于传统的纸笔考试或作业。其次，项目化学习作业实践要求学生在实际问题解

决中运用多种学科知识和技能，培养综合能力。教师在评价学生的项目作业时，需要综合考虑学生的学科知识掌握情况、问题解决能力、团队合作能力等方面的表现。通过这种形式的作业评价，教师能够更全面地了解学生的能力和素养发展情况，并能够有效地进行针对性的指导和反馈，进而促进学生的素养发展。

总之，以大概念为锚点，教师秉持项目化学习理念与方式来指导作业设计与实施，以真实问题驱动学生的学科学习，引导学生在解决问题的过程中学着迁移运用、实践创新，这既是实施精准化、高质量教学的重要抓手，也是切实减轻学生课业负担的重要抓手，旨在全面激发学生学习的内在活力，促进核心素养发展。

参考文献

[1]中华人民共和国教育部．义务教育课程方案(2022 年版)[S]．北京：北京师范大学出版社，2022：15.

[2]王蔷，周密，蒋京丽，等．基于大观念的英语学科教学设计探析[J]．课程·教材·教法，2020，40(11)：99－108.

[3]中华人民共和国教育部．义务教育科学课程标准(2022 年版)[S]．北京：北京师范大学出版社，2022：16.

后记

作为综合学习的一种重要方式和促进育人方式改革的重要抓手之一，项目化学习被明确写入《义务教育课程方案（2022年版）》。课程方案指出，要注重培养学生在真实情境中综合运用知识解决问题的能力，加强知行合一、学思结合，倡导“做中学”“用中学”“创中学”。要积极开展主题化、项目式学习等综合性教学活动，促进学生举一反三、融会贯通……上海市教育委员会先后发布《关于实施项目化学习推动义务教育育人方式改革的指导意见》等文件，要求落实立德树人根本任务，以义务教育课程方案和课程标准为依据，以培养学生创造性解决问题的能力为导向，以项目化学习为载体，深化义务教育学校教与学方式变革，提高教师专业素养，进一步提高义务教育质量。

根据新一轮课程教学改革导向和基于学生发展需求，上海市中小学教师积极组织学生开展项目化学习，并把探索与突破重心从特色课程与活动中的项目化学习转向学科项目化学习。学科项目化学习强调以课程标准为依据，立足学科本位，以学科核心概念统整项目化学习内容，设计和学生现实生活相关联的问题情境与挑战性任务，让学生经历问题解决的过程，获得可迁移的知识和能力，促进深度学习，实现学生核心素养培育。

本书收录的文章主要来自《上海课程教学研究》等杂志，以期呈现上海基础教育在素养导向下超越知识的学习样态。这些探索和实践，都是站在培养“有理想、有本领、有担当”时代新人的高度，努力转变“老师讲、学生听”的接受式学习样态，探索任务型、项目化、主题式等综合学习方式，关注以学习者为中心的课程实施，引导学生参与学科探究活动，经历建构知识、创造价值的过程，体会学科思想与方法，提升学生在素养导向下的真实情境中的问题解决能力。

在本书汇编过程中，得到了上海市教师教育学院（上海市教育委员会教学研究室）王洋院长、谭铁斌副院长的悉心指导，论文和案例作者的授权和支持，上海科技教育出版社韩静的编辑与帮助……在此一并表示感谢。

本书只是以管窥豹，部分呈现上海市中小学开展学科项目化学习的样态。限于时间和水平，肯定存在不少遗漏和不足，恳请读者批评指正。